KB237250

불경기를 이기는 준비된 창업

맨손창업 · 맞춤창업 BEST 74

이 책 내용에 대한 문의는 **한국여성창업대학원**에서
상세히 알려 드립니다.
주소 : 서울 강남구 역삼동 809 – 16 남영빌딩 403호
전화 : (02) 508 – 4886 ~ 7

불·경·기·를·이·기·는·준·비·된·창·업

맨손창업 · 맞춤창업 BEST 74

양혜숙(한국여성창업대학원 원장) 지음

　세상에는 여러 형태의 전문가가 있다. 알고서도 모른 체 하는 자가 있고, 모르고서도 아는 체 하는 자가 있다.

　경제여건이 어려운 시점에서도 가정과 사회라는 무거운 짐을 이고 묵묵하게 본연의 컨설턴트 임무를 수행하는 그녀의 모습에서 겸손하면서도 실력있는 창업전문가의 진실을 발견하게 된다.

　책상과 벗하지 않고 직접 현장에서 점주와 대화하고 주변 입지조건을 면밀히 검토하는 그녀의 성실한 자세는 진정한 프로를 갈망하는 창업컨설턴트의 귀감이 되고도 남음이 있다.

　실업·실직자들과 주부들을 위해 끝없이 공부하고 노력하는 개척자 정신을 갖고 소자본 창업 분야의 활성화를 위해 매진하기를 부탁한다.

Without cross no crown!

韓國事業硏究所 所長
나 대 석

취재현장에선 대개 성공한 사람들을 만나게 된다. 성공한 사람들은 나름대로 이유가 있지만 한 마디로 첫 발을 잘 내디딘 경우가 대부분이다.

시의 적절한 업종선정과 그에 맞는 장소를 잘 선택했다. 이들은 또 타고난 경영 수단가이면서 또 노력을 하는 사람들이다.

성공창업 가도를 달리는 사람들은 모든 면에서 사전준비가 치밀하다. 스스로 뛰어다니며 정보도 수집하고 창업전문가를 찾아 시행착오를 최대한 줄이고 있다.

10여 년 동안 창업 현장에서 취재 및 창업대행 전문가로 활동해 온 양혜숙 원장이 현장에서 몸소 체험한 창업현장 이야기를 글로 풀어낸다니 기대가 크다.

실의에 빠져 고민 중인 창업예비자들에게 이론이 아닌 실무지침서가 되길 기대한다.

한국경제신문기자

창업을 해서 성공하기까지에는 숱한 과정을 겪게 된다. 특히 창업 초보자들의 경우 100% 성공을 꿈꾸며 시작하지만 창업 성공률이 20~30% 정도라는 통계치만 보아도 창업이 결코 쉬운 일이 아님을 알 수 있다.

특히나 경기가 계속 하강, 침체 국면인 요즘, 창업에 도전하기조차 겁이 나는 것도 사실이다.

복합 불황이 계속 이어지면서 하반기로 갈수록 실업자 수는 더욱 늘어날 것으로 보인다. 통계상으로는 150만 명 운운하지만 실제 창업 현장에서 체감되는 실업자 수는 300만 명을 육박할 것 같아 안타깝기만 하다.

경기가 잘 풀린다는 전제하에 볼 때에도 앞으로 2~3년간은 많은 매출 기대가 어려울 것이고 그 다음 해에 대한 별다른 묘책을 세우기가 어려운 경우는 재취업 외에는 창업에 도전할 수밖에 없는 게 현실이다.

전문가 입장에서 보면 총 실업인구 중 창업인구는 대략 20만 명 정도라고 본다.

그만큼 요즘은 어떤 업종을 창업해서 생계를 유지할까 고민인 사람들이 많다는 얘기이다.

말 그대로 IMF 구제 금융 신청 시대에는 유망 업종 창업이 아닌 본인의 상황에 맞춰 창업을 하는 맞춤창업을 해야 살아남을 수 있다.

뜻하지 않게 일자리를 잃고 퇴직금도 제대로 받지 못한 상황에서 그나마 있는 돈 다 투자해 창업을 할 때는 더욱 조심스럽다.

과거와는 달리 대출도 어렵고 된다해도 고금리라 도저히 타산을 맞추기가 어렵다.

결국 요즘같은 시대에는 생활에 없어서는 안 되는 꼭 필요한 업종, 다시말해 생존업종 중 맞춤창업으로 도전해야 창업에 성공할 수 있다.

이 책에서는 많은 창업예정자들과 상담을 하는 과정에서 피부로 느낀 사항을 최대한 반영, 성공 가능성이 있는 업종 정보를 최대한 넣었음을 밝혀둔다.

창업을 해서 쉽게 돈을 벌기를 기대하는 마음은 버려야 한다. 노력없이는 불가능하다. 성공한 사람들은 나름대로 타당한 이유가 있다. 그러므로 창업에서 성공하려면 여러 요소가 조화를 이루어야 한다.

치밀한 사전준비를 한 후 업종 선택을 잘 했다던가, 장소를 잘 잡았다던가, 경영 수완을 타고났다던가, 운이 좋았다던가 등등, 어쨌든 주변 여러 상황이 창업하기에는 부적합한 면이 많은 것도 사실이지만 어떤 면에서는 요즘같은 때가 권리금 조절이 쉬워 임차료가 조금은 낮아질 수 있으므로 초기 창업자금을 줄일 수 있다는 점에서 창업에 적기일 수도 있다.

수많은 상담자들 중 첫발을 잘못 디뎌 총 투자자금을 날려 온 식구가 길거리로 나앉았던 사람들도 많이 보았지만 불경기에 오히려 더 돈을 잘 버는 사람들도 여럿 만났다.

급하게 서두르지 말고 천천히 준비하여 주위 분위기에 휩쓸리지 않는 맞춤창업으로 성공하기를 바란다.

끝으로 "일한다"는 말 한마디로 최선을 다하지 못하는 가정, 그런데도 항상 긍정적으로 이해해주는 남편과 시어머니, 학교 준비물 하나 제대로 챙겨주지 못해도 바쁜 엄마를 "혼자 할 수 있다"며 오히려 안심시키는 아들 유창에게 미안하면서도 늘 감사함을 느낀다.

쏟아지는 전화, 통신, 상담자 응대 등등을 매끄럽게 해 주어 언제나 마음 든든하게 해 주는 민주 씨, 은화 씨, 그외 일이 있을 땐 언제든지 순발력 있게 대처해 주는 김선 씨, 김성재 씨 외 직원 3명에게도 이 기회를 빌어 감사드린다.

동업계에 종사하면서 항상 좋은 방향으로 이끌어주는 나대석 소장, KBS TV, 라디오의 창업 관련 방송 관계자 및 조선·경향·한국경제신문 등을 비롯한 보도매체 여러 기자분들께도 감사드린다.

선택의 기로에 서서 잠못 이루는 많은 창업예비자들 및 매출이 떨어져 고민하는 점주들, 창업에 도전코자 준비 중인 여러분들이 성공 사업가 대열에 드는 데 길잡이로서 약간의 도움이라도 되었으면 하는 바램 간절하다.

98년 6월
한국여성창업대학원
원 장 양 혜 숙

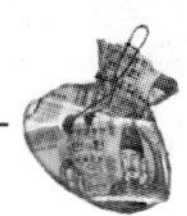

Part Ⅰ 꼭 알아두어야 할 창업 기초 이론

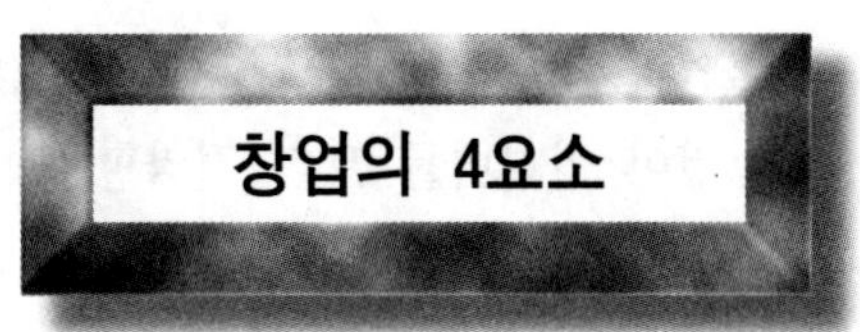

　어떤 일이든 시작하기에 앞서 꼭 챙겨야 할 일들이 있다. 특히 창업을 준비하는 사람들은 반드시 다음 4가지 요소를 확인해야 한다.

　'창업의 4요소'라고도 명명이 되는 것으로 창업자, 자본, 아이템, 사업장을 말한다. 특히 기존 창업자는 물론 예비 창업자의 경우는 더욱 신경을 써야 할 부분이다.

　창업자의 4요소를 충분히 이해한 후 계획성 있게 창업을 준비한다면 반 성공은 보장받는 것이나 다름없다.

창업자

　창업자는 직접 점포 운영을 주관하는 사람으로 개인과 동업(2 ~6)으로 구분할 수 있고 7명일 경우에는 개인사업자 등록이 아닌 법인등록을 하면 된다.

　창업 주최로 나서는 사람은 무엇보다도 다음 사항이 중요하다.

❶ 우선 건강해야 한다.
❷ 창업자 자신의 이미지 및 능력에 맞는 아이템을 선정하는 것이 중요하다.

　생필품을 파는 업종은 굳이 점주 이미지가 필요없지만 의류점이나 보석가게 등은 이미지가 큰 역할을 차지한다. 또한 컴퓨터 관련 기술을 요하는 업종은 반드시 점주가 컴퓨터를 다룰 수 있을 때 하는 것이 인건비를 보다 절약할 수 있는 방법이다. 본인의 능력에 맞는, 다시 말해 능력발휘를 최대한 할 수 있는 업종을 택하는 게 점포 운영에 보다 많은 도움을 주게 된다.

❸ 점주 자신의 나이와 취미에 맞는 업종을 택하는 것도 중요하다.

50대 이상 된 주부가 유아·아동용품을 취급하는 것보다는 20, 30대 주부가 이 업종에 종사하는 것이 훨씬 매출이 많이 오를 것이기 때문이다.

❹ 인내력이 강한 사람이라야 한다.

점포를 개업한 후 손님들 중에는 각양각색의 성격을 가진 사람들이 있다. '소비자는 왕'이라는 기본 개념 하에 어떤 일 하나라도 소비자 입장에서 고려한 후 권하게 된다면 소비자들이 만족해 할 것이다. 또한 장사를 시작하면 일정매출이 오르기까지는 어느 정도 시간이 필요하다. 그동안은 어떤 어려움이 있어도 참고 나갈 수 있다는 정신력과 신념이 필요하고 누구의 도움없이도 혼자 해 나갈 수 있는 투철한 자립심도 필요하다.

❺ 원만한 인간관계를 형성해 갈 수 있는 사람으로 정신력이 강한 사람이어야 한다.

창업자금

소점포 창업자금은 최하 1천만 원에서 많게는 2~3억 원을 갖고 하는 점포형 창업자금을 말한다.

초보자의 경우 초기 창업자금은 되도록 최소화하는 것이 좋다. 물론 예상업종에 따른 소요자금이 다르고 또 정확한 예측은 어렵다. 그러나 자금 부분을 사전 개업준비자금, 고정자본, 운전자금 등으로 구분, 계획대로 예산을 집행하는 것이 차질을 최대한 줄일 수 있다.

자금 추정시에는 사업개시 전 드는 분석 조사자금도 염두에 두어야 할 뿐만 아니라 점포 소개비와 개점 행사비 그리고 홍보비는 별도로 생각해야 한다.

이 부분들은 예비비(총 소요자금의 20% 정도)에 포함시켜 생각해도 된다. 자기자금만으로 사업을 하는 것이 좋지만 대개는 남의 돈을 빌리게 되는 일이 많다. 되도록이면 개인돈보다는 금융기관에서 빌리는 것이 보다 유리하다.

단, 이때 남의 돈 비중은 총 비용 중 30%를 안 넘게 하는 것이 좋다. 그러나 실제로 사업을 시작하여 준비를 하다 보면 예상치 못한 곳에서 비용지출이 되어 낭패를 당하기 쉬우므로 사전 대비를 철저히 해야 한다.

기존 사업경험자들은 총 자금의 20% 정도는 예비비로 꼭 갖고 있어야 한다고 강조한다.

소점포 사업을 하여 엄청난 수익을 얻을 수 있는 경우는 극히 드물다. 그러므로 최소한 점포 비용은 자기자금으로 하여 이자부담을 줄어야 한다. 그래야 사업이 어느 정도 궤도에 오를 때까지 잠정적으로 운영할 수있을 뿐만 아니라 좀 기간이 걸린다 해도 견뎌나갈 수 있는 것이다. 대략 내 인건비를 제외하고 투자비용대비 3% 정도 이윤을 취하면 비교적 성공한 점포에 속한다.

아무리 급해도 사채를 끌어다 쓰는 것은 신중을 기해야 한다. 피치 못할 경우는 반드시 차용증서를 작성하고 차입금액과 이자 상환 방법을 명확히 명기, 분쟁의 소지를 미연에 방지해 놓아야 한다.

초보자들은 되도록 최소투자를 하여 1년여 정도 경험을 쌓은 후 본격적인 창업 업종을 택해 도전하는 것이 실패를 줄이는 방법이다.

아이템

국내 소규모 사업은 고유업종이 500개, 뉴비즈니스 1,500개 등 총 2,000여 가지이다. 업태로 보면 판매업 800개, 서비스업이 1,200개이며 제조업은 제외된 통계이다.

고유업종은 실생활에 반드시 존재해야 될 상품이나 서비스로 미용실, 세탁소, 약국 등이고 뉴비즈니스는 고유업종에서 파생되는 약간의 전문성을 띤 업종으로 포토아트, 어린이 패션숍, 메이크업 도우미 센터 등을 말한다.

업종에도 사이클이 있다. 거의 대부분의 업종은 도입기, 성장기, 성숙기, 쇠퇴기를 거치게 되지만 실내 낚시터 및 크레페 전문점처럼 나오자마자 바로 쇠퇴기로 가는 업종도 있으므로 유의해야 한다.

초보 사업가는 되도록 성장기 업종을, 예비 사업가는 도입기 업종을 택하는 것이 좋다.

창업 아이템은 50%의 성공 확률과 나머지 50%는 창업자 능력에 따라 좌우된다고 해도 과언이 아니다. 창업성공의 가장 핵심요소인 사업 아이템 즉, 업종 선정시 예비 창업자가 접근해 볼 수 있는 가장 간단한 방법 두 가지가 있다.

우선 남이 아직 관심을 덜 두는 일, 즉 남이 아직까지는 하지 않는 일이다. 그 일에 뛰어들어 개척해 나가면서 많은 정보를 취합하여 노하우를 축적한다면 해당 업종에서 제1인자가 되는 것이다.

물론 잘못 뛰어들면 그만큼 실패할 확률도 높지만 정확한 분석 후 타당성이 있다고 판단될 때 도전한다면 가능한 일이다.

다음은 남이 도중에 포기한 업종의 경우 철저하게 분석한 후 노하우를 축적, 재도전하는 것도 좋은 방법이다. 포기한 이유 중에는 사업성이 없어서인 경우도 있지만 대개는 자금력이 부족하거나 경험이 미흡한 경우, 인내심이 약한 경우가 대부분이다.

특히 뉴비즈니스의 경우 창업 초기에 도전한 사람의 경우 실패하는 수가 30~40% 정도 된다는 통계 자료가 있다. 그만큼 제2·제3의 창업자에 와서야 성공하는 확률이 높아지게 되므로 남이 실패한 것을 그냥 포기해 버리기보다는 성공 가능성이 보인다면 끈기와 노력을 갖고 도전해 볼 필요가 있다. 물론 완전 실패한 창업의 경우 확고한 신념을 갖고 도전해야 성공할 수 있음은 두말할 필요가 없다.

사업장

소점포 사업은 입지사업이다. 다시말해 업종과 점포 위치도 궁합이 맞아야 매출이 많이 오른다는 얘기이다.

준비 단계에서부터 정확한 상권분석 후 입지 선정을 해야 실패 확률을 줄일 수 있다. 특히 소규모 사업분야에서 점포 위치는 사업성패를 좌우할 정도로 중요한 몫을 차지한다.

점포 구성은 통상 1층, 지하, 2층 등 3가지로 돼 있다. 이 기준에서 쇼핑센터, 백화점 등은 예외로 한다. 제조업일 경우는 상권이나 입지보다 제품성이 더 중요하지만 소규모 사업에서는 제품성에 비해 상권이나 입지가 더 중요하다. 소규모 사업에서 점포 위치와 아이템(업종)의 중요도에 따른 비중을 보면 7 : 3정도로 그만큼 점포 비중이 크다.

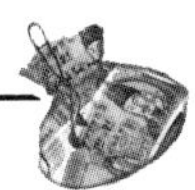

얻지 말아야 할 점포 요소 10가지

1. 주인이 자주 바뀌는 점포

2. 점포 임차료가 너무 싼 점포

3. 맞은 편에 상점이 없는 점포

4. 큰 상점이 있는 곳의 작은 점포

5. 주인이 비슷한 업종에 종사하는 점포

6. 언덕배기에 있는 점포

7. 계단이 있는 점포

8. 권리관계가 자주 바뀌는 점포

9. 서류상 하자가 있는 점포(등기부등본, 도시계획확인원 등)

10. 동업종으로 망한 점포

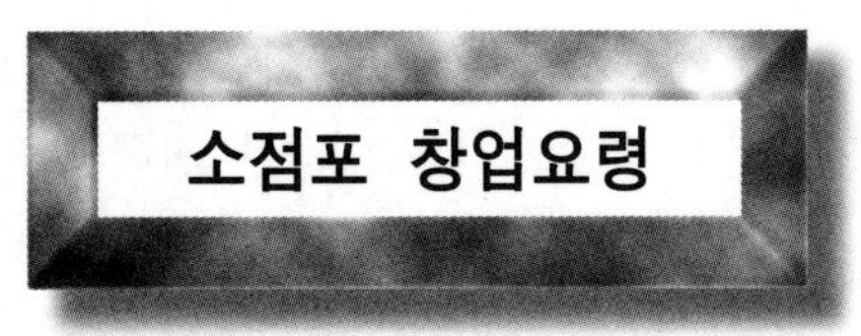

업종 선택을 잘 해야 한다

업종에도 사이클이 있다. 거의 대부분의 업종은 도입기, 성장기, 성숙기, 쇠퇴기를 거치게 되지만 실내 낚시터 및 크레페 전문점처럼 나오자마자 바로 쇠퇴기로 가는 업종도 있으므로 유의해야 한다.

특히 업종을 선택할 때는 자기자신의 적성에 맞아야 함은 물론 전반적인 사회분위기와 소비자들의 욕구를 파악, 수요가 많은 업종을 택해야 한다. 개인의 성향에 따라 달라질 수 있지만 대개는 도입기나 성장기의 업종을 택하는 것이 좋다.

특히 주부들이 창업하기에 비교적 좋은 업종은 특별한 노하우가 없으면서도 관리가 편하고 혼자서도 운영이 가능한 업종이 좋다. 예를 들면 어린이 패션 액세서리점, 장난감 전문점, 즉석 동화책방, 샌드위치 전문점, 이색패션 내의점, 생활소품점 등 100여 종이 되고 남편의 명퇴를 대비, 사전 창업준비를 할 경우에는 사무편의점, 팬시 문구점, 패스트푸드점, 유명구두 대리점, 신사복 매점, 중저가 의류 브랜드점 등 50여 종이 가능하다.

한 예로 신세대를 겨냥한 외식사업을 하고자 한다면 그들의 식생활 패턴을 감안, 먹거리 아이템을 결정해야 한다. 인스턴트화되고 서구화 취향을 보이는 경우가 많으므로 그 점을 고려한 후 선택하는 것이 좋다.

행정 규제가 강한 업종은 피해야 한다. 노래방, 전화방 등 밀폐된 공간에서 유흥을 목적으로 하는 업종은 필히 피해야 한다. 처음에는 호황을 누릴지 모르지만 단속이 시작되면 치명타를 입게 된다. 또한 시장개방 등으로 타격을 받을 만한 업종인지, 젊은여성들 대상 먹거리인 경우 최대 관심사라고도 할 수 있는 다이어트에 저해되는 요소는 없는지 등등을 살펴보고 난 후 아이템을 결정해야 한다. 특히 인건비가 만만치 않은 요즘 사람손이 덜가는 업종을 택하는 것이 보다 유리하다.

장소를 잘 택해야 한다

업종을 택한 후에는 그에 맞는 장소를 정해야 한다.

좋은 목이 장사의 성패를 결정하는 요인이 되므로 그 업종에 맞는 장소 결정을 신중히 해야 한다. 점포 구성은 통상 1층, 지하, 2층 등 3 가지로 되어 있는데 이 기준에서 쇼핑센터, 백화점 등은 예외로 한다.

업종의 특성에 따라 맞는 장소는 달라진다. 판매업이냐 서비스업이냐에 따라 장소는 달라진다.

점포 위치는 주고객이 누구냐에 따라 정해지게 되는데 보다 쉽게 접근할 수 있는 곳이 유망 점포 입지이다.

점포는 대중교통 수단으로 집에서 40분 정도 거리 내에 있으면 좋다. 주부일 경우 점포와 살림집을 분리시키되 되도록 가까울수록 유리하다.

창업자금을 최소화하고 매출은 극대화해야 한다

초보자의 경우 실패할 확률이 더 높기 때문에 창업자금은 되도록 최소화 하는 것이 좋다. 특히 체면과 지위 등 여타 여건 때문에 무경험자가 큰돈을 끌어들여 창업을 할 경우 운영요령 부족 등으로 망하기가 쉽다. 또한 자금도 30% 이상 남의 돈을 끌어다 쓰는 것은 무리이다. 자기 자본이 아닐 경우는 금융권에서 대출을 받는다던가 자기 집을 담보로 빼어 쓰는 정도는 가능하지만 급한 돈을 남한테 빌리거나 무리하게 사채를 당겨 쓰는 것은 금물이다.

소점포 창업자금은 총 투자 가능 금액 중 80%(20%는 예비비)를 설정하며 이중 점포 임차료는 반드시 50% 이하로 계약하는 것이 좋다. 한 예로 총 7천만 원이 투자 가능한 금액이라면 이 중 20%인 1,400만 원은 예비비로 둔다. 나머지 5,600만 원 중 점포 임차료는 2,800만 원 이하, 나머지 2,800만 원은 권리금, 시설비, 집기비품 구입비, 초도 물품 구입비 등으로 하면 된다.

사업은 반드시 적성에 맞는 것을 택해야 한다

특히 초보자일수록 취미와 적성을 살릴 수 있는 업종이라야 하고 과거의 경험을 살려 할 수 있는 업종일 경우 성공 확률이 대체적으로 더 높다.

남이 창업하여 잘 된다고 바로 따라 창업을 하는 것은 위험하다. 한 예로 작년 유망업종으로 각종 매스컴에서 떠들던 김밥과 탕수육 전문점의 경우 포화상태로 벌써 문을 닫는 점포들이 속출하고 있다.

먹거리 장사로 창업, 성공을 하려면 반드시 독특한 맛을 내는 비결을 갖고 있어야 한다. 남들도 바로 따라 할 수 있는 업종은 그만큼 경쟁자가 쉽게 생길 수 있기 때문에 그만큼 시장성이 줄어들 수 있다는 점을 필히 명심해야 한다.

먹거리 장사로 성공하려면 독특한 음식 맛을 낼 수 있는 손맛이 있다던가 특별한 노하우가 있는 기계나 조리기구로 남들이 바로 따라 맛을 낼 수 없을 때 성공 가능성이 더욱 높다는 점을 유념해야 한다.

가족 동의를 구하라

주부들의 경우는 반드시 남편과 가족들의 동의를 얻은 후에 창업을 해야 육아 및 가사 문제를 슬기롭게 넘길 수 있다. 일단 점포를 개업한 뒤에는 하루 12시간 이상 근무해야 하는 경우가 많다. 그러므로 주부들의 경우는 필히 가사일 및 육아를 전담해 줄 사람을 정한 후 창업에 도전하는 것이 여러모로 유리하다.

건강에 유의하라

창업을 한다는 것은 사실 거의 10~14시간을 일에 매달려 있어야 할 뿐만 아니라 신경 쓰이는 일이 한 두 가지가 아니다.

자신의 체력이 감당해 낼 수 있는지 심사숙고한 후 결정해야 한다. 아무리 사업이 잘 된다 해도 건강을 잃고 나면 다 헛일이 될 수도 있기 때문에 창업 전 건강을 확인하고 창업 후에도 계속 신경을 써 스스로가 지켜야 한다.

이왕 시작하면 적극적으로 경영하라

주부들의 경우 대개 가사와 병행, 점포 경영을 하게 된다. 결국 본의 아니게 점포 경영에 소홀할 수도 있으므로 이 점을 명확히 하여 운영을 해야 한다.

특히 아이가 어린 경우 창업 전 명확히 아이를 돌봐 줄 사람을 정하지 못한 경우는 혼선을 빚을 수도 있으므로 창업 전 반드시 자녀 양육을 맡아줄 사람을 정해 놓고 시작하여 보다 적극적으로 운영하여 투자비용 대비 수익을 최고로 올려야 한다.

집과 점포는 분리된 곳을 택하라

되도록 살림집과 점포는 떨어져 있는 곳을 선택하는 것이 유리하다. 가까이 있을 경우 아무래도 신경 쓰이는 점도 있고 또 점포 운영에 소홀해질 수도 있을 뿐만 아니라 업종에 따라서는 자녀들이 가까이 있는 것이 불리한 경우도 있으므로 보다 더 확실한 운영을 하고자 한다면 살림집과 점포는 분리된 곳을 택하는 것이 점포 운영에 전념할 수 있어 좋다.

자금구분을 명확히 하라

집에서 쓰는 돈과 점포에서 나오는 돈이 혼동되지 않도록 신경을 써야 한다.

특히 주부들의 경우는 살림과 병행이 되는 경우가 많기 때문에 이 점을 명확히 구분, 자금관리를 철저히 하고 손익분기를 정확히 계산하면서 운영하는 것이 보다 점포 발전에 유리하다.

매일 정확한 수지분석을 하라

바쁘고 힘들더라도 장부기재를 그날그날 해놔야 정확한 수지분석이 가능하고 많이 팔리는 상품품목을 확인하여 항상 구비해 놓고 신상품이 빠지지 않도록 해야 한다.

특히 체인점에 가맹했을 경우에도 직접 본사를 방문, 반응이 좋을 만한 신상품을 뽑아와야 하고 또한 본사에서 주는 물건 외에도 점포에 어울릴 만한 물건을 따로 구입해서 비치하는 등 점포 운영에 최대한 노력을 기울여야 한다.

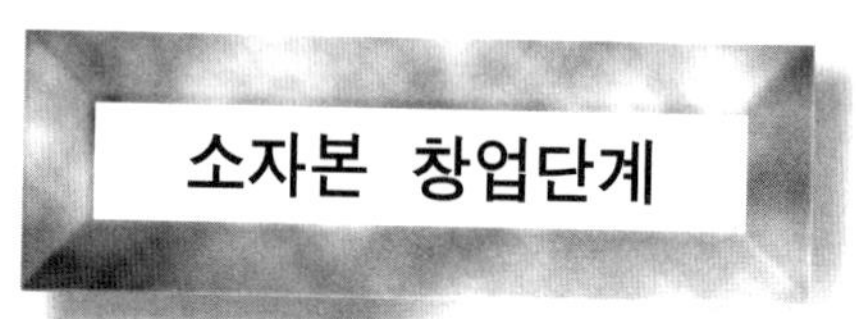

소자본 창업과정

소자본 창업단계를 보면 대략 다음 과정을 거치게 된다.

우선 창업자의 여건을 파악해야 한다. 창업자의 사회경험, 자금마련계획, 전문지식, 외형 분위기 등을 파악한 다음 서적, 신문, 잡지, 방송 등을 통해 업종 정보를 입수한다.

다음은 업종 선정 단계로 자금과 적성에 맞는 5개의 업종을 선택, 현장을 다니면서 비교·검토한다.

또 후보업종을 결정, 비교·분석 하는데 대략 3개의 후보업종을 순위대로 선택, 업종의 안정성, 발전성, 적합성 여부를 판단한다.

그 다음으로 각 업종마다 투자규모 대비 예상수익성 분석을 한 후 최종 업종을 결정한다.

업종 결정이 된 후 업종에 맞는 사업장 정보를 입수한다. 이때는 주변환경, 1일 예상매출액 등 모든 여건을 고려해야 할 뿐만 아니라 주부들의 경우 주거지와의 거리도 고려해야 한다.

마지막으로 사업계획서 작성을 해야 한다. 창업준비 및 창업계획서, 사업준비계획서 등을 작성하면서 최종 검토작업이 필요하다.

이런 과정을 거친 후 타당성이 나오면 창업을 한다.

소자본 창업단계

단계	구분	내용
1단계	창업자 여건 파악	창업자의 전문적인 지식, 과거 사회경험, 자금능력, 성격, 이미지, 주변여건 등을 먼저 파악한 후 다른 사람 또는 전문기관에 의해 재평가를 받아 자신의 적성을 파악하는 것이 중요하다.
2단계	업종(ITEM) 선정	업종(ITEM)은 3개 정도 선정한 후 경기 변동에 따른 업종의 변화를 고려하여 자신에게 가장 적합한 업종별로 우선순위를 결정한 후 선정한 후보업종 중에서 성장률과 안정성이 가장 높은 업종을 상호 비교해 선정한다.
3단계	정보수집 및 비교분석	상품, 소비자, 가격 등에 대한 내부정보와 경쟁점, 주변 배후지 정보 등의 외부정보를 확실하게 조사, 검토, 확인한다.
4단계	사업성 분석	3업종에 대한 사업성 분석을 실시한다. 총 투자 금액에 대한 수익성을 면밀히 검토, 최소한 2~3년 내에 초기투자금액을 보장 받을 수 있는 업종을 선정해야 한다.
5단계	사업계획 수립	선정된 업종의 충분한 정보를 입수, 업종 사이클상 어느 단계에 있는지 확인, 구체적인 개업 계획을 세운다.
6단계	사업장 확정	소규모사업의 성공과 실패는 반 이상이 목에 의해 좌우된다. 세밀한 사업계획서에 따라 입지를 선정하는 데 도시발달단계에 따른 입지조건을 고려해야 한다.
7단계	개업	정해진 업종 및 사업계획에 맞춰 사업성 분석을 한 후 매출액에 대한 마진율을 따져 타산이 맞으면 사업장을 결정, 입점한다.

Part Ⅱ 3천만 원 이내 가능한 맨손창업 BEST

제1장

부부 유망 맨손창업

1. 배달 피자 전문점

- 집기비품 및 인테리어 비용 : 1,800만~1억 원
- 초도 물품 구입비 : 400만 원
- 기타 창업비 : 1,600만 원 (가맹비·보증금 1,500만 원 선 포함)
- 총 투자비용 (점포 임차료 제외) : 최하 3,000만~1억 2,000만 원

요즘 어린이들에게 가장 먹고 싶은 음식을 들라면 제일 먼저 피자를 꼽는다. 97년 한 해 동안만 피자 시장 규모가 2,500억 원을 기록할 정도로 피자는 어린이와 젊은층의 특별한 먹거리로 자리잡았다.

현재 우리나라 피자 시장은 성장기 후반에 해당되며, 신세대의 서구화된 입맛을 등에 업고 국내에만 50여 개의 피자 브랜드가 생겼다. 기존 브랜드의 사세 확장, 신규 브랜드의 틈새시장 공략, 저가 브랜드의 등장 등 생존 경쟁이 한참 치열하게 벌어지고 있는데, 앞으로 2~3년 정도의 조정기를 거쳐 오는 2002년 쯤에는 성숙기에 진입할 것으로 보인다.

이처럼 날로 늘어만 가는 대기업의 피자 매장과 기존 업체 사이에서 나름대로 자체 시장을 형성하며 성장해 나가고 있는 사업이 바로 '배달 피자 전문점'이다. 경쟁이 점차 치열해지는 상황에서 살아 남으려면 남다른 전략이 필요한데, 이 전략이 배달이다. 배달 판매를 주요 전략으로 세운 '시카고피자'와 '도미노피자', '피자파자' 등은 다른 브랜드의 65% 정도로 낮은 가격을 제시하며 새바람을 일으켰다.

기존의 피자점은 학생들이 많이 오가는 중심지 대로변의 1층, 40평 이상 규모로 자리하고 있어 점포 비용으로만 1억 원 이상 감수해야 한다는 약점이 있다.

그러나 배달 피자 전문점은 유동인구를 노리는 것이 아니라 그 지역의 거주인을 대상으로 한다. 점포 비용과 인테리어에 드는 비용이 비교적 적다는 점에서 자본력이 약한 초심자에게 권할 만한 사업이다. 단골 고객 장사이기 때문에 신뢰감 형성이 필수이며, 운영주가 직접 조리 기능을 익혀야 전문 인력이 이직하더라도 맛의 품질을 유지할 수 있다.

3~4개의 테이블 등 최소한의 시식 공간만 갖추고, 대신 지역 홍보에 중점을 둔다면 소자본으로 안정적인 영업이 가능한 업종이다. 오토바이 등으로 기동성을 갖추고 즉석에서 만든 피자를 원하는 장소까지 빠른 시간 내에 배달해 주므로 꾸준히 소비자들이 늘고 있다.

인근의 소비 예상자들을 대상으로 판촉물이나 전단지를 꾸준히 배포하는 등의 지역 홍보가 영업의 핵심이 되며, 조리와 배달 모두 신속함이 요구된다.

투자비용 대비 수익성 분석

배달 피자 전문점의 대표 주자인 도미노피자, 시카고피자, 피자파자의 15평 점포를 기준으로 체인 개설조건을 살펴보자.

도미노피자의 가맹점을 내려면 가맹비 3,000만 원, 기계 설비비 4,000만 원, 실내 장식비로 평당 100만 원 정도 들어 총 8,500만 원이 필요하다.

시카고피자는 가맹비 400만 원, 보증금 400만 원, 실내장식비 평당 100만 원, 기계 설비비 1,500~2,000만 원으로 총 4,000만 원 정도 든다.

피자파자는 보증금으로 1,000~2,000만 원, 가맹비 300만 원, 실내장식비 평당 130~150만 원, 기계 설비비로 1,400만 원이 소요된다.

개설시 초도 물품 구입비는 대략 200~400만 원 정도 든다. 보통 주택가에서 10평 규모의 매장을 갖출 경우는 점포 구입비 1,000만 원에 실내장식비 800만 원, 집기 및 비품비로 1,000만 원, 체인점 가맹비와 창업비로 1,600만 원 등 총 4,400만 원 선이면 창업이 가능하다.

배달 피자 전문점은 우선 배달 위주로 영업을 하기 때문에 일반 피자 전문점과는 달리 점포 임차비용이 훨씬 줄어든다. 점포 임차비용을 제외하고 최하 3,000만 원에서 많게는 1억 원 정도 투자되는데, 되도록이면 피자 굽는 기술을 직접 익히고 또 피자 기계도 중고로 구입하는 등 절약해서 개업한다면 초기자금을 대폭 줄일 수 있다.

1일 20만 원 정도 매출일 경우 한 달이면 600만 원 정도 매출액이 되고 그중 마진을 40% 정도라고 보면 월 240만 원 정도 매출이익이 된다. 그 중 임차료 40만 원, 아르바이트비 50만 원을 제하면 대략 150만 원 정도 순수익을 올릴 수 있다.

입지 및 환경

기존 피자점은 중심가에 자리해 유동인구를 노리지만, 피자 배달업은 배후지 세력인 아파트 단지나 주거 밀집지역 내의 청소년과 어린이가 주고객이다. 따라서 어린이가 많은 신규 아파트 단지와 서울 위성 도시인 구리시, 의정부, 부천, 신도시인 평촌, 일산, 중동, 분당 등이 유리하다.

보통 20평에서 30평형 아파트가 1km 반경 내에 3천 가구 정도 몰려 있는 지역으로 볼링장, 스포츠용품점, 양품점, 캐주얼 웨어점 등이 모여 있는 곳이 최적이다.

사 례

'도미노피자' 대치점을 운영하고 있는 양희종 씨(38세)는 피자집만 25개가 있는 대치동에서 후발 주자로 시작했지만 한 달 1,030만 원의 순수익을 올리며 탄탄하게 자리잡았다.

총 투자금액은 18평 점포 구입비 9,000만 원, 본사 가맹비 3,000만 원, 주방 조리기구·오븐 등의 구입비 4,450만 원, 오토바이 및 간판·인테리어비로 2,550만 원 등 총 1억 9,000만 원이다.

손님의 90%는 어린이와 학생, 직장 여성으로 이들에게서 한 달 매출 3,500~3,700만 원을 올린다. 여기에 원가 800만 원과 종업원 인건비 500만 원, 로열티 150만 원, 콜라값 120만 원, 임차료 180만 원, 공과금 220만 원을 제하면 순수익은 1,030만 원 선이다. 점포 구입비를 제외한 투자액 1억 원을 10개월만에 완전히 회수한 셈이다.

양씨는 배달 피자 전문점의 성공 요인으로 맛에 대한 자신감, 점포의 입지, 배달 위주의 마케팅, 직원관리 등을 든다.

30분 내 배달을 원칙으로 하고, 30분이 넘으면 20%, 45분이 넘으면 새로운 피자 한 판을 무료로 제공했다. 또 회원 카드제를 운영해 회원은 500원에서 1,000원을 깎아주고, 생일인 회원이 매장을 찾으면 피자를 무료로 제공하기도 했다. 이러한 서비스를 통해 현재 2,000여 명이 넘는 회원을 확보한 상태이고 안정적인 매출액을 유지하고 있다.

1년 365일 문을 닫지 않는 대신, 직원들을 1주일에 하루는 오전 근무만 하고 하루는 반드시 쉴 수 있도록 배려했고, 공휴일이 있는 달에는 한 달 중 하루를 택해서 쉴 수 있도록 했다.

양씨는"배달피자 전문점은 이직률이 높고 새로운 인력을 확보하는 일도 쉽지 않아 직원 관리에 매장의 사활이 달려 있다."며, "당장 배달해야 하는데 일손이 없으면 낭패를 보기 쉬우므로 직원들의 근무여건에 특별히 신경써야 한다."고 조언한다.

전문가 경영전략

배달 피자 전문점은 독립점으로 운영해도 되지만 재료 수급에 애로가 예상되므로 가급적 체인점을 내는 쪽이 유리하다. 체인점을 할 때도 브랜드를 잘못 택하면 낭패를 볼 우려가 있다. 무조건 자금이 덜 드는 쪽을 선택할 것이 아니라 꼼꼼하게 매장을 둘러보고 본사의 신용성과 재무상태, 지원 및 보조 사항 등을 확인하는 것이 중요하다. 피자 맛은 껍질과 소스에 결정되므로 본사마다 방문해서 일일이 맛과 분위기를 따져보는 것이 바람직하다. 또 본사의 말만 듣고 믿을 것이 아니라 현재 그 회사의 체인점을 하고 있는 점주를 직접 만나 이야기를 들어본 후 결정하는 것이 좋다. 본격적인 영업은 재료 구입부터 주문, 조리 과정이 완전히 손에 익은 후 시작하는 것이 좋다. 주문 배달점이라고 해도 매장 판매와의 비중이 7대 3정도이므로 방문 고객과 지점내 세대 인구를 위해 깔끔한 유니폼을 항상 착용하는 것은 기본적인 예의

이며 또한 신속한 배달 체계를 갖추는 것이 중요하다. 이 업종은 주문 후 30분 이내 신속한 배달이 원칙이며, 전단지, 도어행어, 스티커, 생활정보지 등을 통한 지속적인 홍보가 중요하다. 특히 배달피자 전문점의 홍보전략은 금요일 오후 2시부터 6시 사이에 도어행어를 각 가정 현관문에 걸어두는 게 가장 효율적인 홍보방법이다. 이 방법으로 홍보를 하게 되면 토요일과 일요일 매출이 평일의 두 배가 넘을 정도로 활황을 누리게 된다.

☎ 도미노피자 : (02)3785-2451
  시카고피자 : (02)336-1332
  피자파자 : (02)990-2611

2. 가격파괴 김밥·우동 배달 전문점

김밥 전문점 (10평 기준)
- 집기비품 및 인테리어 비용 : 2,000만 원
- 초도 물품 구입비 : 200만 원
- 기타 창업비 : 700만 원 (가맹비·보증금 포함)

우동 배달 전문점 (10평 기준)
- 집기비품 및 인테리어 비용 : 2,200만 원
- 초도 물품 구입비 : 200만 원
- 기타 창업비 : 200만 원 (가맹비 포함)
- 총 투자비용 (점포 임차료 제외) : 3,000만 원 정도

김밥, 우동 등의 중저가 음식을 파는 먹거리 사업은 불황기에 오히려 호황을 누리는 청개구리 체질을 갖고 있다. 이같은 특성과 투자 비용이 적다는 이점 때문에 최근 직장에서 밀려난 사람들이 김밥·우동 전문점을 대거 개설, 과다 경쟁이 우려될 정도이다.

그러나 상권과 입지를 철저히 조사하고 본사 선택에 신중한다면 별다른 문제는 없다. 단기간에 큰돈을 벌 수는 없지만 사업을 안정적으로 꾸려갈 수 있는 것이 이들 사업의 매력인 것이다.

김밥·우동 전문점은 다른 어떤 먹거리 사업보다 테이블 회전율이 높아 손님이 들어와 주문하고 식사하는 시간을 모두 합쳐도 15~20분이면 충분하다. 게다가 포장 및 배달 판매로 매출액을 높일 수 있다.

김밥의 경우 전문점이 처음 등장한 것은 지난 94년으로 '쌍둥이김밥', '김가네김밥' 등이 전문점 간판을 걸고 영업을 시작했다. 98년 현재는 이들 외에도 '종로김밥', '김밥학교', '김밥천국', '소풍나라' 등 수많은 체인과 독립점이 각축전을 벌이고 있다.

서울 시내 중심가에는 두 집 건너 한 집 꼴로 김밥 전문점이 우후죽순 생겨나고 있지만 수도권 등 중소도시와 지방에는 아직도 진출의 여지가 많이 남아 있다. 따라서 이 사업은 틈새 시장으로서 배달을 특화하거나 맛의 차별화를 꾀할 수 있다면 성공 가능성이 충분하다 할 수 있다.

업계에서는 김밥 전문점이 향후 2~3년간 성장세를 탈 것으로 전망하고 있다. 남녀노소 누구나 부담없이 즐기는 음식이라는 메뉴의 대중성과 기존 분식집보다 고급스러운 분위기로 고객의 취향을 만족시킨다는 것이 그 이유이다.

이 사업은 나들이를 많이 가는 봄과 가을이 성수기이지만 여름과 겨울에도 대체 메뉴로 매출 균형을 맞출 수 있어 성ㆍ비수기의 영향을 크게 받지 않는다는 장점이 있다.

우동 전문점은 일식의 대중화를 내걸고 고급 일식집과 분식집의 틈새 시장을 파고 든 것이 특징이다. '새미락', '어우미', '할매손' 등 5~6개 체인점이 시장 쟁탈전을 벌이고 있는데, 3,000원대의 가격에 정통 일본식 우동과 김밥, 초밥, 주먹밥 등 부대 메뉴를 선보여 젊은층의 호응을 얻고 있다.

새미락의 경우 개설 초기 1개월간 판촉과 홍보를 지원하며, 수시로 매장전문 관리인을 보내 경영 지도를 하고 있다. 또 본사 주방 기술자가 해당 점포를 계속 순회하면서 독특한 맛의 비결을 잃지 않도록 주방 교육에 만전을 기한다고 한다. 또 식재는 필요한 만큼 본사에서 배송해 주므로 별도로 장을 봐야 하는 번거로움이 없다.

독특한 보증적금 제도도 있다. 이는 본사와 가맹점주가 공동으로 은행적금에 가입하고 월 불입액수의 30~50%를 본사가 부담하는 제도로, 인테리어 시설 낙후에 따른 감가상각을 보전해 주기 위한 것이라고 한다.

투자비용 대비 수익성 분석

김밥 전문점의 평균 점포 면적은 10~15평이다. 10평을 기준으로 인테리어 비용이 1,300만 원 정도 들고 체인 가맹비가 500만 원 선이다. 여기에 물품 거래 보증금 200만 원, 초도 물품비 200만 원, 시설비로 700~1,000만 원 정도 든다. 투자 비용은 업체마다 상이하지만 점포 임차료를 제외하고 대략 2,900~3,200만 원 선이 된다.

우동 전문점은 점포 10평을 기준으로 인테리어비 1,300만 원, 가맹비 200만 원, 초도 물품비 200만 원, 주방기기와 판촉 홍보비, 간판, 기타 시설비를 합쳐 900만 원 정도 들어 점포 임차료를 제외하고 2,600만 원 선의 창업 자금이 소요된다.

1일 40만 원 정도 매출이 오를 경우 한 달이면 1,200만 원의 매출액이 되고 이 중 마진율을 40% 정도라고 보면 480만 원의 매출이익이 된다. 여기서 임차료, 인건비 등을 제하면 대략 월 300만 원 정도의 순수익을 얻을 수 있다.

　이들 사업은 소자본으로 창업이 가능한 탓에 장사가 좀 된다 싶으면 주변에 경쟁 점포가 생길 우려가 있다. 이 때문에 입지 선택에 신중을 기하는 것이 좋다.

　김밥 전문점은 주고객층이 20대이기 때문에 젊은이들이 많이 몰리는 대학로와 신촌, 신천역 등 대학가 주변이 최적의 입지이다. 음식의 특성상 10~20대 여성들과 직장 여성, 주부들이 자주 찾는 지역이 유망하다. 배달을 위주로 한다면 간식 수요를 감안, 아파트 밀집지역 등 주택가를 겨냥하는 것도 좋다.

　또 예상과 달리 내점 손님 중 10대 층이 차지하는 비율은 20% 선에 불과하다. 따라서 초·중·고등학교 앞에 입점하기 보다는 지하철역 인근이나 버스 정류장 등 20대 유동인구를 중심으로 입지를 선택하는 것이 바람직하다.

　우동 전문점 역시 젊은층이 타깃이다. 경쟁이 없는 지역에 점포를 개설하게 되면 현수막을 크게 걸어 입점 예정을 알리는 것이 좋다. 이는 동업종의 점포가 들어서는 것을 사전에 차단하기 위한 것이다.

사 례 1

　'종로김밥' 서울 우장산역점을 개업한 고동화 씨(45세) 부부는 하루 평균 70만 원의 매출을 올려 한 달 순수익만 1,100만 원이 넘는다.

　초기 투자비 1억 3,000만 원 중 50%를 부채로 안고 개업했지만 5개월만에 부채의 70%를 갚게 되었다. 투자비가 이렇게 많이 든 것은 높은 점포 임차료 때문으로, 5호선 우장산역 바로 앞에 입지한 12평 점포를 빌리는데 권리금 8,000만 원에 보증금 2,200만 원이 들어갔다.

돈은 많이 들었지만 외곽으로 빠지는 도로변에 위치한 여건 덕을 톡톡히 보고 있다. 드라이브 등을 나가는 차량이 잠시 멈춰서 김밥을 주문하는 양이 전체 매출의 50%에 달할 정도이다.

고씨는 이 업종의 최대 장점으로 하루종일 꾸준한 매출을 올린다는 점을 들며, 다만 종업원들의 이직률이 높아 부부가 김밥 맛내는 비결을 함께 익히는 것이 중요하다고 말한다. "맛이 없는데도 브랜드만으로 장사가 되는 집은 없다."며,"음식 맛이 매출액을 좌우하는 절대적인 요건"이라고 조언한다.

사 례 2

서울 강동구에서 우동 전문점 '새미락'을 시작한 손병선 씨(50세)는 양념통닭집을 운영하다 창업자금 4,000만 원을 고스란히 날린 적이 있어 이번에는 무엇보다 건실한 재무구조를 가진 체인 본부를 고르는 데 중점을 두었다고 한다.

10평짜리 1층 점포 임차료로 보증금 2,500만 원에 권리금 5,000만 원, 월세 90만 원이 들어갔다. 인테리어와 간판, 시설, 가맹비 등을 모두 합친 금액은 2,800여 만 원으로 본사에서 3,000만 원을 신용대출해 줘 초기 투자 비용을 줄일 수 있었다.

목이 좋은 데다 음식 맛이 깔끔해 개점하자마자 매출이 기대 이상으로 올랐다. 손님은 의외로 장년층이 많고 어린이의 손을 잡고 오는 주부 등 가족단위 고객의 발길도 끊이지 않았다. 평일에는 손씨 부부와 주방 담당자 1명으로 꾸려가지만, 주말에는 아르바이트 1~2명을 써야 할 정도로 손님이 많다.

　하루 매출은 60만 원 선인데 매출액에 큰 기복이 없다는 것이 이 사업의 장점이라고 한다. 한 달 매출액 1,800만 원 중 월세 90만 원과 인건비 430만 원, 식재료비 600만 원 등을 제외한 700만 원이 월 순수익으로 떨어진다.

전문가 경영전략

이들 사업을 희망하는 예비 창업주는 조리나 사업에 대한 특별한 노하우가 없다면 독립점보다는 체인점을 운영하는 것이 유리하다. 본사에서 조리 과정에 관한 교육을 시켜 주고 현장 지도도 해 주며 자체 유통망을 통해 야채를 제외한 모든 식자재를 공급해 주므로 부담을 줄일 수 있다. 개업시 광고전단 배포는 용역업체에 의뢰하는 것보다 점주나 종업원이 직접 사무실이나 가정을 방문해 돌리는 것이 효과적이다. 창업 자금에 여유가 있다면 볼펜이나 오프너, 명함꽂이 등을 이용하는 것도 판매 증진에 도움이 된다. 또 내점 고객은 시간에 쫓기는 손님이 많으므로 신속한 서비스를 제공해야 한다. 물컵과 수저 등의 비품도 위생적으로 관리해 깔끔하다는 인상을 심어주고, 식자재 구입은 다소 값이 비싸더라도 좋은 재료를 쓰는 것이 입맛 까다로운 고객 확보의 지름길이다. 특히 체인점들이 늘어나면서 경쟁이 치열해지고 있어 본사 선택 및 장소 선정시 신중을 기해야 한다. 특히 김밥기술을 익혀주고 주요 재료를 공급해 주는 본사도 있으므로 체인점 가맹시는 본사 특징을 확인, 노하우를 배울 수 있는 곳을 택하는 게 경쟁을 뚫고 나가는 비결이다. 또한 기존 김밥·우동 전문점들도 가격을 주위 점포보다 조금 싸게 하고 배달까지 한다면 매출액이 더욱 늘어날 것이다.

☎ 김밥학교 : (02)484-1241

3. 행사 음식·야식 배달 전문점

- 집기비품 및 인테리어 비용 : 1,000만 원
- 초도 물품 구입비 : 150만 원
- 기타 창업비 : 100만 원
- 총 투자비용 (점포 임차료 제외) : 1,500만 원 이내

　가뜩이나 할 일이 많은 것이 주부라는 직업(?)인데, 어쩔 수 없이 치러야 하는 행사, 급작스러운 손님, 하다못해 제사와 매일 먹는 끼니에 이르기까지 음식 만들기는 주부에게 만만치 않은 스트레스가 된다.

　"에이, 피곤한데……, 누가 대신 좀 안해 주나?"

　데우기만 하면 갓 지은 것 같은 밥맛을 느끼게 해준다는 인스턴트 밥의 광고 카피는 현대 여성들의 가사 탈출 열망을 단적으로 보여준 예이다.

　여성들의 사회 참여가 늘어나고 맞벌이가 당연시되는 시대에, 이중고를 겪고 있는 주부의 일손을 덜어 주는 뉴비즈니스가 잇따라 등장, 활황을 누리고 있다. 가정의 대소사나 생일, 돌잔치 등 큰일을 앞두고 시간과 일손이 없어 발만 동동 구르는 주부들을 겨냥한 행사·제사 음식 택배업, 야식 배달업 등이 그것이다.

　배달업 초기에는 김치나 음식 재료 등에 국한되었던 것이 이제 돌잔치, 집들이, 부모님 생신, 개업식 등 행사 음식이나 조문객 음식, 제사 음식, 도시락, 야식 등으로 자꾸 분화되고 있는 현상은 이러한 사업 분야에 대한 소비자의 호응이 얼마나 좋은 지를 짐작케 한다.

이들 사업은 점포없이 적은 돈으로 시작할 수 있다는 점이 가장 큰 장점인데 부부가 함께 운영할 경우 인건비의 부담도 거의 없다.

행사 음식 택배는 객단가가 1인당 1~3만 원 선으로 배달사업 중 가장 규모와 객단가가 크다. 총 인원과 모임의 성격에 따라 메뉴가 조금씩 달라지는데 10인 평균 주문 가격은 10만 원대에서 20만 원이 넘는 것도 있을 정도이다.

도시락 반찬 체인의 경우는 새벽 4시부터 6시 30분 사이면 일이 끝나 다른 일을 하면서 부업으로 할 수 있다. 오전 중에 주문량을 체크, 본사에 연락하면 자정에서 새벽 사이에 완제품 상태의 음식을 체인점에 배달해 주기 때문이다. 마진은 약 30% 선이며, 2,500~3,000원 선의 도시락 세트, 고급 야채로 만든 샐러드 (2,000원), 건강죽 (1인분 2,000원), 김치(2kg 포장 8,000원) 등의 메뉴가 있다.

반면 야식 배달업은 오후 7시에서 9시 사이가 가장 바쁘다. 술안주와 식사 세트 위주로 영업하는데 오향장육, 참치회, 치킨 샐러드 등 5인 기준 안주 한 세트에 2만 원 정도 받는다. 역시 음식은 본사에서 냉동 시스템으로 체인점까지 날라다 준다.

조문객 음식 준비 대행업은 가장 최근 등장한 사업으로, 갑작스럽게 상을 당한 상주의 시름을 덜어 주자는 아이템에서 출발했다. 2,000만 원 이내의 자금으로 창업 가능해 홍보력과 병원쪽 인맥에 자신있는 업주라면 시도해 볼 만하다.

이들 사업은 특히 기존 대형 한식점이나 일반 음식점의 겸업으로 권할 만하다. 요즘 점심 · 저녁 장사 외의 시간은 점포가 거의 개점휴업 상태임에도 인건비 등 고정 지출은 줄지 않아 고민하는 업주가 많다. 이 때 행사 음식 택배나 조문객 음식 준비 대행, 도시락 택배 등을 겸한다면 인력과 설비를 놀리지 않는 훌륭한 아이템이 될 것이다.

체인점 개설은 분야마다 상이하지만 보통 행사 음식 택배의 경우 본사에 물품 보증금 300만 원을 내면 바로 체인을 내준다. 재료비와 기타 기기 구입비, 점포비를 합쳐 1,800~2,000만 원 정도면 개업이 가능하다.

영업력에 따라 매출 차이가 많이 나지만 조문객 음식 등은 병원 등 고정 납품처를 확보하는 데 따라 매출액이 늘어난다. 또한 행사 음식 택배의 경우에는 서비스 및 음식의 맛에 독특한 노하우를 가지고 최소자본으로 도전한다면 성공 가능성이 비교적 높은 업종에 속한다.

보통 한 번 주문시 그 양이 최하 20명에서 100명이 넘는 경우가 많을 것이기 때문에 고객확보 전략에 따라 수입은 늘 것으로 예측할 수 있다.

이들 사업은 배달 중심이므로 업장의 위치보다는 점주의 개인적인 능력이 성패를 좌우한다. 점포 입지는 서울 개포동이나 대치동 등 중산층 아파트 밀집지역이 가장 유망하다.

가정을 상대로 영업할 때는 20평 이상 45평 이하의 아파트 단

지와 단독주택이 혼합된 주변의 3~4평 규모로 작은 점포를 구하
면 승산이 있다.

통상 매장 판매와 배달 판매의 비중은 4대 6 정도로 마진은
45% 정도이다. 솜씨가 좋은 점주라면 직접 메뉴를 개발해 독립
점으로 운영하는 것도 고려해 볼 만하다.

제사 음식이나 조문객 음식 준비 대행업은 무점포 방식으로 운
영이 가능하며 조문객 음식 대행업은 병원과 인접하거나 토털 장
례 서비스업과 연계하는 것이 좋다.

사 례

야식 배달 전문업체인 '헐랭이' 오류점을 운영하고 있는 김두
용 씨(42세)는 중국집을 하다 전업한 지 몇 달 되지 않지만 '바꾸
길 잘했다.'고 생각한다.

양념을 포함한 재료를 모두 본사에서 지원받아 간단히 조리만
하면 되는 일이기 때문에 특별히 종업원을 쓸 일도 없고, 매장을
따로 꾸밀 필요도 없는 속편한 장사이기 때문이다. 게다가 순수
익이 300만 원 이상에 달해 중국집과 비교해도 2배 가까운 매상
을 올리고 있다.

김씨가 이 체인점을 열면서 들인 돈은 단돈 650만 원으로 본사
보증금으로 200만 원, 초기 홍보비로 100만 원, 교육 및 재료비
200만 원에 대형 냉장고와 간단한 조리기구를 사는 비용으로 150
만 원을 썼다. 현재 중국집 자리에서 영업하고 있지만 계약이 끝
나면 임차료가 싼 주변 이면 도로변의 점포로 이전할 생각이어서
현재 점포비로 내는 100만 원의 추가 부담도 98년 7월 후면 줄
일 수 있다.

　야식 배달로 버는 하루 평균 매출은 20만 원 선으로 족발, 한 치회, 감자탕 등의 모듬야식 주문이 하루 13~15건 정도 들어온다.

　김씨는 "영업 시간이 늦은 밤에서 새벽까지여서 몸이 다소 힘들다는 점은 있으나 투자비가 적고 사람 쓸 필요가 없어 부부가 운영하기에 부담 없는 장사"라며, "근처에 야간업소나 아파트를 끼고 있다면 수요가 확실히 보장되는 해 볼 만한 장사"라고 말한다.

전문가 경영전략

이 사업의 성공 비결은 스티커와 정보신문 등을 이용한 적극적인 홍보와 영업력에 있다. 처음부터 무리하게 사업을 키우지 말고 주위 이웃을 중심으로 고객을 확보해 음식 주문을 받으면서 시작하는 것이 좋다. 상권을 넓게 잡아 홍보를 하고 배달은 가능한 신속하게 해야 한다. 대부분의 먹거리 사업이 그렇듯이 이 사업도 음식 맛과 청결함, 단골 고객 관리가 관건이다. 매상을 끌어올릴 욕심이 있다면 야식 배달업 한 가지만 하지 말고 행사 음식과 도시락 배달을 같이 한다든가, 김치 배달을 겸업하는 등의 아이템을 구상하는 것도 바람직하다.

☎ 반찬 배달 전문점 그린엠 : (02)578-5088
　 야식 배달 전문점 힐랭이 : (02)475-4187
　 조문객 음식 · 재래 음식 대행점 이조과방 : (02)924-9211

4. 세탁 편의점 · 옷수선

세탁 편의점
- 집기비품 및 인테리어 비용 : 200만 원
- 초도 물품 구입비 : 없음
- 기타 창업비 : 300만 원 (보증금 200만 원 포함)
- 총 투자비용 (점포 임차료 제외) : 500만 원

옷수선점
- 집기비품 및 인테리어 비용 : 300만 원
- 초도 물품 구입비 : 100만 원
- 기타 창업비 : 100만 원
- 총 투자비용 (점포 임차료 제외) : 500만 원

드라이 클리닝 기계나 다림질대를 갖출 필요가 없고 점주가 세탁 기술을 몰라도 되는 세탁 사업이 있다. 음식을 약간 데워서 팔기만 하는 편의점처럼 매장에서는 세탁물을 주고 받기만 하고 실제 세탁은 지역별로 마련된 공장에서 해 오는 세탁소이다.

이른바 세탁 편의점이라 불리는 이 사업은 기계를 구입할 필요가 없으므로 초기 투자 비용이 적게 들고 점포에서 직접 처리하는 기술적인 과정이 없으므로 여성이 혼자서 쉽게 창업할 수 있는 업종이다. 고객이 맡긴 세탁물을 관리하고 찾아가도록 정리하는 일이 점주가 하는 일의 전부이다.

공장까지의 세탁물 운반과 세탁이 끝난 옷의 배송은 본사에서 하루 두 차례 점포를 방문해 처리해 주는데 기존 세탁소에 비해 세탁물 처리 시간도 훨씬 단축된다. 공장에 완전 자동화 시설이 갖춰져 있기 때문에 양복 한 벌을 드라이 클리닝하고 다림질까지 마치는 데 1시간이면 충분하다.

이 사업의 장점은 또 있다. 기존의 드라이 클리닝은 솔벤트 등의 화학약품을 사용하기 때문에 세탁물에 밴 기름 냄새를 제거하는 데 이틀 정도의 시간이 걸리고 다림질에 또 시간이 걸려 대개 2~3일은 지나야 세탁물을 찾을 수 있다. 그러나 세탁 편의점 공장에서는 자동 퍼크로 클리닝 기계로 클리닝에서 건조까지 한 공정으로 처리하기 때문에 냄새를 빼는 시간이 필요 없다. 다림질도 자동 프레스를 이용해 1시간에 양복 상의 50벌, 바지 60벌을 다릴 수 있다는 것이다.

또 공장에서는 처리기술을 가진 전문가들이 세탁물의 개별적인 특성과 오염 정도에 따라 적절한 세탁을 해 주기 때문에 기존 세탁소보다 체계적이며 점주의 실수로 인한 세탁물 사고 위험도 훨씬 적다.

접수 외에는 점주의 손이 거의 가지 않기 때문에 업장에서 다른 일을 겸업할 수도 있다. 여기서 적극 추천되는 부업은 옷수선점이다. 기존 옷수선점을 하는 점주가 세탁 편의점을 겸업하는 것도 바람직하다. 요즘 아나바다(아껴쓰고 나눠쓰고 바꿔쓰고 다시쓰고) 운동의 여파로 신이 난 것이 옷수선업을 하는 점주들이다. 이 두 사업은 고객층의 대부분이 여성임을 감안하면 고객과 점주가 공감대를 형성할 수 있어 서로 이득이다.

요즘 옷수선점은 치수가 맞지 않는 옷을 고친다는 개념보다는 새로운 패턴으로 바꾸려는 고객이 주를 이룬다. 패션에 관심이 많은 10~20대 초반 여성이 대부분이지만 실속파 중·장년층도

의외로 많다.

수선은 바지 길이를 줄이는 등의 간단한 작업보다는 전체 디자인을 바꾸는 전문 작업이 70% 이상을 차지하므로 수선비가 높은 편이다. 최하 3,000원에서 손이 많이 가고 어려운 디자인은 10만 원을 넘기도 한다.

이 업종은 인건비 부담이 높은 편으로, 점주 혼자 운영하는 경우는 관계없지만 재봉사를 두고 일할 때는 모든 작업 비용의 50%는 인건비로 나간다고 보아야 한다. 이 때문에 이익금은 전체 매출의 50% 선이 된다.

옷수선점을 하려는데 기술이 없다면 각 구청 산하 부녀복지회관이나 양재학원 등에서 수강하거나 수선집으로 이름을 날리는 곳에서 종업원으로 취직, 일단 일을 배운 후 시작하는 것이 좋다. 수선집은 옷병원, 명동사, 오영자 모피수선 등이 유명하다.

투자비용 대비 수익성 분석

세탁 편의점은 일반 세탁소에 비해 세탁 비용이 싸기 때문에 가격 경쟁력이 충분하다는 장점이 있으며, 최소 3평 정도의 공간만 있으면 창업할 수 있다. 본사 보증금 200만 원, 간판과 옷걸이대 등의 시설비로 200만 원 등 점포 비용 외에 기타 창업비 100만 원을 포함, 500만 원만 있으면 된다.

세탁비는 옷을 수거해 가면서 전날 세탁비를 결제하는 방식이고 본사에 세탁비 60%를 지불한 나머지 40%가 점주의 수익이다. 옷걸이와 포장비용은 본사가 부담한다. 본사 입금액이 다소 많지만 초기 투자비가 적다는 점과 특별한 기술이나 노하우가 필요 없다는 점에서 여성들에게 권할 만한 사업이다.

옷수선점을 운영할 때 필요한 장비는 준고속 미싱, 보통 미싱 한 대 씩과 단추구멍기, 다림질 용구 등이다. 총 자본금은 점포 비용을 제외하고 기계에 따라 다르지만 통상 1,000만 원 선이라고 보면 된다.

세탁 편의점의 경우 지역밀착 업종으로서 주변에 아파트나 단독주택 등 많은 세대수를 확보해야 한다. 배후지 세대수가 1,500세대 이상인 곳으로, 맞벌이 부부가 많은 20평 이상 아파트 상가와 오피스텔 밀집지역이 적합하다.

옷수선점의 점포 공간은 3~5평이면 충분하다. 따라서 세탁 편의점과 겸업한다 해도 5평 정도면 얼마든지 영업할 수 있다. 옷을 고치려는 사람들은 잘 하는 집이라고 소문난 곳은 물어서라도 찾아오기 때문에 가게가 눈에 잘 띄지 않아도 무방하다. 그러나 수선점만을 운영할 경우 가장 좋은 입지는 기존 기성복 브랜드가 밀집한 지역이다. 또 아파트 단지 내 상가, 여대 앞 등 주로 패션에 관심이 있는 젊은이들이 모이는 패션 중심권이 유망하다.

'조박사 클리닝' 서울 무학점을 1년째 운영하고 있는 김순자 씨(41세)는 480여 세대의 무학아파트 주민과 인근 고시원생 150명을 상대로 매월 300여 만 원의 순수익을 올리고 있다.

이전부터 막연히 세탁소를 운영하면 잘 될 것 같다는 생각이 들긴 했지만 자본이 많이 드는데다 세탁 요령도 익혀야 하고, 장비도 갖춰야 되는 것이 세탁 사업이라 망설이고 있었다.

그러다 세탁 편의점을 알게 되면서 자본금 1,200만 원을 들여 창업한 것이 개업 두 달만에 투자비용의 50%를 벌어들이는 '대박'이 터진 것이다.

자본금은 점포 임차료 800만 원에 본사 보증금 200만 원, 간판·옷걸이대 등의 시설비 200만 원이 전부였지만, 개점 후 2개월 째에 670만 원의 매출액을 올렸다. 여기에 마진 50%를 적용하고 임차료 30만 원, 전기료 2만 원을 내고 나면 월 평균 순수익이 300여만 원에 이르는 알짜 장사인 셈이다.

최근에는 친척 한 분을 모셔다 점포에서 옷수선을 겸하고 있는데 이 덕분에 손님이 늘어나는 효과까지 가져왔다. 또 급한 일이 있을 때는 서로 점포를 번갈아 가며 봐주기도 해 큰 도움이 된다고 한다.

전문가 경영전략

세탁소의 경우 환절기에 수요가 많으므로 창업시기를 잘 선택하는 것이 좋다. 홍보는 전단지 등의 방법보다는 지역 특성을 고려한 사은품을 활용하거나 친절한 서비스로 단골 고객을 확보, 고객의 입선전을 유도하는 것이 바람직하다. 주택가에서 소규모로 옷수선점을 개업하면 처음에는 바짓단 줄이기, 치맛단·양복단 시침질, 바지통 줄이기 등의 사소한 일이 들어온다. 이때 사소한 일이라도 솜씨를 발휘하면 단골이 되어 큰 수선을 맡겨오게 된다. 인근 교회나 절 등 종교인들과 친목을 다지면서 가게 홍보를 하는 것도 좋은 방법이다. 재봉틀과 실은 최고급품을 사용하도록 하고 약속 날짜를 꼭 지키는 노력이 필요하다. 맡기는 옷을 수선할 때는 최대한 주의를 기울여 까다로운 고객의 의도를 정확히 파악하는 것이 중요하다. 헌 옷을 활용하는 다양한 디자인을 기획해 고객에게 제안하는 것도 수요를 높일 수 있는 좋은 방법이다. 수선은 상대적으로 단가가 높은 겨울옷이 많으므로 겨울을 준비하는 9~10월의 매출이 가장 높다. 수선에 자신이 있는 점주라면 양장·한복 수선 외에 가방이나 모피 등 전문적인 물품 중 하나를 택해 수선을 겸하는 것도 바람직하다.

☎ 크린프라자 : (02)977-1233
크린토피아 : (02)3465-2020
조박사 클리닝 : (02)763-8626

5. 향기관리 전문점

- 집기비품 및 인테리어 비용 : 200~300만 원
- 초도 물품 구입비 : 680~1,700만 원
- 기타 창업비 : 400만 원 (가맹비 150~300만 원 포함)
- 총 투자비용 (점포 임차료 제외) : 2,000만 원 내외

갓 구운 빵냄새와 은은한 커피향이 풍겨 나오는 제과점은 고객의 식욕과 구매 의욕을 자극한다. 속옷 판매점에는 에로틱한 향수냄새, 고급 의류 상가에는 상류층이 즐기는 샤넬향이 상가의 이미지 제고 및 구매욕을 돋우는 데 제격이다.

향기를 이용한 제품 판촉, 이른바 아로마 마케팅은 최근 등장한 선진국형 판매 기법이다. 상품이나 서비스와 연관된 향기를 뿌리거나 주고객층의 연령 및 성별을 파악해 그들이 좋아하는 향기를 분사, 소비자들의 후각을 자극함으로써 구매와 연결시키는 고도의 심리전인 셈이다.

국내에서는 현대백화점이 무역센터점 2~3층 여성의류 매장에 상류층이 좋아하는 샤넬향을 뿌려주고 있으며, '가파치'로 유명한 기호상사도 핸드백에 향수를 뿌려 좋은 반응을 얻고 있다. 게다가 최근 향기관리 전문업체가 등장하면서 아로마 마케팅은 백화점과 은행, 의류업체, 신발 판매점, 여행업계, 커피 전문점, 유아용품점 등 전 업계로 확산되기 시작했다.

보람은행 등 일부 은행에서 변하지 않는 서비스 정신을 나타내기 위해 전 지점 매장에 소나무 향을 분사한다. 에스콰이아 서울 직영매장은 제화 및 여성의류의 주고객이 젊은층임을 감안, 요즘 신세대가 선호하는 캘빈클라인 향과 이터너티 향을, 신세계 푸드 시스템과 KFC 등 외식업소는 식욕을 돋구는 자몽 향과 시트러스 향을 사용한다.

향이 마음을 움직인다는 이 간단한 진리는 향내 나는 명함을 비롯해 향기를 포함한 물품이 인기를 끄는 배경이 되었는데, 아로마 마케팅이 보편화된 선진국에서는 더 많은 물품에 이 방법이 적용되고 있다.

일례로 아메리칸 익스프레스 카드사는 채무자 청구서에 향기를 뿌렸을 때 17% 이상의 상환율 증가를 보였고, 호텔의 빠징꼬 업체는 꽃향기를 분사했을 때 배팅율이 60% 이상 증가했다는 점에 주목하고 있다.

기업들이 향의 효용성에 공감하고 고정적인 수요층으로 자리잡으면서 우리나라에도 향관리 업체가 대거 등장했다. 현재 국내에만 대략 15개 가량의 업체가 활동하고 있는데 매년 100% 이상의 성장을 거듭해 향관리 시장의 발전 가능성 및 잠재 고객의 수요를 짐작할 수 있다.

국내에 최초로 아로마 마케팅을 도입, 체인사업을 하고 있는 '(주)에코미스트 코리아'의 최영신 사장은 후각이 시각이나 청각에 비해 과거의 추억·기억을 살리는 데 더 큰 효과가 있으며, 이는 곧 특정 상품이나 서비스에 대한 연상 작용으로 이어져 구매 충동을 일으킨다고 설명한다.

'(주)아띠앙'도 점포나 사무실의 향기를 관리해 주는 향관리 사업의 대리점을 모집중이다. 악취 제거에서 출발해 병리 치료, 삼림욕 등으로 다각화하고 있는 향기 사업을 컨설팅으로 연결시킨 셈이다. 대형업소나 호텔, 사무실, 자동차 등에 어떤 향이 효과적인지 상담해 적절한 향을 골라 주는 컨설팅에서부터 자동분사기 설치까지 관리 일체를 맡아 준다.

이 사업은 회원제로 운영되며, 등록한 고객이 원하는 장소에 설치하여 정기적으로 방문해 분사기 성능을 체크하고 소모품을 교체해 주는 형식이다. 대리점은 무점포로도 가능해 초기 투자비용을 줄일 수 있다는 장점이 있다.

투자비용 대비 수익성 분석

'(주)향샘'의 경우 서울 각 구와 중소도시, 군단위로 나눠 가맹비를 달리 적용한다. 통상 가맹비는 150~300만 원 선이며, 초도 물품비도 680만 원에서 1,700만 원까지 다양하다. 따라서 총 투자액은 점포 비용을 빼고 800여 만 원에서 2,000만 원 정도 드는 셈이다.

지난해 개업한 성남점의 경우 5층 10평 규모 사무실 보증금으로 200만 원, 초도 물품 대금 1,700만 원, 가맹비 300만 원, 기타 사무 집기비로 235만 원이 들어 총 2,435만 원이 들었다.

현재 월 매출액 2,300만 원에서 점포 임차료 80만 원, 매출 원가 1,230만 원, 공과금과 수당제 직원의 인건비를 제한 월 순수익은 570만 원 선이다.

입지 및 환경

이 사업은 주문이 오면 고객과 상담해 직접 설치하러 가는 형식이기 때문에, 전화 한 대와 작은 사무실만 있으면 영업할 수 있다. 백화점과 병원, 레스토랑, 카페 등 고급 업소와 일부 가정집이 주고객이므로 이들 업종들과 제휴할 수 있는 영업 능력이 입지 여건보다 우선이다.

그러나 형편이 된다면 사무실 밀집지역과 유흥업소가 많은 곳에 입지하는 것이 바람직하다.

매달 순수익 450만 원을 올리는 (주)아띠앙 분당점주 노철구씨의 경우 "일단 입지에서 덕을 봤다."고 말한다. 점포 주변에 금융기관과 카페, 노래방, 음식점 등 최근에 지은 건물이 많아 개업 3개월 만에 4백 여 곳의 거래처를 확보했다고 한다. 노씨는 본격적으로 영업을 시작하기 전에 한 달 정도 주변 시장조사를 통해 고객을 미리 확보한 것이 성공 비결이라고 덧붙인다.

사 례

서울 역삼동 테헤란 오피스텔 13층에서 향기관리 전문점 '아띠앙'을 10개월째 운영하고 있는 방수영 씨(51세)는 직장에서 10년 넘게 영업 일을 했던 경험을 살려 이 업종에 도전했다.

투자비는 15평 규모 사무실 보증금 500만 원, 집기비품 100만 원, 상품 구입비 1,200만 원, 체인 가맹비 300만 원, 기타 창업비 100만 원 등으로 총 2,200만 원이 들었다.

주문이 들어오면 고객과 상담해 사무실이나 점포에 알맞는 향을 결정하는데, 처음에는 캔향 값은 제외하고 자동 분사기 값 6만 7,000원만 받고 설치해 준다. 자동 분사기를 살 형편이 안 되는 업주에게는 월 3만 원을 받고 1년 단위로 대여해 주기도 한다.

향은 30평을 기준으로 한 달 정도 유지되며 수명이 다할 때마다 캔향 값 1만 8,000원을 추가한다. 이렇게 해서 현재 월매출이 500만 원 선으로, 마진율 70%를 적용한 350만 원이 매출 이익이다. 여기에 점포 임차료와 관리비로 85만 원, 기타 유지비 55만 원을 제외하면 월 220만 원이 순수익으로 떨어진다.

방씨는 "혼자서 소규모로도 할 수 있는 사업이라 인건비 비중이 작은 것이 장점"이라며, "가정이나 영업소를 직접 찾아다녀야 하므로 힘은 들지만 발로 뛴 만큼 수익이 보장되는 업종"이라고 말한다.

전문가 경영전략

체인점을 경영하려는 점주는 충분한 시장 조사와 함께 여러 본사를 방문해 장단점을 충분히 따져보는 것이 바람직하다. 최근 향관리 사업에 무분별하게 뛰어드는 영세 외국 본사도 있기 때문에 외국에서 왔다고 무조건 선호할 것이 아니라 본사의 재무 구조와 특장점 등을 체크할 필요가 있다. 또한 향관리 사업의 성패는 본사선택 외에 캔 뚜껑의 하자 정도에 따라 매출액이 달라진다. 대략 한 달에 한 번 교환해 주는 게 원칙이나 캔 뚜껑이 고장나 무상서비스를 계속 해 주어야 한다면 그만큼 손실이 커지기 때문에 선택 전 캔 뚜껑의 하자 여부를 꼭 확인, A/S가 되도록이면 발생하지 않는 것을 택해야 한다. 자체 개발한 우리나라 삼림욕 향은 세계 각국의 관심을 끌 정도로 품질이 좋다. 에코미스트 코리아의 경우 해충을 퇴치하는 향을 개발해 요식업소에 공급하고 있고, 전남 강진의 편백 숲에서 추출한 삼림욕 향을 뉴질랜드 등 세계 30여 개 나라에 수출하고 있을 정도이다. 따라서 어디에 본사를 두고 있는가를 따지기보다는 본사의 향 개발 능력과 얼마나 많은 신제품을 확보하고 있는지, 체인점을 어떻게 지원하는지 등을 꼼꼼히 살피는 것이 좋다. 본사를 결정해 사업을 시작한 점주는 일단 이러한 서비스 업종이 있다는 것을 발로 뛰어 홍보하는 것이 중요하다. 또한 유치한 고객을 지속적으로 관리하는 것이 사업 성패의 관건이라는 점을 숙지해야 한다. 향기 관리업이 필요한 곳은 고급 이·미용실, 특급 호텔, 예식장, 가구점, 여행사, 대기업 중역실, 상담실, 귀금속 매장 등 고급스러운 이미지와 소비성향을 대변하는 업종들이다. 따라서 호감을 살 수 있는 영업 방법과 함께 설치 후 매출 증가표 등 세부적인 자료를 준비하여 보다 확실하게 영업망을 확대해 나가는 것이 바람직하다.

☎ 에코미스트 코리아 : (02)830-7300
　아띠앙 : (02)406-5100
　향샘 : (02)3463-2766

6. 족발 · 막국수 배달 전문점

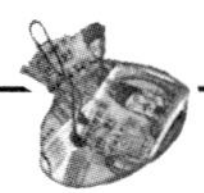

- 집기비품 및 인테리어 비용 (5평 기준) : 500만 원
- 초도 물품 구입비 : 50만 원
- 기타 창업비 : 750만 원 (기술이전비 300만 원 포함)
- 총 투자비용 (점포 임차료 제외) : 1,300만 원

음식 장사를 하면 손해는 안 본다는 말이 있지만 이 말이 모든 음식 장사에 해당되는 것은 아니다. 음식 장사로 성공하기 위해서는 맛은 기본이고 독특한 인테리어와 서비스로 치열한 경쟁에서 살아남아야 한다.

그러나 장사가 어디 뜻대로만 되는가? 특히 소형 음식점의 경우 맛과 서비스에서 대형점에 밀리다 보면 하루 종일 서서 그릇을 닦지만 돈벌이는 시원치 못한 경우가 많다. 그렇다고 번듯한 장소로 옮기자니 점포 임차료가 많이 드는 것이 고민이다.

최근 IMF 구제 금융 신청 여파로 인해 통상 경기를 안 탄다는 요식업도 불황의 늪에 빠져 허우적거리고 있다. 외식 비중을 줄이고, 3차는 기본이던 술자리도 간단히 마시고 헤어지거나 집에서 가족끼리 오붓하게 지내는 시간이 늘었다고 한다. 이 때문에 같은 요식업 중에서도 요즘은 배달 음식점이 유망하다.

배달 전문 음식점은 가장 자신있는 음식 한 두 가지를 특화하여 빠른 배달을 원칙으로 영업하므로 소형 점포로도 충분히 경쟁력이 있다. 따라서 점포 임차료를 줄일 수 있어 결국 창업 자금을 절감할 수 있다는 장점이 있다.

최소한 2,000만 원 내외의 자금이면 부부가 창업해 능력에 따라 봉급쟁이 월급 이상 벌 수 있고, 실패한다 해도 부담이 적다.

그러면 1~2만 원대의 비교적 저렴한 가격으로, 술안주와 밤참 거리로 인기를 끌고 있는 족발 배달 전문점에 대해 알아보자.

족발을 주로 찾는 층은 30~40대 직장인과 근로자인데, 돼지고기를 기피하는 7~8월의 비수기만 극복하면 1년 내내 안정된 수익을 올릴 수 있다. 야간 배달이 많으므로 근무시간이 길어진다는 단점은 있지만 대신 아침에 문을 늦게 열어도 되므로 몸이 건강한 젊은이들의 경우 도전해 볼 만하다.

독립점으로 운영할 경우 돼지족 구입에서부터 핏물빼기, 삶기 등의 과정 일체를 점주가 해야 하므로 시간도 많이 들고 노하우가 없이는 맛있는 족발을 만들기도 힘이 든다. 따라서 이런 노하우가 없는 점주라면 독립점보다는 체인점에 가입하는 쪽이 더 유리하다.

'한양 왕족발'의 경우 기술 이전료 300만 원을 받지만 여기에 보쌈 보속 만드는 법, 막국수 쟁육 국물 만드는 법, 보쌈 고기 삶는 법, 판촉방법, 배달 요령 및 판매전략 등을 교육시켜 준다. 또 현재 영업중인 전문점 방문과 공장 견학, 점포 선정 및 판매지역 배정까지 맡아서 해 주며 간판과 시설 및 물품(전단 포함)도 지속적으로 공급해 준다(초도 시설대 436만 원).

투자비용 대비 수익성 분석

일반적으로 족발 가게를 차리려면 수천만 원이 필요하지만, 족발 배달 전문점으로 창업할 경우는 최소 5평 규모의 주방만 갖춘 점포와 전화기 한 두 대, 배달용 오토바이 한 대를 갖추면 된다.

따라서 점포 임차료를 제외하고 각종 주방 시설비용으로 500만 원, 체인 본사 기술이전비 300만 원, 기타비용으로 홍보비를 포함하여 약 500만 원 등 총 1,300만 원이면 창업이 가능하다.

음식업 초보인 점주라도 본사로부터 족발 포장육과 각종 소스를 조달 받아 간단히 조리만 하면 되므로 주방장을 채용할 필요가 없고, 부부가 운영하기에 일손이 딸릴 경우 배달 직원을 채용하면 된다.

1일 50개 정도의 족발·막국수를 배달할 경우 1일 매출액은 대략 60만 원 선으로 족발·막국수의 평균 마진율을 50%로 볼 때 하루 30만 원 정도 이익금이 생긴다.

한 달이면 900만 원 정도 매출이익이 생기고 거기서 임차료, 인건비 등을 제외하면 적어도 월 500만 원 이상 순수익을 올릴 수 있다.

입지 및 환경

배달이 특화이므로 유동 인구보다는 배후 인구를 중심으로 점포를 물색하도록 하는데, 무엇보다 공단지역 및 자영업자들이 많은 곳과 아파트 밀집지역이 추천할 만하다.

2천세대 정도의 아파트를 낀 후미진 골목이라도 홍보만 제대로 한다면 성공할 수 있다.

임꺽정 왕족발 중계점을 운영하는 김규옥 씨(43세)에 의하면 배달은 주로 아파트 단지에서 50%, 근처 주택가에서 30%, 인접 상가에서 주문하는 비율이 20%라고 하므로 참고할 만하다.

점포지를 물색할 때는 족발이라는 음식의 특성상 30~40대 근

로자나 직장인에 비해 신세대 여성이나 학생층이 찾는 경우는 적
다는 점도 유념해야 한다.

작년 10월 총 1,800만 원을 들여 서울 마포구 성산동에 '한양
왕족발 마포점'을 연 나상돈 · 심경자 씨 부부, 5평형의 점포 보증
금 500만 원에 기술이전비 300만 원, 각종 주방 시설비 500만
원, 기타 비용 500만 원 등 총 1,800만 원을 들여 창업했다.

평소 손맛이 있다는 주변의 평을 들어온 부인이 본사로부터 족
발 포장육과 각종 소스를 조달 받아 간단히 조리해 마포구 내 주
문처로 배달한다. 조리법은 본사에서 표로 만들어 나눠주기 때문
에 인건비 비싼 주방장이 필요 없는 것이 장점이라고 한다.

다루는 음식은 1~2만 5,000원대의 족발과 보쌈, 쟁반막국수
등으로 식재료 일체를 본사가 공급하지만 야채류는 점주가 직접
구매해야 한다.

음식은 나씨가 중고 오토바이로 직접 배달하며, 주문이 뜸한
시간대에는 판촉 활동에 나선다. 하루 400~500장의 전단과 스티
커를 마포구 전 지역을 돌며 뿌리는 데 소요되는 시간은 3시간이
다. 그러나 이것을 게을리하면 전화 주문이 표나게 줄어든다.

월평균 매출액은 1,200~1,300만 원 선으로 이것저것 제하고
나면 순수익은 월 350만 원 정도 떨어진다.

오후 1시에 점포 문을 열어 다음날 새벽까지 영업하는데, 전화
주문이 대부분을 차지하기는 하지만 점포 앞을 오가며 구입해 가
거나 내점해 술과 함께 들고 가는 손님들을 위해 가게에서 직접
먹을 수 있는 테이블도 마련했다.

나씨는 "족발을 구입하면 쟁반 막국수와 동동주를 무료로 제공한 판촉 전략 때문인지 초기에 단골을 확보하기가 쉬웠다."며, "이 사업의 성패는 홍보용 전단을 얼마나 열심히 배포하는 지에 달려 있다."고 조언한다.

전문가 경영전략

근처에 야근하는 회사뿐만 아니라 당구장 등 유흥 오락장에서 주문하는 경우도 많으므로 외진 점포에 앉아 전화 오기만을 기다릴 것이 아니라 매일 일정 시간을 정해 홍보 전단을 뿌리는 등 적극적으로 영업을 하는 자세가 필요하다. 신문 전단만으로 만족하지 말고 점주가 직접 전단과 스티커를 돌리며 판촉 활동을 하는 것이다. 통상 판촉비는 월 100만 원 정도 쓰면 적당하다고 한다. 매일 판촉 활동의 대가가 그날 장사에 영향을 줄 정도이므로 경쟁 점포와의 차별화 및 서비스 전략을 적절히 구사하는 것도 성공의 큰 요건이 된다.

☎ 한양 왕족발 : (02) 6751-115

7. 배달 치킨 전문점

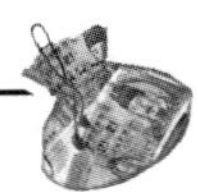

- 집기비품 구입비 : 600만 원 (압력튀김기, 냉장고, 바베큐 기계 외)
- 오토바이 1대 구입비 : 100만 원
- 인테리어 비용 : 평당 65만 원 정도 (5평 기준 430만 원, 간판 포함)
- 초도 물품 구입비 : 100만 원
- 기타 창업비 : 500만 원 (가맹비 300만 원 포함)
- 총 투자비용 (점포 임차료 제외) : 1,800만 원 정도

닭고기를 싫어하는 사람들은 그리 많지 않다. 특히 아이들이 상당히 좋아하는 음식이고 그중 배달음식 중에도 1, 2위를 다툴 정도로 소비량이 많은 게 치킨이다.

치킨의 판매는 매장 내 판매와 배달 판매로 이루어지는데 매장 내 판매의 경우 대형점인 파파이스나 KFC는 예외지만 소형점포의 경우는 반 이상은 호프를 겸한 술집으로 바뀌는 경우가 많아 아이들이 쉽게 접근하기는 어려운 게 사실이다.

그렇다고 대형매장을 하는 것은 투자비용 면에서도 부담이 많은 편이라 창업하기가 쉽지 않고 10평 내외의 치킨점이라 하더라도 시설비, 가맹비 만으로도 3,000만 원 이상 드는 곳들이 많아 적어도 6,000만 원에서 1억 원 정도가 투자된다.

그러나 경기침체가 장기화되면서 투자비용 대비 수익성 면에서도 적어도 월 200만 원 이상 300만 원 정도 순수익은 되어야 하는

데 그렇지 못한 곳들이 대부분으로 매물로 나와 있는 곳도 많다.

이런 상황에서 배달 치킨 전문점은 현 치킨 시장의 틈새를 뚫고 나온 아이디어성 창업 아이템이다.

다시말해 투자비용 중 인테리어 비용 및 집기시설비를 대폭 줄여 최소 비용으로 창업, 배달만을 전적으로 하는 업종이다.

투자비용 대비 수익성 분석

5평 내외의 매장을 구하는 데 점포 임차비용으로 보증금 500만 원 내외(월세 50만 원 이하) 정도가 적당하다.

그밖에 가맹비(300만 원), 시설비(압력튀김기, 냉장고, 바베큐 기계 등) 총 500~600만 원 선, 인테리어 비용은 평당 65만 원, 간판, 오토바이까지 포함하여 1,500만 원이면 창업이 가능하다.

이때 점포는 배달 위주로 영업을 하기 때문에 위치는 배달에 장애만 없는 곳이면 된다.

2인 1조로 운영하면 되는데 1명은 주방에서 제품의 조리 가공을 맡고 1명은 배달에 주력하는 데 매장 내 서빙이 없으므로 인건비를 줄일 수 있다.

1명이 1일 30~50마리 정도는 배달이 가능하다.

하루 평균 15마리 정도 배달판매 한다면 손익분기점에 도달하게 되고 20마리를 팔게 되면 월 순수익 200만 원, 30마리를 팔면 월 300만 원 이상 수익을 올릴 수 있다.

입지 및 환경

배달 전문점이라 점포 입지는 중요하지 않다. 매장 판매 없이

주방만 설치, 배달만 전문으로 하는데 음식점 허가를 얻어야 하
므로 상업지역이나 근린생활 시설지역 내의 5평 정도의 점포를
확보하면 된다.

허가에 필요한 주방 시설 기준을 만족시킬 만한 최소한의 인테
리어 비용과 간판 비용, 배달용 오토바이만 준비하면 어느 곳에
서도 영업이 가능하다.

사 례

강동구 길동 길동초등학교 앞에서 '치킨맨'을 운영하는 위정남
씨(27세)는 울긋불긋한 치킨맨 복장을 하고 치킨배달을 하는데
동네 명물 중 한 사람으로 아이들의 인기를 독차지하고 있다.

"처음에는 이색복장을 하는 게 어색했는데 이제는 익숙해졌고
안 입으면 아이들이 의아해 할 정도"라고 한다.

지난 2월말쯤 5평 점포에 치킨맨을 창업한 그는 대학에서 독문
학을 전공, 중소기업에 취직했으나 부도가 나 실직자가 됐다.

재취업도 쉽지 않아 결국 전세금을 줄여 창업을 한 그는 인테
리어와 치킨기계 구입비, 주방설치비 등으로 1,000여 만 원과 점
포 얻는데 500만 원이 들어 홍보비 100만 원을 포함해 총 1,600
만 원이 들었다.

개점 첫날, 하루 9마리로 시작, 요즘은 하루에 20~30마리를
팔고 있다는 그는 한 달 순수익이 300만 원 정도라고 한다.

선천적으로 아이들을 좋아하는 그는 시간이 날 때마다 동네 놀
이터에서 아이들과 뛰어논다.

"요즘은 아이들뿐만 아니라 동네 부모들까지 아이 손에 이끌려
찾아와 고맙다며 치킨을 사들고 가는 사람도 많다."며 "회사 다

널 때보다 마음도 편하고 수입도 배로 늘었다."고 한다. 또한 "패기있는 젊은이들이 소자본으로 창업, 돈을 모으는 데는 최고"라며, 적극 권장하고픈 업종이라고 덧붙인다.

전문가 경영전략

동네 치킨 전문점 중 성공적으로 운영하고 있는 곳은 사실 몇 곳이 안될 정도이다. 그만큼 경쟁이 치열한 업종이다. 그렇기 때문에 독특한 전략을 모색해야 경쟁에서 이길 가능성이 있다. 우선 점포형보다는 배달 전문점으로 창업, 점포 임차비용을 대폭 줄여 주어야 하고 또 배달 시 복장을 독특하게 하여 움직이는 광고판 역할을 할 수 있도록 해 자연 홍보가 되도록 하는 것도 좋다. 몇몇 치킨 체인 본사 중 명퇴자, 실직자들로부터 시설비나 가맹비조로 목돈을 챙긴 후 고의부도를 낸 사례도 있으므로 가맹 전 본사를 방문, 확실한 내용을 파악한 후 가입해야 한다. 사업성 분석도 꼼꼼히 해보고 또 기존 배달 치킨 전문점 운영자들을 만나 얘기를 들어보는 것도 판단에 많은 도움이 된다. 본사에서 원부자재는 주 2회 이상 공급해주므로 기술력보다는 영업력이 뛰어나야 한다. 특히 배달 치킨 전문점의 경우 기존 치킨점과는 달리 손님을 앉아서 기다리는 업종이 아니라 찾아나서는 업종이라는 점을 명심해야 한다. 특히 아이들을 좋아하는 젊은 남성 중 적극적 영업을 할 수 있는 성격이 활달한 사람이라면 더욱 유리하다.

☎ 치킨맨 : (02)577-5817

8. 찌개 배달 전문점

- 집기비품 및 인테리어 비용(5평 기준) : 800만 원
- 초도 물품 구입비 : 100만 원
- 기타 창업비 : 100만 원
- 총 투자비용 (점포 임차료 제외) : 1,000만 원 내외

시간에 쫓기는 맞벌이 주부에게 있어 가장 신경 쓰이는 부분은 저녁 식사 문제이다. 가족들이 유일하게 둘러앉을 수 있는 시간이 저녁 식사 시간인데, 인스턴트 식품이나 한 두 가지 밑반찬으로 밥을 먹어야 할 때 직업에 대한 회의를 느낀다고 말할 정도이다.

매일 외식을 할 수도 없고 그렇다고 퇴근 후 슈퍼마켓에 들러 국거리, 찌개거리를 사다 만들 수 있는 시간적 여유도 거의 없다.

이 때문에 어쩔 수 없이 파출부를 쓰는 가정도 있지만 오전 중에만 매일 쓴다고 해도 한 달 20만 원 정도의 비용이 든다. 또 파출부는 전문 영양사가 아니기 때문에 맛이나 영양에 관해 믿을 수도 없다.

청소나 빨래는 그렇다고 쳐도 식사 문제만 해결될 수 있다면 굳이 파출부를 쓰지 않아도 되는 것이다. 그러니 저녁 식사를 값싸고 맛있게 해결할 수 있다고 하면 바쁜 주부들의 귀는 솔깃해질 것이다.

이 때문에 최근 등장, 호황을 누리고 있는 새로운 업종 중 하나가 찌개 배달 전문점이다.

손맛이 있는 주부라면 가장 자신있는 찌개 종류를 택해 남편과 함께 배달업을 창업해 봄직하다. 특히 해물찌개나 버섯찌개 같은 경우는 좋아하는 사람은 많지만 대부분 가정에서 손님 접대 등 특별한 때를 제외하고 평소에 먹는 것은 거의 불가능하다. 이는 이들 찌개에 많은 재료가 들어가는데 그 재료를 먹을 만큼만 사기가 힘들기 때문이다. 따라서 수요자들이 좋아하지만 손이 많이 가는 탓에 평소에 먹기 힘든 찌개 종류를 만들어 배달하는 것이 바람직하다.

찌개 배달 전문점은 점심 때 사무실이나 자영업자들의 주문도 있지만 주로 저녁 장사이므로 찌개만 배달하거나 아파트 단지 내 상가나 주택가 진입로 상가에서 찌개와 함께 배달할 수 있는 반찬 전문점을 병행한다면 일석이조가 될 것이다.

배달 음식점은 초기 투자 비용이 일반 음식점의 1/5 또는 1/10 수준에 불과하다. 비용이 많이 들지 않으니 개업이 쉽고 만일의 경우 실패한다 해도 위험 부담이 비교적 적다는 장점이 있다.

투자비용 대비 수익성 분석

배달 전문이므로 높은 점포 임차료를 내고 요지에 큰 점포를 마련할 필요 없이 5~7평 규모의 작은 점포를 잡아 홍보를 열심히 하면서 제시간에 배달만 해줄 수 있으면 된다. 인테리어도 할 필요가 없고 집기 비품이라고 해봐야 배달할 찌개 그릇과 오토바이, 주방 설비가 전부이다. 이외에 광고비로 한 달 20만 원 정도 책정하면 된다.

주방 설비를 중고로 마련하고 오토바이도 중고나 할부로 구입하면 초기 투자 비용을 더욱 줄일 수 있다. 그러나 찌개 그릇은 값싸되 깨끗하고 질좋은 것으로 장만하는 것이 좋은데, 고객들은 그릇의 질로 식당의 위생 상태를 판가름하기 때문이다.

이에 따라 총 소요자본은 1,000만 원 선 이내면 찌개 배달 전문점을 충분히 시작할 수 있다(점포 임차료 제외).

입지 및 환경

이 업종은 점포의 위치보다는 창업자의 개인적인 능력이 성패를 좌우한다. 유동인구를 상대로 하는 장사가 아니므로 2천세대 가량의 아파트를 낀 후미진 골목이라도 된다. 배후지 아파트의 평수는 20평형 이상 45평형 이하가 좋다.

점포를 구할 때는 맞벌이 부부나 혼자 사는 사람이 많은 곳을 대상으로 정해 물색하는 것이 좋다.

그러나 요즘에는 오피스가나 개인 자영업자들 중에 도시락 또는 밥만 싸가지고 와서 여럿이 찌개만 시켜 밥을 먹는 신 풍속도도 생겨났다. 따라서 젊은 직장인이 다수 포진한 오피스가나 영등포 일대, 구로 일대 등 자영업자 밀집지역도 성공 가능성이 엿보인다.

사 례

광명시에서 해물찌개 배달 전문점을 하는 정모 씨는 많게는 하루에 150개의 찌개냄비를 배달 판매한 적도 있다.

그는 주택단지에서 맞벌이 부부를 상대로 장사를 하는데, 이곳을 자주 이용하는 집은 이틀에 한 번 꼴로 주문할 정도라고 한다.

주문을 받으면 냄비에 찌개거리를 담고 주전자에 육수를 따로 담는 등 다소 번거롭게 배달하는데, 해물찌개는 미리 끓여놓으면 해물이 굳어져 맛이 없기 때문이라고 한다. 또 해물은 싱싱한 상태로 배달하여 소비자들이 직접 확인할 수 있도록 하는 것이 효과가 있다고 덧붙인다.

요리에 자신 없는 주부들은 아예 이 집에서 잔치용 특대품을 배달해 달라고 주문하기도 한다.

무엇보다 가장 신경 쓰는 부분은 육수로 한꺼번에 많은 양을 끓여두는데, 이 육수가 맛있다고 주변에 소문이 나면서 제법 먼 지역에서도 주문이 들어온다고 한다.

전문가 경영전략

찌개 배달 전문점은 본사에 가맹했다 하더라도 스스로 맛을 개발해 창업해야 하는 업종이다. 따라서 가장 중요한 것은 음식맛이다. 찌개를 잘 한다고 소문난 집은 찾아다니면서 꼭 먹어 보고 그 맛을 연구해 혼자서도 그 맛을 낼 수 있을 때에 개업하도록 한다. 그동안 식당에서 주방일을 본 경험이 있거나 아니면 음식맛이 좋다는 칭찬을 들어본 주부라면 집에서도 전화주문으로 찌개 배달을 할 수 있다. 체인점에 가입할 경우 가맹비로 500만 원을 받는 곳도 있는데 음식맛을 낼 수 있다면 체인 가입보다는 독립점으로 운영하고 오히려 홍보비용에 그 돈을 투자하는 게 효과적일 것이다. 또 배달 시간은 정해진 시간을 넘지 않도록 신경쓴다. 배달 음식을 시키는 고객들은 말 떨어지기가 무섭게 달려오는 중국집처럼 신속한 것을 기대하기 때문이다. 따라서 배달 시간이 최소 20분, 늦어도 30분을 넘지 않게 하는 것이 요령이다. 그러나 사실상 여러 곳에 배달하다 보면 이 시간을 지킬 수 없는 경우도 생긴다. 이런 경우에는 예약 주문하는 고객에게는 찌개 값의 10%를 깎아준다고 홍보하거나, 30분이 넘으면 10%를 깎아주는 등의 방법도 호감을 살 수 있는 방법 중 하나이다. 배달은 대개는 점심식사 시간대와 저녁식사 시간, 갑자기 찾아온 손님 접대용으로 밤 늦게까지 배달이 있으므로 되도록이면 늦게까지 배달이 가능하도록 재료를 준비해 두는 것이 좋다. 참고로 배달 위주의 식당은 확실한 이미지의 구축이 중요하므로 상호 작명에 각별히 신경쓰도록 한다. 깔끔한 상호는 소비자들에게 청결한 업소라는 좋은 이미지를 심어주게 되기 때문이다. 싼 가격에 음식을 제공하면서 맛있고, 빠르고, 위생적이라는 삼박자만 갖출 수 있으면 이 업종의 성공에는 자신을 가져도 좋을 것이다.

☎ 찌개 배달 전문점 착한이웃 : (02)809-6414

9. 가발 토털 관리숍

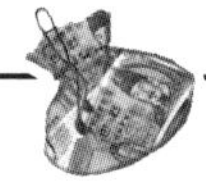

- 집기비품 및 인테리어 비용 (10평 기준) : 500만 원
- 초도 물품 구입비 : 100만 원
- 기타 창업비 : 1,100만 원 (가맹비 1,000만 원 포함)
- 총 투자비용 (점포 임차료 제외) : 1,700만 원

대머리가 가장 부러워하는 것은 '아침에 머리 감고 드라이기 사용하는 것'이라는 우스개 아닌 진담이 있다.

오존층의 파괴 등 생활 환경이 점차 열악해져 가는 데다 스트레스를 많이 받는 현대인 중에 특히 젊은층에서도 탈모로 고민하는 사람을 흔히 볼 수 있다.

실제로 최근 고려대 안암병원 성형외과에서 성인 남자 1천7백여 명을 대상으로 한 설문 결과를 보면 전체 응답자의 23.3%가 탈모 증세를 보이고 있는 것으로 나타났다. 남성의 4명중 1명은 이미 대머리이거나 대머리가 될 운명이라는 것이다.

탈모증은 유전적 요인에 의해 생기는 것으로 알려져 있는데, 여기에는 여성도 예외가 아니며, 최근에는 수험생과 심지어 초등학생에게서도 발견되고 있을 정도이다.

이 때문에 중국산 발모제가 불티나게 팔리는가 하면 주사요법과 모발이식술 등 풍성한 머리로 되살리기 위한 여러 가지 방법들이 시도되고 있다. 그러나 이들 요법들은 효능이 검증되지 않았거나 시술에 엄청난 비용이 든다는 점이 지적돼 많은 사람들의 공감을 얻지는 못하고 있다.

따라서 일반적인 방법으로 가발이 압도적으로 많이 사용되는데, 예전의 가발은 바람이 불면 날아가는 등의 해프닝을 연출하게 하는 전체 가발이 주류를 이뤘다. 그러나 최근에는 가발을 직접 모발에 접착하는 새로운 방법이 나와 각광받고 있다. 가발을 쓴 채 다이빙이나 수영도 하고, 드라이도 하고, 머리도 감을 수 있는데, 성분도 인모여서 표가 날 위험도 없다.

가발 토털 관리숍은 이러한 부분 가발의 판매 및 머리숱 시술에서부터 이발과 추후 관리까지 책임지는 사업이다.

고객이 방문하면 30분 정도 상담해 원하는 머리 스타일과 색깔, 탈모부위와 웨이브 방향 등 특성을 감안해 부분 가발을 제작한다. 소요기간은 약 열흘 정도 잡는데, 가발이 완성되면 고객의 머리에 시술해 부착하게 된다. 부착된 가발은 고객 스스로는 뗄 수 없으며, 가발 길이와 원래 머리의 길이를 맞추기 위해서 이발도 해야 한다.

가발 손질과 이발을 위해 고객이 주기적으로 업체를 방문해 가발 전문 디자이너에게 손질을 받아야 하므로 수입원은 가발 판매와 관리비인 셈이다.

고객의 희망 및 특성에 따라 개별 제작되기 때문에 가격은 일반 패션 가발 값인 20~30만 원 대보다 비싼 60~130만 원 대이고, 이발비 1만 원, 가발수선비는 3만 원 정도 한다.

관련 업체로는 맞춤식 가발 외에 보급형 가발 사업을 하고 있는 '아폴로 모발 연구원'과 '밀란' 등이 있다.

이 사업은 아무래도 기존 미용업을 운영하는 점주가 겸업 또는 전업하거나, 점포를 운영한 경험이 없더라도 미용 기술이 있는 사람에게 적합하다.

체인 본부에서 미용사와 디자이너를 직접 파견해 주므로 기술이 없어도 체인점 개설은 가능하지만 한 달에 100~150만 원의 인건비 지출을 감안해야 한다. 본부에서 한 달 정도 기술이전 및 교육을 시켜주므로 직접 기술을 배우거나 미용 관련 자격증을 따서 인건비를 줄일 수도 있다.

총 투자비용은 10평 규모의 점포를 기준으로 인테리어비가 평당 50만 원 정도 들고, 가맹비의 경우 서울은 1,000만 원, 지방은 500만 원이다. 여기에 초도 물품비 100만 원 등 총 1,100 ~ 1,600만 원 정도 소요된다(점포 임차료 제외).

영업 능력이나 고정고객 수에 따라 차이가 많지만 가발 자체가 가격이 높아 매출액도 만만치 않고 한 번 이용한 고객은 적어도 두 달에 1~2번은 관리를 해 주게 되므로 가발 판매 및 관리비로 대략 월 300만 원 이상 순수익을 얻는 곳이 많다.

입지 및 환경

굳이 번화가를 택하지 않더라도 고객이 쉽게 찾을 수 있는 길목이면 무난하다. 미용 전문용품을 납품하는 도매상가나 남성 유동인구가 많은 오피스가도 좋다.

신세대 여성을 대상으로 가발 대여업을 겸할 경우에는 입지 선정시 꼼꼼하게 따지는 것이 좋다. 대체적으로 번화가 등 여성들의 유동인구가 많은 곳을 택하고, 학교나 유흥주점, 나이트클럽 등을 끼고 있다면 더욱 유리하다.

5년째 미용업을 운영하다 1년 전 '아폴로 모발 연구원' 강서점을 개업하며 가발 관리숍으로 재창업한 박성철 씨(30세)는 같은 남자 입장에서 대머리의 고민을 충분히 이해하고 있었는 데다 신문 광고를 보고 될 만한 사업이라고 판단, 체인점을 내게 되었다.

96년 초 현재 이 회사 체인점이 전국에 13곳이 개설돼 있는데, 서울에는 2곳 뿐이어서 서울 전역에서 물어물어 찾아오는 사람이 많다고 한다.

총 소요자본은 2,500만 원으로 이용원 집기는 그대로 쓰기로 하고 간판 등 기초 인테리어만 손을 보았다. 점포 보증금 1,000만 원에 월 50만 원을 주기로 계약했는데, 여기에 본사 보증금 1,000만 원, 집기와 초도 물품, 기타 비용에 500만 원이 들어갔다.

현재 매월 관리하는 회원수는 1백60여 명으로 기존의 단골 손님들과 이들의 입소문으로 고객을 확보하는 데는 그리 어렵지 않았다. 잘 나가는 것은 100만 원 대의 가발로, 신규 고객이 월 5명 정도 된다.

월 평균 매출은 회원 1백여 명의 관리비용 300만 원과 신규 회원 가발 구입비 500만 원 등 총 800만 원 선이다. 여기에 자재비 250만 원, 직원 월급 100만 원과 임대료 50만 원 등을 제외한 400만 원 정도가 월 순수익으로 떨어진다.

박씨는 "미용 기술을 가지고 있는 분이 가발 기술을 익히기가

더 용이하다."며, "대머리로 고민하면서도 달리 방법을 찾지 못하
는 사람이 많은 편이라 앞으로 더욱 유망한 사업"이 될 것이라고
추천한다.

전문가 경영전략

이 업종이 낯설게 느껴질 사람이 많은 만큼 남성들이 주로 찾는 이발
소나 병원 등을 상대로 판촉 활동을 하는 것이 좋다. 눈에 잘 띄는 곳
에 스티커를 부착하고, 30~40대 중년인구가 많은 지역에 신문 등을
통해 전단을 배포한다. 생활 정보지의 광고면을 이용하는 것도 바람직
하다. 업종의 특성상 한 번 시술한 고객은 최소한 한 달에 한 번은 찾
아오므로 서비스를 확실히 하면 단골확보에는 문제가 없다. 특히 미용
업의 경우 일단 미용사를 정하면 특별한 실수가 없는 한 다른 곳으로
잘 가지 않는다는 특징이 있기 때문에 점포를 널리 알리고, 관리만 잘
하면 입소문도 기대할 수 있어 꾸준한 수익을 보장받을 수 있다. 일단
미용업을 하기로 정했다면 여기에 부가수익을 올릴 수 있는 가발 대여
업을 겸하는 것도 권할 만하다. 최근 신세대 여성 사이에서 선풍적인
인기를 끈 패션 가발이나 남성들을 위한 가발을 저렴한 가격에 대여하
는 것이다. 신세대 여성들이 소장하고 있는 가발은 대부분 2~3만 원
대의 인조 가발인데다 한 두 달 써보고 나면 식상하기 마련이다. 그러
므로 다양한 디자인의 인모 가발을 정가의 20%선에 대여해 주고 손
질도 해 준다면 고객 확보에 상당한 효과를 볼 수 있을 것이다. 대학
졸업식이나 결혼식, 미팅 등 행사를 맞아 색다른 이미지를 추구하고자
하는 고객에게 용도와 행사 장소에 따라 가장 어울리는 가발을 추천하
고 가볍게 세팅을 해 주는 것이다. 인모 가발은 싼 것이 최하 20만 원
대로 비교적 값이 비싼 편이므로 적당한 담보의 문제만 해결된다면 젊
은 여성들의 패션 흐름에 정확히 편승하는 유망 아이템이 될 수 있을

것이다.

☎ 아폴로 모발연구원 : (02)563-7474

10. 만화 캐릭터 전문점

- 집기비품 및 인테리어 비용 (10평 기준) : 800~1,500만 원
- 초도 물품 구입비 : 1,000~1,500만 원
- 기타 창업비 : 500만 원 (가맹비 300만 원 포함)
- 총 투자비용 (점포 임차료 제외) : 3,500만 원

각종 만화책이나 만화영화로 널리 알려진 인기 주인공들을 소재로 만든 캐릭터 상품만을 전문 판매하는 매장이다. 일명 엔젤 캐릭터 비즈니스로 불리는 캐릭터 산업은 기하급수적으로 시장이 확대되고 있다.

상품 캐릭터로 사용되는 만화의 주인공들은 미키마우스, 둘리, 톰과 제리, 도널드 덕, 캐스퍼, 심슨가족, 스누피, 코난, 영화 '101마리 달마시안'으로 널리 알려진 달마시안 등 50여 종이 넘는다.

주로 미국 월트디즈니사 만화의 주인공들이 인기를 끌고 있는 이 시장에서 일본 만화 '짱구는 못말려'의 주인공 짱구도 만만치 않은 인기를 끌고 있으며, 국내 캐릭터로는 김수정 씨의 만화 '아기 공룡 둘리'의 주인공 둘리가 자존심을 지키고 있다.

만화 캐릭터를 이용한 상품들도 다양하다. 문구, 가방, 장난감 인형에서부터, 과자, 책, 음반, CD, 의류에 이르기까지 이루 다 헤아릴 수 없을 정도이다.

만화의 주인공은 어린이들에게는 익숙한 친구이면서 또래 집단의 공감대를 갖게 해 주는 매개체이기도 하다. 만화 주인공을 모르면 또래의 대화에 낄 수 없는 것이다. 그런 만큼 이들 만화 주인공을 이용한 상품만을 전문으로 판매하는 만화 캐릭터 전문점도 새로운 어린이 쇼핑 명소로 자리잡아 가고 있다.

만화 캐릭터 전문점은 독립점포로 차릴 수도 있고 체인점에 가맹할 수도 있는데, 독립점의 경우 물건 구입에 큰 어려움이 따른다.

가장 인기 있는 캐릭터인 미키의 경우만 하더라도 미키 용품을 생산하는 회사가 150개가 넘을 정도로 다양한 상품이 나와 있기 때문이다. 이들 생산업체를 일일이 돌아다니며 계약을 체결하고 물건을 구입하는 것은 사실상 불가능하기 때문에 여러 도매점에서 소량씩 구입하거나 총판에서 전량을 구입하게 되는데 대부분의 독립점이 후자의 경우를 선택하고 있다.

독립점의 경우 특히 물건을 구입할 때 신중을 기해야 하는데 아무리 예쁘더라도 텔리비전이나 영화, 비디오에 나오지 않은 주인공이라면 판매를 기대하기 어렵고, 재고품이 많기 때문에 자칫 잘못하면 유행이 지난 제품을 구입해 고객에게 외면당할 우려가 크다.

체인점에 가맹하면 이런 어려움을 덜 수 있는데 현재 만화 캐릭터 상품을 전문으로 취급하는 체인점으로는 일경물산의 '미키 클럽'과 디즈니사의 캐릭터만 취급하는 '키즈랜드'가 있다.

미키와 친구들이라는 상호로 영업을 하는 미키 클럽은 미키마우스를 캐릭터로 한 상품만을 취급하는데 유아용품에서 성인용품까지 고루 취급한다. 디즈니사의 키즈랜드는 초·중·고등학생에게 인기있는 디즈니 만화의 주인공들과 함께 슬램덩크, 여신, 드래곤볼, '짱구는 못말려'의 주인공 짱구에 이르기까지 다양한 캐릭터 상품이 있다.

투자비용 대비 수익성 분석

미키 클럽의 가맹점이 되기 위해서는 점포 비용 외에 보증금 300만 원과 초도 물품비 1,000~1,500만 원, 인테리어비로 평당 150만 원 정도가 들어간다. 10평 정도의 점포를 개점하려면 가맹점 보증금과 초도 물품비 1,500만 원, 인테리어비 1,500만 원, 보증금 300만 원, 점포 임차료로 3,000만 원 정도를 잡을 때 총 6,300만 원 정도의 초기 투자가 필요하다.

매출 면에서는 작년에 비해 절반 정도로 떨어졌지만 시내 중심가에 위치하여 젊은 신세대를 주고객으로 하는 매장에서는 비교적 매출이 많이 오르는 편이다.

1일 20만 원 정도 매출이 일어나면 월 600만 원 매출액이 되고 그중 마진율을 40% 정도로 보면 월 240만 원의 매출이익이 된다. 여기에서 임차료, 인건비를 제외하면 대략 월 150만 원 정도 순수익이 나온다.

입지 및 환경

캐릭터 전문점의 경우 점포 입지로는 초·중·고등학교나 학원이 밀집한 지역이 가장 좋다. 가장 큰 소비층을 형성하고 있는 초등학생과 미취학 아동의 경우 실소비는 아동이지만 구매 결정권자는 엄마들이라는 특성을 감안하여 아이들뿐 아니라 인근 지역의 주부들에게 좋은 이미지를 심는 노력을 기울이면 매출을 극대화할 수 있을 것이다.

서울 사당동에 있는 미키와 친구들(점포 크기 8평)의 한 달 매출은 평균 1,500만 원 선이다. 명절이나 졸업, 입학, 크리스마스, 여름휴가와 어린이 날이 있는 달은 평균 매출의 3배를 웃돈다고 한다. 마진율은 용품이 35%, 액세서리가 50%로 이 점포의 한 달 매출 이익은 550~600만 원이 된다. 이 중 임대료와 점포 운영비로 100만 원이 지출되고 450~500만 원이 점주의 월 순수익이다. 이 정도 규모의 점포는 혼자서도 충분히 꾸려 갈 수 있으므로 따로 인건비 지출은 하지 않아도 된다. 고객은 취학 전 아동과 초등학생이 70%로 가장 많고 중·고등학생이 15%, 직장인이 15%로 고객층이 비교적 넓은 편이다.

전문가 경영전략

우리나라의 경우 만화 캐릭터 시장은 이제 막 도입기를 지나 성장기의 문턱에 도달했다고 볼 수 있다. 특히 만화나 영화의 주인공을 자신과 동일시하려는 경향이 강한 어린이들을 대상으로 한 캐릭터 산업은 앞으로도 계속적인 성장이 예상된다. 만화 캐릭터 상품만을 모아 놓은 캐릭터 전문점의 전망도 당연히 밝다. 불량처리를 철저히 하고 무상 A/S를 실시하는 등 기본적인 서비스 외에 일정액수 이상을 구매하는 고객에게 쿠폰을 발급, 쿠폰이 지정된 매수 이상 모이면 일정한 사은품을 주는 방법도 단골을 확보하는 좋은 영업전략이 될 것이다.

☎ 미키 클럽 : (02)776-7499

11. 팬시·문구·캐릭터 전문점

- 집기비품 및 인테리어 비용 (10평 기준) : 1,000만 원
- 초도 물품 구입비 : 1,500~2,000만 원
- 기타 창업비 : 200만 원
- 총 투자비용 (점포 임차료 제외) : 3,000만 원 내외

둘리, 미키마우스, 라이온킹, 슬램덩크, 마이클 조던……

최근들어 청소년들 사이에 폭발적인 인기를 끌고 있는 만화영화의 주인공이나 스포츠 스타 등을 소재로 각종 캐릭터 팬시 상품을 모아 파는 캐릭터 전문점이 생겨 활황을 누리고 있다.

물품의 가격이 저렴한데다 모양이 예뻐 선물용으로도 인기를 끌고 있는데 주요취급 물품은 캐릭터가 들어가 있는 가방, 모자, 농구공 등 스포츠용품과 인형, 문구류 등이다.

이 사업은 아르바이트나 직원을 쓰지 않고 점주가 직접 운영이 가능한데다 배달 등의 잡일이 필요없어 경비지출을 최소화할 수 있다는 게 장점이다.

또 기존 팬시용품점이나 문구점에서도 병행판매가 가능한 이색 상품으로 소자본으로도 쉽게 창업할 수 있다는 점에서 주부나 직장인들이 부업거리로 도전해 볼 만하다.

취급업체는 미국 월트디즈니나 NBA 스포츠 캐릭터 전문 '로드 볼'같은 단일품목 전문 체인점에서 벨기에의 스머프, 한국의 둘리 처럼 다국적 캐릭터를 취급하는 '코오롱 카툰 클럽', 캐릭터 상품을 판매하는 '매니아' 등이 있는데 매니아의 경우 임대료를 제외한 보증금, 초도 물품비, 인테리어비로 10평 기준으로 대략 1,800만 원 정도면 개업이 가능하다.

이 사업의 성공여부는 관련된 농구경기 실황이 담긴 비디오 테이프는 물론 유니폼 및 의류와 배지, 열쇠고리, 노트 등 학용품류와 브로마이드, 카드 등의 다양한 상품을 구비하는데 있다.

총 매출의 40~50%를 차지하는 주요 매출은 카드 판매 및 교환수익이다. 그러므로 아이들과 대화가 될 수 있도록 평소 아이들의 관심사항을 유념하고 농구 카드 등의 교환을 원하는 경우 적정 가격을 파악해 빠른 시일 내에 영업력을 키워야 한다. 보통 초등학생은 디즈니, 슬램덩크, 여신 등의 만화영화 캐릭터를 많이 찾고 중학생은 포스터, 열쇠고리, 노트 등 학용품류, 고등학생과 대학생은 이스트팩 가방을 많이 찾는다.

현재는 경기 침체가 장기화되면서 카드 교환 및 이스트팩 가방은 비교적 덜 찾는 편이다.

팬시 문구점도 꾸준히 인기를 끌고 있다.

경제불황에도 10대들의 소비욕구는 위축되지 않는다. 물질적 필요가 아닌 감각적 필요에 의해 소비하는 이들은 유행에 민감하다. 따라서 신세대를 상대로 하는 사업은 불경기에도 비교적 잘 되는 편이다.

작은 문구용품 하나를 고를 때도 색상·디자인 등을 먼저 생각하고 값이 비싸더라도 독특한 디자인과 재질을 가진 팬시용품을 선호하는 것이 신세대들이다. 소비 자체를 즐기는 이들은 방과 후에 팬시점에 모여서 샅샅이 구경하고 조그만 액세서리라도 하나 사는 것으로 스트레스를 푼다. 친구들끼리 선물하는 것이 유행이기 때문에 대부분의 용돈이 이러한 팬시용품을 사는 데 소비

된다.

팬시 전문점이 우리나라에 처음 등장한 것은 80년대 중반으로 아트박스와 팬시가든 등이 최초로 체인사업을 시작했는데 선물용품으로 수요가 커지면서 매년 20% 이상 매출이 오르고 있다. 이들 체인점은 기존의 문구업체와 선물용품점에 타격을 주면서 점차 시장을 확대해 가고 있다.

이에따라 최근에는 대기업까지 브랜드의 인지도와 막대한 자본력, 유통망을 바탕으로 팬시 문구시장을 파고들고 있다.

팬시점은 초도 물품비가 많이 들고 입지도 중요해 투자비가 많이 든다. 그러나 특별한 경영의 노하우가 필요없어 장사의 경험이 없는 주부라도 부담없이 시작할 수 있다는 것이 장점이다.

또 흥정이 없는 철저한 현금장사로 자금의 회전이 빠르다는 점도 무시할 수 없다. 청소년들은 주로 단가가 낮은 상품을 현금으로 구입하는데 정찰판매인데다 소비자가 10~20대층이라 물건값을 깎는 경우가 없다.

팬시점은 인기를 끄는 물품의 유행기간이 3~6개월 정도로 수명이 짧아 끊임없이 새로운 아이디어 상품이 개발돼 나오고 있으며 특히 최근 캐릭터 상품이 급부상하고 있어 향후 매출상승을 주도할 전망이다.

팬시 전문점은 경쟁력이 높은 브랜드를 선택하면 홍보에 신경쓸 필요가 없고 사후 서비스에 대한 부담이 덜하다. 체인점을 내려면 각 사별로 요건이 약간씩 다르기는 하나 대체로 본사보증금 1,000만 원에 초도 물품 구입비로 약 3,000만 원 정도 소요된다.

팬시점의 성공여부는 상품을 선택하고 진열하는 감각과 중·고등학생이 많이 오가는 점포입지를 고르는 것에서 좌우된다. 중·고등학생이 주고객층이기는 하지만 점포의 입지와 물건구색에 따라서 성인층도 끌어들일 수 있다.

별다른 능력이 필요없는 장사지만 이 업종의 경우는 포장을 잘하는 기술이 중요하다. 이는 물품을 선물용으로 구입하는 경우가 대부분이기 때문이다.

정성스럽고 특이한 포장법을 연구하거나 포장을 배울 수 있는 학원 등에 일정기간 동안 수강하는 것이 바람직하다.

요즘 10대들은 챙겨야할 날도 많아 꾸준한 수요가 있지만 발렌타인데이, 화이트데이, 어린이 날, 크리스마스 등이 가장 큰 대목이다.

대리점 사업은 탄탄한 본사를 선택할 경우 홍보는 비교적 수월한 반면 마음대로 상품의 구색을 갖출 수 없다는 단점도 있다. 회사가 요구하는 제품을 소화하는 것도 벅찰 때가 있고 시스템 다이어리 등의 몇몇 품목을 제외하고는 반품이 되지 않아 재고가 쌓일 우려도 있다.

이런 점이 우려된다면 독립점을 운영하는 것도 고려해 볼 만하다.

독립점은 도매전문 영업차가 일주일에 한 번씩 와서 물건을 공급해주는데 품목과 수량을 필요한 만큼 구입하거나 반품이 가능하고 여러 곳을 거래할 수 있어 이득이다.

지난 96년 아트박스 은마점을 개업한 김모 씨(37세)의 경우 총 투자액 1억 6,000만 원 중 점포 비용만으로 1억 500만 원(권리금 5,500만 원, 보증금 5,000만 원)이 들었다. 여기에 실평수 8평의 인테리어비로 1,500만 원, 체인 본사 보증금 1,000만 원, 초도 물품비 3,000만 원 등이 총 투자비용이다.

개업 후에는 하루 80여 만 원의 매출을 올리는 데 마진율이 35%로 월평균 매출액은 2,500만 원 정도이다. 매달 임대료와 관리비로 150만 원, 인건비로 200만 원을 제외하면 순수익이 525만 원에 달한다. 개업 후 일년 만에 점포비용을 뺀 투자자금을 모두 회수한 셈이다.

팬시 문구·캐릭터 전문점은 만화 캐릭터 전문점과 거의 비슷하다. 단지 점포 위치가 주택가 밀집지역보다는 청소년, 신세대들이 많이 다니는 번화가로 나오는 게 유리하므로 점포 임차비용이 비교적 쎈 편이다.

강남역 부근에 있는 모 팬시 캐릭터 전문점의 경우 팬시류 전 제품 및 스타 사진, 인형, 팬시 문구류까지 갖추어 판매하는 데 1일 50만 원 이상 매출이 오르고 있다.

그러나 종업원 수가 6명 정도가 되어 순수익은 총 매출액 1,500만 원 중 인건비 및 임차료로 지불하는 돈이 만만치 않아 대략 월 250만 원 정도 순수익을 올리고 있다.

이 사업은 지역밀착형 업종으로 구태여 비싼 임대료를 내면서 역세권을 비롯한 중심상권을 고집하지 않아도 된다.

가장 좋은 위치는 2천세대 이상의 아파트 단지 내 상가나 초·중·고등학교를 대상으로 하는 학교 주변, 학원 밀집지역이다.

특히 책대여점이나 서점, 문구점 등이 있는 곳이면서 평소 학생층 유동인구가 많은 곳으로 배후에 주거지역이 있는 곳이 좋다.

버스 정류장 가까운 곳, 하교 후 집에 갈 때 들르기 좋은 노출이 잘 되는 지역이 단연 매출이 많다. 아파트 단지의 경우 어린이의 거주율이 높은 20~30평형대가 가장 구매력이 높은데 주고객이 어린이와 청소년인만큼 반드시 1층 점포를 고수해야 하며 점포 크기는 10평 내외가 바람직하다.

사 례

서울 중계동에서 매니아 농구용품점을 운영하는 이모 씨(37세)는 개업비용으로 점포 보증금 2,000만 원에 월 40만 원을 내기로 하고 체인 본사 보증금 500만 원과 초도 물품비 2,000만 원, 인테리어비 1,000만 원으로 총 5,500만 원 정도 들었다.

월수익은 1일 매출 40만 원, 월 1,000만 원인데 그중 마진 40%를 적용하면 월 400만 원 정도가 매출이익이다. 여기서 임차료, 관리비 등 경상비로 100~120만 원 정도 지출하므로 월 280~300만 원 정도가 순수익이다.

전문가 경영전략

학생들을 대상으로 하기 때문에 오후 4~6시 사이가 가장 바쁜 시간대이며 물건은 대부분 수입품으로 단가가 센 편이다. 이웃 일본의 경우 최근 캐릭터 자판기가 무점포 창업자들에게 인기를 끌고 있어 한국에 적용하는 것도 고려해 볼 만하다. 또 캐릭터 사업이 뜨면서 유사업체가 점차 늘어나고 있어 상품을 제때 공급받지 못하는 피해를 입지 않으려면 수입품에 국산품을 적절하게 조화시키는 것이 안전하고, 물품 공급을 제대로 해줄 수 있는 체인 본사와 계약을 하는 것도 중요하

다. 물품 구입에 어느 정도 노하우가 있는 경우라면 독립점으로 창업
하는 것도 바람직하지만 가맹비를 안받기 때문에 체인점에 가맹하는
것도 한 방법이다. 단, 이때는 초도 물품을 신중히 구매해야 하고 또
인테리어는 되도록 점주 스스로 하는 것도 비용을 절약하는 방법이다.
현재 이 업종도 체인 본사가 난립하는 양상을 보이고 있지만 그중 물
품구입을 제대로 한 후 공급, 체인점 관리를 해 주는 노하우를 가진
본사는 한 두 곳에 지나지 않으므로 본사 선정시 신중해야 한다.

☎ 로드볼 : (02)458-9100
　매니아 : (02)564-2334
　카툰 클럽 : (02)561-0840

길거리 유망 맨손창업

1. 길거리 맥반석 오징어구이 판매점

- 집기비품 및 인테리어 비용 : 100~200만 원
- 초도 물품 구입비 : 20만 원
- 기타 창업비 : 200만 원
- 총 투자비용 (점포 임차료 제외) : 300~500만 원 정도

강남지역 중 극장가 근처를 지나다보면 손님들이 줄을 서서 기다리는 길거리 판매점이 있다. 바로 맥반석 오징어구이 판매점이다.

과거에는 마른 오징어를 구워 팔았는데 요즘은 20% 정도 수분이 남아있는 반건오징어를 살짝 구워 팔고 있다. 오징어의 부드러운 맛을 느끼면서도 씹는 맛과 고소함이 가장 잘 배어난다는 게 특징이다.

맥반석에 열을 90°정도 가해 반건오징어를 구울 경우 수분을 그대로 간직하면서도 가장 맛있게 구워진다는 게 판매업자들의 얘기이다.

가스, 전기, 기름 등을 사용해서 맥반석에 열을 가하는 기구로 특허청에 등록출원이 돼 있다. 사용할 때 수분이 증발되어 건오징어가 되는 것에 비해 이 오징어구이 기계는 수분이 그냥 있는 상태로 구워지는 게 특징이다.

반건오징어는 맥반석 오징어구이 판매점에 가입, 기계를 구입하면 공급해 주는데 현재 수요가 많아 공급이 달리는 실정이다.

본사에서 손질이 된 반건오징어를 냉동상태로 100마리 단위로 공급해 주므로 따로 손질할 필요없이 아이스박스에 넣어두었다가 구워주면 된다.

이 기계로는 오징어뿐만 아니라 군밤, 옥수수 등도 구워 팔 수 있다.

기계값은 두 종류로 1m 짜리는 80만 원, 2m 10cm 짜리는 180만 원이다.

오징어 굽는데 걸리는 시간은 1분 안팎으로 80만 원 짜리면 1일 1,000마리까지 오징어를 구울 수 있다.

초기 투자비용으로 맥반석 오징어구이 기계 구입비 80만 원과 반건오징어 100마리 값만 있으면 되므로 100만 원 정도면 바로 영업을 시작할 수 있다.

기계는 부착식, 이동식 등 소비자가 원하는 대로 맞춤제작이 가능하다.

가격은 오징어를 구워 1마리에 대략 2,000원에 파는데 이중 마진은 70% 정도이다.

장사가 잘 되는 곳은 하루 수백마리씩 파는 곳도 있지만 대략 1일 100마리 가량 팔 경우 월 순수익은 300만 원 정도가 된다.

우선 젊은층 유동인구가 많은 곳 중 흐르는 인구가 많은 곳 보다는 만남의 장소 내지는 극장 앞 등 사람들이 머무는 장소 부근에 목을 잡도록 한다.

　그밖에 유원지나 관광지, 대학가 주변 등도 좋다.

　만일 장소를 임대할 경우에는 수수료로 계약하는 경우가 많은데 대략 수수료액은 매출액의 20% 정도가 많다.

사 례

　서울 강남구 역삼동 모 극장 앞에서 맥반석 오징어구이기를 놓고 오징어구이 판매를 하는 김경애 씨(29세)는 평일에는 50마리, 토·일·공휴일에는 200마리 정도를 판다.

　마침 극장 관계자 중 아는 사람 소개로 현 장소에서 영업을 시작하게 된 그는 70만 원 짜리 기계를 사고 리어카 1대에다 가스를 달고 반건오징어 20만 원어치를 사 총 100만 원을 투자하였다.

　이제 장사를 한 지 6개월째 접어든 그는 길거리에 서서 하는 장사라 힘들고 창피하기도 하지만 못벌어도 월 300만 원 이상 수익은 되고 또 하다보니 몸도 달련되어 만족스럽다고 한다.

전문가 경영전략

맥반석 오징어구이 성공 포인트는 장소 선정에 있다. 우선 투자비용이 적으면서 비교적 고소득을 올리는 업종으로 많은 사람들의 인기를 끌고 있다. 그러나 입점 장소가 정해지지 않은 노점인 형태로 영업을 하는 사람들이 많은 편이라 단속의 대상이 되기도 한다. 우선 젊은층 유동인구가 많은 곳의 건물 관리를 하는 담당자들과 협의, 일정 공간을 할애받을 수 있다면 노점이지만 보다 안정적으로 영업을 할 수 있다. 또한 젊은층 유동인구가 많은 곳에서 현재 다른 업종을 하는 경우라도 반평 공간을 할애할 수 있다면 업종 추가를 하는 것도 투자비용에 비해 고소득을 올릴 수 있는 곳이 의외로 많다는 점을 명심, 장소선정에 신중을 기해야 한다.

☎ 고강유통 : (02)448-1548

2. 길거리 소프트 아이스크림 전문점

- 집기비품 및 인테리어 비용 (장비 일체) : 2,700만 원
- 초도 물품 구입비 : 100만 원
- 기타 창업비 : 100만 원
- 총 투자비용 (점포 임차료 제외) : 3,000만 원 정도

어린 아이에서부터 어른에 이르기까지 남녀노소 누구나 좋아하는 아이스크림, 특히 소프트 아이스크림은 봄부터 여름까지, 한여름만 제외하고는 매출이 꾸준히 오른다.

사실 백화점 코너매장 중 가장 알차게 장사가 되는 매장 중 하나가 소프트 아이스크림 코너로 대개는 코너 매장에서 월 1,000만 원 이상 순수익을 올리는 곳들이 많다.

몇 해 전 삼풍백화점이 무너졌을 때 지하 매장에서 삼풍 회장의 큰며느리가 소프트 아이스크림 장사를 한 사실이 일부 매스컴에 노출되면서 항간에는 "불쌍하다. 아들 죽고나니 재벌 며느리도 어쩔 수 없다." 등등 말이 많았지만 그 당시 그 소프트 아이스크림 코너는 삼풍백화점 내에서 몇째 안가는 알짜배기 매장이었음을 알만한 사람들은 다 알았을 것이다.

당시 한 달 순수익 3,000만 원이 넘었다는 소문도 있었을 정도이다.

한 두 평의 공간에서 높은 수입을 올릴 수 있는 사업이 있다면 터무니 없는 말처럼 들릴 것이다. 그러나 아이스크림 전문점이라면 충분히 가능한 얘기이다.

아이스크림 전문점은 한 가지 품목만 취급하므로 관리하기가 쉽고 냉동 식품이라 재고가 없는 데다 주인이 늘 점포를 지킬 필요도 없이 아르바이트를 두고 운영해도 된다. 아이스크림을 담아 주는 컵이나 콘 숫자로 매상을 계산하므로 주인이 자리를 비워도 직원이 판매액을 속이기 어렵기 때문이다.

여름 한 철 장사이던 전형적인 계절 상품인 아이스크림이 최근에는 계절에 관계없이 애용되는 전천후 상품으로 바뀌었다. 입맛의 고급화와 건강 및 외모에 대한 관심이 증가하면서 저지방·저칼로리의 다이어트식 아이스크림까지 등장해 소비자층도 연령과 성별에 관계없이 확대되었다.

아이스크림 전문점은 독립점과 유명 브랜드 체인점의 두 가지 운영 방법이 있는데 깔끔한 외향과 고급스러운 이미지를 갖고 있어 많은 사람들이 부업으로 욕심을 내는 업종이다.

그러나 유명 브랜드 가맹점인 배스킨 라빈스나 하겐다즈 등은 가맹점 조건이 비교적 까다롭고 투자비도 많이 드는 편이다. 점포 비용을 제외하고도 냉동고, 진열대 등 시설비와 인테리어비, 보증금을 합쳐 4,000만 원이 넘는 자본금이 필요하다.

따라서 자금의 여유가 상대적으로 부족한 신참 점주라면 독립점을 고려해 볼 만하다.

통상 '소프트 아이스크림점'으로 불리는 독립점은 기존 매장의 2~3평 공간을 얻어 기계를 이용해 아이스크림을 직접 만들어 파는 점포이다. 체인 본사에 따라서는 약 600~1,000만 원 정도만 들이면 충분히 개업이 가능하며, 가격이 부담스러울 경우 중고나 할부, 리스로 구입할 수도 있다.

독립점은 자기 점포를 가지고 하기보다는 제과점이나 쇼핑센터의 한 코너를 빌려 운영하기 때문에 고급스러운 맛은 덜하다. 대신 투자비가 적을 뿐만 아니라 마진도 60~70%로 유명 브랜드 가맹점보다 높다. 2만 원 대의 원액으로 최소한 8~10만 원 어치의 아이스크림을 만들어 팔 수 있기 때문이다.

아이스크림 만드는 방법은 생각만큼 어렵지 않아, 냉동 프리저라는 기계에 원유 농축액을 넣으면 2~4분 뒤부터 딸기, 바닐라, 초콜릿맛 등의 아이스크림이 만들어져 나온다.

냉동 프리저의 값은 500만 원 대부터 1,000만 원이 넘는 것까지 다양하며 한 기계에서 나오는 아이스크림 종류와 속도에 따라 값 차이가 난다. 백화점 등 손님이 많은 곳에서 흔히 볼 수 있는 기계는 한 대당 3구 짜리의 경우로 2,000만 원 정도 되는 비교적 값이 비싼 것이다.

투자비용 대비 수익성 분석

판매가 수월하고 별도의 전문 인력이 필요 없어 소자본의 초보자도 부담없이 운영할 수 있는 소점포라는 이점이 있다.

(주)거화식품의 '플랜더즈 유산균 아이스크림'은 소프트 아이스크림 업계에서는 보기 드문 체인 사업체로 적당한 입지를 골라 상담하면 인테리어와 간판, 기계 설비 설치 등을 맡아 준다. 거래 보증금 200만 원을 따로 받는데 매달 물건을 외상으로 공급하고 월말에 결제하는 식이므로 부득이하다는 설명이다. 소프트 아이스크림 기계를 비롯, 밀크 쉐이크, 슬러시, 주스 냉각기 등을 취급하는데, 가장 인기가 좋은 것은 역시 아이스크림 기계이다. 가격은 부가세 별도로 테일러 336프리저는 1,446만 원, 테일러 339프리저는 1,643만 원 두 가지 종류가 있다. 가장 비싼 테일러

339(3구) 프리저(1,807만 3,000원)와 벌크 아이스크림 진열장(330만 원), 입식 냉동 진열장(275만 원), 보관 냉동고(220만 원) 1대를 갖추는 데 2,632만 3,000원 정도 든다.

아이스크림 액은 물을 타서 쓰는 수입 GFI 파우더 1.25kg짜리 8개들이 1박스가 13만 2,000원(콘 4백개 분량)이고, 국산 빙그레 믹스 5 l 짜리 2봉지가 1박스로 포장돼 2만 5,300원(콘 1백개 분량)이다.

'세미 서비스 코리아'의 경우 500~1,500만 원 대의 기계를 취급한다. 500만 원 짜리 모델은 탁자에 올려 놓는 형으로 아이스크림 출구가 한 개이다. 1,500만 원 짜리는 사람 키 만하며 아이스크림 출구가 세 개로, 딸기, 바닐라, 초콜릿맛 세 종류 중 두 가지를 택할 수 있다. 나머지 한 개의 출구는 두 액의 혼합맛이다.

아이스크림 원액은 콘 1백개를 뽑을 수 있는 한 박스가 2만 2,000원이고 콘 가격은 500개 들이 한 박스가 1만 3,200원이다.

기존 시중에서 사용하고 있는 소프트 아이스크림 기계는 70% 이상이 테일러이고 중고값은 신제품 가격의 반 정도를 생각하면 된다.

공통적으로 원액은 회사 측이 주문할 때마다 배달해 주며 설치와 기계 고장은 A/S 전담반이 맡아준다.

대략 마진이 70% 이상되어 1일 20만 원 정도, 즉 1개 1,000원일 경우 200개 정도 팔릴 만한 곳이라면 한 달 200만 원 이상 짭짤한 소득을 올릴 수 있다.

입지 및 환경

장소에 따라 매출의 기복이 심한 편이어서 입지 선정에 각별한 주의를 기울여야 한다.

통상 백화점이 가장 수익성이 높은 입지로 알려져 있으며, 쇼핑센터 내의 식품 코너, 유동 인구가 많은 시내 중심가, 위락시설 내 상가, 대학가, 아파트 단지, 오피스 빌딩 내 상가도 적지로 꼽힌다.

점포를 따로 얻기 보다는 보완이 되는 업종의 매장 한 켠에서 임대료나 수수료를 주는 쪽이 바람직하다. 그 밖에 여학교 부근이나 학원가 등 젊은층이 많이 다니는 거리 등이 좋은 목이다.

1. 사 례〈매장형〉

플랜더즈 소프트 아이스크림점은 전국적으로 30여 곳이 있다. 이중 가장 장사가 잘 되는 곳은 압구정 현대백화점 5층 코너에 자리한 (주)거화식품 직영점과 동대문 거평프레야 1층 매장이다.

이들 매장은 소프트 아이스크림이 월 1만여 개가 넘게 팔리는 1급점으로, 마진 70%를 적용하고 임차료와 아르바이트 임금을 제외해도 월 700만 원이 넘는 소득을 올리는 알짜 점포로 주말에는 기계가 쉴 틈이 없을 정도로 사람이 몰린다.

이 회사에 따르면 매장 임차료는 지역에 따라 다르지만 백화점의 경우 보증금이나 월세 없이 매상의 25% 정도 낸다고 보면 되고, 쇼핑센터 등은 평당 500만 원을 기준으로 월 얼마를 내는 식이다.

이 회사는 "백화점이나 쇼핑센터 등 A급 코너 매장은 지역 연고가 강한 사람이 차지하기 마련이므로, 유동인구를 기준으로 B급지를 택해도 월 6천 개는 팔린다."며, "본사 차원에서 좋은 입지가 생기면 확보해 두었다가 입지를 잡지 못하는 점주에게 알선해 주기도 한다."고 밝히고 있다.

서울 동숭동 대학로 전철역 입구에 있는 모 24시 편의점 코너 자리에서 매년 여름 소프트 아이스크림 판매를 하는 이경연 주부 (47세)는 벌써 2년째 같은 자리에서 소프트 아이스크림을 팔고 있다.

재료를 납품해 주는 거래처에서 알선해 준 장소로 월 사용료로 80만 원을 내고 있다.

주로 3월 중순부터 시작, 8월까지가 가장 많이 매출이 오르고 한여름 삼복더위에는 주로 빙과류를 찾으므로 잠깐 매출이 떨어졌다가 9월 초부터는 다시 활기를 띠기 시작, 10월 중순까지는 장사가 꽤 짭짤하게 된다.

1일 평일에는 최하 15만 원에서부터 주말에는 40만 원을 넘게 팔아보기도 했다는 그는 주말에 아르바이트 두 명을 쓸 정도로 정신없이 바쁘다. 가끔씩 날이 궂은 날은 장사를 할 수 없어 1일 평균 15만 원 정도 매출이 올라 한 달이면 두 명 인건비 제하고도 200만 원 정도 순수익이 오른다.

전문가 경영전략

소프트 아이스크림 장사의 성패는 장소 선택에 달렸다고 해도 과언이 아닐 정도로 장소에 따라 매출 차이가 많이 난다. 다음으로 중요한 요소는 아이스크림의 맛이다. 다시말해 재료를 제대로 공급해 주는 곳을 만나야 꾸준히 장사를 할 수 있다는 점을 명심해야 한다. 현재 여러 곳에서 소프트 아이스크림 재료 공급에 나서고 있으므로 계약 전 맛을 보고 맛이 확실할 뿐만 아니라 재료 공급에 차질이 없는 곳을 선택해야 하는 점도 중요하다. 그러므로 직접 재료를 공급받아 소프트 아이스크림을 만들어 파는 매장 점주들을 만나 얘기를 들어보는 것도 많은 도움이 될 것이다. 재료 공급처에서는 중고 소프트 아이스크림 기계 알선도 해 주는 곳이 있으므로 원할 경우 중고기계를 구입할 수도 있다. 아이스크림은 일단 주문하면 반품이 불가능하기 때문에 주문할 때는 하루의 매상을 정확히 산출해야 한다. 사시사철 꾸준한 수요가 있는 편이지만 아직 여름철에 판매량이 집중되어 있으므로 비수기를 극복하려면 대체 식품이 강구돼야 한다. 가을, 겨울 등 비수기 때는 아이스크림 외에 파이나 머핀, 햄버거 등 패스트 푸드를 함께 판매하면 좋다. 아이스크림 가격은 지역 소득 수준에 따라 점주가 자율적으로 책정하도록 되어 있는데 보통 콘당 1,000~1,500원 정도 받으면 적정하다. 소형 매장이므로 인테리어를 눈에 띄고 재미있게 꾸며 시선을 끄는 것도 좋은 아이디어이다.

☎ (주)거화식품 : (02)761-3347
　 세미 서비스 코리아 : (02)582-2453

3. 길거리 종합 간식 판매점

- 집기비품 및 인테리어 비용 : 450만 원
- 초도 물품 구입비 : 50만 원 내외
- 기타 창업비 : 100만 원
- 총 투자비용 (점포 임차료 제외) : 1,000만 원 내외

불경기일수록 인기가 좋은 업종 중 하나가 길거리 종합 간식 판매점이다.

객단가는 낮지만 유동인구가 많은 곳에서는 부담없이 요기를 할 수 있다는 장점 때문에 많은 사람들이 선호하는 편이다.

길거리에서 찹쌀호떡, 꿀호떡, 감자핫도그, 어묵, 떡꼬치 등을 만들어서 파는 간식판매점으로 한 평 반 정도의 공간이면 영업이 가능하다.

150cm 크기의 간식제조용 기계 하나로 익히거나 튀겨내는 간식 5~6가지를 만들 수 있다.

기계 하나에 파라솔 등의 지붕을 얹어서 미니점포로 만들 수도 있을 뿐만 아니라 아랫쪽에 바퀴를 붙여 이동이 쉽게 주문제작을 할 수도 있다.

일반 분식점 앞에 설치할 수 있도록 하는 주문 등, 고객이 원하는 형태로 제작이 가능하다.

계절이 바뀌면 기계를 바꿔야 하는 기존 기계들과는 달리 사계절 적합한 간식을 기계 하나로 만들 수 있어 기계구입비도 대폭 절감된다.

기존 기계는 호떡, 오뎅 등 두 세 가지 품목만을 취급할 수 있는데 비해 가격은 250만 원 선이라 195만 원 하는 이 기계가 가격 경쟁력도 뛰어나다.

기계를 구입하면 재료 공급을 받을 수 있고 일부 재료의 거래처를 알선해 준다. 재료 가격은 10kg이 1만 5,000원에서 3만 3,000원 선이다.

물만 부어서 반죽하면 쉽게 간식을 만들 수 있어 특별한 기술 없이도 가능하다. 부업으로 하고자 하는 주부뿐만 아니라 정년퇴직자들도 비교적 쉽게 창업할 수 있으나 독립점포로 운영하기보다는 기존 점포들이 부업으로나 테이크아웃형으로 설치 운영하는 것이 좋다.

겸업에 좋은 업종은 분식가게, 노점상, 재래시장 주변가게 등이다.

투자비용 대비 수익성 분석

기계구입비로 195만 원, 초도 물품 즉 재료비로 10만 원 등 총 205만 원 정도 든다.

만일 이동식 차량을 구입한다면 할부냐 일시구입이냐에 따라 투자금액이 차이가 난다.

제품에 따라 가격은 다른데, 호떡은 3~4개에 1,000원, 찹쌀도넛츠 3~4개 1,000원, 오뎅, 핫도그, 떡꼬치 등은 각 1,000원씩 받는다.

마진은 75% 정도이다.

기계 설치 장소에 따라 취급 메뉴가 달라지는데 중·고등학생들이 많이 다니는 곳은 감자핫도그나 와플(와플을 팔고자 하면 기계 구입비 40만 원이 추가됨)이 잘 나가고 직장 여성들이나 나이든 층이 많이 다니는 길목에는 호떡이나 오뎅 등이 많이 팔린다. 또 겨울에는 호도과자(기계 구입비 900만 원이 추가됨)나 붕어빵(기계 구입비 800~900만 원이 추가됨)도 잘 팔린다.

입지 및 환경

장소는 유동인구가 많은 곳, 즉 터미널 부근, 버스정류장 및 지하철 부근, 초·중·고등학교 앞 및 극장가, 유흥업소 밀집지역, 유원지 부근 등의 1~2평 규모의 코너 매장이나 아니면 유동인구가 많은 상가건물측과 협의 출입구 쪽에 가건물을 만들어 보증금 없이 매출액 중 얼마 정도, 아니면 고정 월세를 내면서 사용할 수도 있고, 아예 길거리에서 이동식 차량이나 리어카에서도 창업할 수 있다.

이동식 차량은 신속하게 옮겨다닐 수 있고 장소의 규제를 받지 않을 뿐만 아니라 이동도 쉬워 길거리 창업자들이 많이 이용하는 편이다.

이동식차량 판매업 중 가장 인기가 있는 것은 간식류를 파는 것이다.

아침 출근시간에 출근 길목에서 계란말이 토스트 구이, 오후에는 사무실 밀집지역에서 만두, 오뎅, 떡볶이, 도넛츠 등을 판매한다.

간혹보면 CD나 액세서리 소품, 꽃, 과일, 야채 등을 파는 노점상들도 많지만 그중 인기있는 것은 당연 먹거리인 간식판매점이다.

　김포 및 일산 APT 분양이 있을 때마다 몰려든 APT 신청내지는 방문고객들을 상대로 이동 종합 간식 판매점을 하는 정창용 씨 부부, 정창용 씨가 회사를 그만두게 되면서 봉고차량 구입비를 포함해서 총 1,000만 원을 들여 장사를 시작했다.

　30대 중반의 이 부부는 장소가 어디가 됐든 사람이 몰리는 곳이면 어김없이 종합 간식 기계를 설치한 1톤 봉고차를 몰고 등장한다.

　특히 김포, 일산 등 모델 하우스 앞에는 놓치지 않고 등장, 1일 100만 원이 넘는 매출을 올리는 날도 많다는 그 부부는 매일 벌이가 좋은 것은 아니지만 분양 공고가 나면 유심히 살펴서 모델 하우스가 열리는 날은 빼놓지 않고 찾아다니는 게 비결이란다.

　마진이 70%가 넘어 하루 20만 원 이상만 팔아도 두 사람 인건비는 거뜬히 버는 셈이다.

　간혹 비가 오거나 행사가 없어 쉬는 날도 있지만 열심히 찾아다니는 덕에 지금까지 월수입 300만 원 이상은 되었다고 한다.

전문가 경영전략

길거리 간식 판매점은 비교적 계절을 타지 않으면서도 투자비용 대비 수익을 많이 올려주는 편이라 주부 부업 혹은 부부창업으로 뛰어드는 사람도 많다. 자릿세 때문에 좋은 장소를 잡기가 쉬운 편은 아니지만, 장소에 따라 매출 차이가 많으므로 신중을 기해야 하고 되도록 한 장소에서 고정적으로 하여 단골을 잡을 수 있도록 해야 한다. 또한 길거리 판매점의 맹점인 음식 및 그릇의 위생관리를 철저히 하는 것도 중

요하다. 과거에는 백화점 수수료 매장 및 재래시장 부근 길거리 판매
점도 매출액이 높았으나 IMF 경기한파로 요즘은 매출이 부쩍 떨어지
고 있으므로 매출액을 파악해 본 후 시작하는 게 좋다. 간혹 인근의
점포 주인들과 갈등이 빚어지기도 하는데 이를 슬기롭게 극복해야 한
다는 점도 풀어야 할 과제이다. 아파트 분양 및 신청이 있을 때는 그
곳으로 찾아가 장사를 하는 것도 한 방법이며 각종 행사장 및 예비군
훈련장, 선거철이면 선거유세장 주변도 일시적이지만 장사가 잘 되는
곳이다. 길거리 간식판매점은 좋은 목에서는 하루 200만 원 이상 매
출을 올려 웬만한 대형 먹거리 점포보다 오히려 매출액이 높은 곳도
있다. 이런 자리는 드물기는 하지만 업자들은 서울에만도 영등포역,
강남역 등 몇몇 곳을 꼽는데 이런 곳은 자릿세만도 1억 원을 넘게 주
고받는다는 얘기가 있다. 그만큼 이 장사는 투자비용 대비 수익성이
높은 업종에 속하므로 장소에 따라 성패가 결정된다고 해도 과언이 아
닐 정도이다. 이는 물론 특수한 경우지만 어쨌거나 장소를 택할 때는
신중을 기해야 할 것이다.

☎ 길거리 종합 간식 판매점 거성유통 : (02)3391-4453~4
　길거리 호도과자 판매점 대붕기계 : (02)943-7217

4. 길거리 액세서리 판매점

- 집기비품 및 인테리어 비용 : 무점포
- 초도 물품 구입비 : 300만 원 정도
- 기타 창업비 : 없음
- 총 투자비용 (점포 임차료 제외) : 300만 원 정도

요즘 폐업하는 점포가 많아지면서 다음 점주가 들어오기 전까지의 시간동안 일 단위, 혹은 주 단위로 장사하는 액세서리점을 자주 볼 수 있게 됐다.

액세서리는 아무리 치장에 관심없는 여성이라도 한 번쯤 돌아보게 되는 소품인데다 값이 워낙 싸 인기가 좋다. 쇼윈도에 커다랗게 써 붙인 '망했습니다' 밑에는 '무조건 두 개 3,000원, 한 개 2,000원'이라는 글귀가 어김없이 붙어 있다. 파는 물건은 브로치와 반지, 목걸이, 귀고리 등의 여성 액세서리이다.

물건은 대부분 한 철 잘 쓸 수 있을 만큼의 수준은 되는데, 도금칠이 벗겨질 정도로 조악한 것도 많다.

그러나 브로치의 경우는 특히 보석 알맹이가 많이 들어가기 때문에 이미테이션도 5,000원 이상인 것이 그동안의 소매 가격이었다. 그런 물품도 이제 가격파괴로 개당 2,000원에 팔리니, 충동구매로 열 몇 개씩 사는 여성도 있을 정도이다.

이같은 가격파괴 액세서리점은 통상 인천이나 수원의 도금 공장에서 물건을 떼다 시작할 수 있다. 공장측이 현금을 확보하기 위해서 상자에 담아 박스당 얼마로 싸게 파는 물건이다.

점포를 구할 여력이 없는 사람들은 하루 팔만큼만 보자기에 싸서 고속터미널이나 유동인구가 많은 지하철 역 등에 펼쳐 놓고 팔기도 한다. 역무원이 이를 제지하러 오면 부리나케 싸서 사라지므로 이를 두고 '떴다 업종'이라고도 한다.

이처럼 점포 없이 이리저리 옮겨다니며 판매하는 업종은 여러 사람 앞에서 자신있게 장사할 수 있는 사람에게 적합하다. 때로 같은 장사꾼들끼리 험한 모습을 보이기도 하는 등 정신적으로나 육체적으로 편안한 장사는 아니다.

그러나 일단 300만 원 내외의 자금으로도 사업을 시작할 수 있으므로 만약 실패한다 해도 그다지 부담스럽지 않다.

70~80년대 대학생들이 학비를 충당하기 위해 사서 고생한다는 기분으로 한 번쯤은 경험해 보았을 이런 업종이 IMF 구제 금융 신청 한파 덕에 요즘에도 여전히 남아 명맥을 유지하고 있는 것이다.

5. 이동 스낵카 (꼬치구이 · 순대)

- 집기비품 및 인테리어 비용 : 100만 원
- 초도 물품 구입비 : 600만 원 정도 (차량 구입비 500만 원 포함)
- 기타 창업비 : 없음
- 총 투자비용 (점포 임차료 제외) : 700만 원 정도

인천에 소재한 공장에 다니다가 부도로 졸지에 실업자가 된 이동원 씨(30세), 원래 직업에는 귀천이 없다고 생각해 왔던지라 곧 모아둔 돈으로 타우너를 구입, 작년 10월부터 순대 · 닭꼬치 장사에 나섰다.

하필 순대와 닭꼬치를 택한 것은 다니던 공장 옆에 순대 공장이 있었던 것을 기억해서였고, 맛있기는 하지만 양념이 적어 밍밍한 순대를 먹다 보면 닭꼬치도 먹고 싶어지지 않을까 하는 순전히 개인적인 취향에서였다고 한다.

이런 업종의 창업에 대해서 아는 것이 거의 없었지만 가스 설비와 공작에는 일가견이 있어 순대 찌는 찜통과 닭꼬치 구이기를 시장에서 구입, 스스로 만들었다. 설비에 든 돈은 단돈 50만 원, 여기에 가스통 값과 차량구입비 등을 합쳐 총 창업 비용은 600만 원 정도 들었다.

처음에는 평소 눈여겨 본 장소에 무작정 차를 세워 놓고 팔다가 자기 장소임을 주장하는 타 점주와 싸우기도 여러 차례, 웬만한 장소에는 다 주인이 있음을 그제야 알았다고 한다.

결국 자신이 사는 동네인 영등포에서 시작해서 서대문까지 장사하며 옮겨 다니는 쪽을 택했다. 오후 1시에 인천으로 가 순대 3만 원어치, 닭꼬치 2만 원어치를 사 조리하고, 4시부터 본격적인 장사를 시작하는데 보통 10시 무렵이면 다 팔린다고 한다.

하루 매상은 통상 15만 원 꼴인데 날씨에 따라 대중없는 편이다. 지난 겨울 한참 추울 때는 하루 60만 원의 매상을 앉은 자리에서 올리고도 없어서 못 판 적이 있다고 한다.

봄이 지나면서 서서히 매상이 떨어지기 시작해 요즘은 하루 6만 원 벌이도 못할 때가 있다. 업종을 바꿀 때가 되었다고 생각하고 요즘은 과일 쪽으로 눈을 돌리고 있다.

취재하면서 만난 한 과일 장사는 저장 배를 떼어다 차로 싣고 다니며 파는데 수완이 좋아 하루 30만 원 벌이를 한다고 했다.

이씨는 "오래 전부터 업으로 삼고 이동 포장마차를 모는 분들도 있지만 요즘은 다니던 직장에서 갑자기 퇴직당하고 나서 이 사업에 뛰어든 점주도 많이 본다."며, "들인 돈과 시간에 비해 쏠쏠한 벌이여서 몸이 건강하고 성실한 사람이라면 추천할 만하다."고 말한다.

기존 매장 코너숍

기존 매장 코너숍

　기존 매장 내에서 간단히 업종 추가를 하여 매출이 더 오른다면 귀가 번쩍 뜨일 것이다. 특히 요즘 같이 매출이 떨어져 고민 중인 점포가 많을 때는 그런 정보가 더 아쉽기조차 하다.

　우선 기존 매장에서 최소의 비용 투자로 가능한 아이템을 찾아보면 미용실의 경우 손톱관리를 해 주는 네일숍을 추가할 수 있겠다.

　또 일반 소매점의 경우는 사진 현상이나 담배판매를, 목욕용품점 매장에는 꽃 인테리어 소품이나 향수, 혹은 캔디·초콜릿을 판매하는 것도 좋다.

　아동복 아울렛 매장에는 미키 제품 등 캐릭터 양말 및 용품을 취급하는 것도 좋고 편의점 등에는 즉석 김밥, 스낵 매장이나 세탁 편의점 등의 업종을 추가하는 것도 기존매장의 활성화에 많은 도움이 될 것이다.

　우선 미용실 내 1~2평 공간을 이용, 네일숍·발마사지 전문점을 추가한다면 손님들 반응도 좋아질 것이고, 더불어 매출도 늘어날 것이다.

1. 미용실 내 네일숍·발마사지 추가

여성들의 아름다움에 대한 욕망은 손·발이라고 예외일 수 없다. 요즘 신세대들은 패션과 화장, 코디네이션에 이어 손톱과 발톱도 중요한 자기표현 수단으로 여긴다.

그간 미용에 있어 사각지대였던 손과 발이 전면에 떠오르면서 활황을 맞게 된 사업도 많다. 우선 예전에는 특정인이나 사용하는 것으로 인식돼 있던 발찌가 시중에 대량 유통되고 있고 손톱 화장만을 전문으로 취급하는 네일 전문점이 호황을 맞고 있다. 또 허전한 맨발에 포인트를 주자며 듣기에 약간 생소한 발고리까지 나와 히트를 쳤다.

네일숍은 손톱과 발톱 관리만을 전문으로 해 주는 업종인데 기존 미용실 내에 추가하는 방법과 독자적으로 사업을 하는 전문 네일숍 두 가지 방법이 있다.

전문점은 서울 강남, 압구정동에 개업한 새시네일, 헐리우드네일 등이 있다.

네일숍에서는 손톱을 다듬고 가꿀 뿐만 아니라 1,000여 가지에 달하는 다양한 디자인과 색상의 인조 손톱을 제공한다. 두께 0.4mm의 부드러운 합성 소재로 만든 패션 네일은 장미나 국화 등의 꽃 종류, 별, 달 모양을 새긴 것도 있다. 색상 또한 노랑, 초록, 빨강 등 여러 색을 물결 무늬나 무지개처럼 은은하고 화려하게 배색한 것까지 다양하다.

인조 손톱 중에는 추상화를 모방한 작품도 있어 그야말로 손톱에 패션화를 주도하고 있는 셈이다.

손톱 손질 절차는 손톱에 베이스 오일을 바르고 기초 손질을 한 뒤 손가락 끝 살갗에 영양제 등을 바르고 마무리 하거나 인조 손톱을 붙이기도 하는데 이에 소요되는 시간은 약 1~2시간 정도 된다.

전문 네일숍을 차리려면 시설 및 장비 구입에 따랄 달라질 수 있지만 대략 10평 이내 점포의 경우 최하 2,000만 원 정도가 투자된다. 또 체인에 따라서는 제품 구입비로 2,000~3,000만 원, 가맹비 500만 원, 보증금 500만 원, 인테리어 평당 150만 원으로 점포 임차료를 제외하고 5,000여 만 원 정도 드는 곳도 있다.

만일 미용실 내 코너숍으로 개업할 경우는 약간의 인테리어 비용과 제품구입비, 가맹비까지 대략 2,000만 원 정도면 가능하다. 임차료는 수수료냐 아니면 월 사용료로 할 것이냐 등 임차조건에 따라 달라진다.

네일숍을 개업하려면 3개월 정도 수강해 기술을 익혀야 하는데 수강료는 월 50만 원이고 주 3회, 1회에 두 시간 교육을 받는다.

월수익은 고객이 한 명 방문했을 때 평균적으로 손톱 손질 후 패션 네일을 붙일 경우 최소 5~10만 원 정도를 받는데 15일마다 추가 손질료로 3만 원씩 받게 된다.

인건비 포함 마진이 80% 이상으로 고객관리를 철저히 하면 투자비용 대비 고수익을 올릴 수 있는 업종이다.(연락처 : 서울 코스메틱 02-824-1044, 새시네일 02-547-2821, 헐리우드네일 02-3443-2003)

전문점의 점포 위치는 교통이 편하면서 중·상류층 이상의 주부 및 젊은 여성들이 많이 드나드는 곳이 유리한데 역세권 주변으로 찾기 쉬운 곳에 위치한 고급 의상실이나 여성용품을 파는 곳과 함께 입지하는 것이 좋다. 기존 매장 코너숍은 기존의 유명 미용실이나 화장품 대리점, 액세서리 용품점 등이 유망하다.

인조 손톱은 서울 코스메틱 제품이 대표적인데 소비자 가격은

1세트가 5,500원, 10가지 색상 세트가 3만 원에 판매된다.

미용실이나 사우나, 목욕탕 등에 발마사지 전문점을 추가하는 것도 손님을 끄는 방법 중 하나이다.

발관리 전문점은 스트레스 쌓인 발을 기계로 고루 마사지하고 편안히 앉아서 쉬다 보면 절로 피로가 풀리는 사업으로 각 탕기에 발을 넣고 충분히 불리어 깨끗이 닦은 뒤 발톱정리 및 각질제거를 해 주는 곳이다. 우리나라 여성의 경우 신발에 발을 맞추다 보니 발에 문제가 있는 사람이 많고 하체부종을 가진 사람도 많다는 점에서 전망이 밝다. 발건강에 관한 책이나 발전용 목욕용품, 발바닥 지압법 등의 보급과 안마기, 마사지기의 판매를 함께 한다면 도전해 볼 만한 사업일 것이다,

발관리점은 10평을 기준으로 점포 임차료 2,000만 원에 기구구입비로 1,300만 원, 기타 창업비로 700만 원 해서 총 4,000만 원이면 개업이 가능하다.

만일 기존 장사하는 곳에서 시작할 때는 대략 점포 임차료가 빠진 총 2,000만 원 정도면 가능하다.

입지는 서초, 강남권 사무실 밀집 지역이나 중·상류층이 거주하는 주택가 진입로에 인접하는 것이 적합하다.

현재 강남에서 사업중인 김지선 발관리숍의 경우 월 매출이익이 300만 원으로 임차료 및 관리비로 55만 원, 소모품 구입비로 20만 원 정도 지출하고도 월 순수익 225만 원을 올리고 있다.(연락처 : 김지선 발관리숍 02-887-0898)

2. 기존 소매점 내 담배 판매, 사진 현상 추가

담배판매는 기존 판매처와 일정거리를 유지해야 하는데 이 규정은 각 구마다 다르게 되어 있다.

기존 점포와 50m 이상 떨어져야 하고 또 도로 건너편에 있는 경우는 길 건너 점포와 별 상관이 없이 담배판매를 할 수 있다.

각 구마다 한국담배인삼공사(02-763-9462)의 지점이 있으므로 전화문의를 하면 자세히 안내받을 수 있다. 담배마진은 대략 판매가의 10%선이다..

필름현상대행은 두 가지 형태로 나눌 수 있다. 장비 미니랩을 들여놓고 직접 매장 내에서 현상을 하는 경우는 종로5가에 있는 한국코닥주식회사(02-708-5400)로 문의하면 되고, 기존 다른 점포 매장 내 코너에서 필름현상대행을 하고자 할 경우는 각 지역마다 담당 영업소가 따로 있으므로 그곳으로 문의하면 된다. 그리고 전체적인 문의는 코닥현상소 본사(02-3660-1222, 1212)로 문의, 소매점이 위치한 구 영업소 전화를 알아보면 된다.

거리제한이 있어 과거에는 반경 2km 이내에는 안 되도록 되어 있었는데 경쟁이 치열해지면서 영업소마다 어느 정도 융통성이 있고 취급점을 내려면 보증금 50만 원이 필요하나 이도 영업상담 시 조절이 가능할 듯 싶다.

또 기타 비용으로 필름, 일회용 카메라, 밧데리 등을 갖추는 데 약 20만 원 정도가 필요하며 마진은 대략 35%로 하면 된다.

요즘에는 단순히 기존 점포에서의 매출만 기대할 것이 아니라 부대수익을 올릴 수 있는 아이템을 찾아 하나라도 더 매출을 올릴 수 있도록 전략을 모색해야 할 것이다.

3. 목욕용품점 매장 내 인테리어 소품·향수, 사탕·초콜릿 추가

97년 하반기 성황을 누리던 기존 목욕용품점들이 경기 침체가 장기화되면서 매출 부진으로 고민하는 점포들이 부쩍 늘었다. 젊은층이 주고객이라 점포들 대부분은 유동인구가 많은 번화가에 위치해 있어 투자비도 만만치 않을 뿐더러 월 지출되는 경상비 또한 부담스러운 점포들이 많다. 마음 같으면 다른 사람에게 넘기고도 싶지만 여러 가지 여건상 그도 어려움이 있으니 점주들은 안타깝기만한 상황이다.

이럴 때 점포 1평 정도에다 인테리어 소품과 향수, 사탕·초콜릿을 같이 매장 내에 겸해 놓는다면 부가 매출을 올릴 수 있겠다. 실례로 안양 1번가에 있는 목욕용품점의 경우 지난 2, 3월 화이트데이, 발렌타인데이 때 사탕과 초콜릿을 판매, 하루 100만 원 정도씩 20여 일 매출을 올린 적도 있어 기존 목욕용품점은 활용해 봄직하다.

4. 편의점 내 즉석 김밥·스낵 매장 추가

편의점에서 매출의 반은 컵라면 및 스낵류 판매에서 일어난다 해도 과언이 아닐 정도로 김밥이나 컵라면이 많이 팔린다. 그런데 김밥의 경우 냉장고에 보관되었던 것으로 차가울 뿐만 아니라 사실 맛도 떨어지기 때문에 꺼내 먹기엔 조금 꺼려지는 것도 사실이다. 그러나 젊은이들은 아쉬운 대로 많이 먹는 편이다.

만일 편의점을 드나드는 젊은층을 대상으로 간단히 먹을 수 있는 즉석 김밥·스낵 코너를 겸한다면 현재 매출의 배 이상은 될 것이다. 물론 시설비 및 인건비가 따로 필요할 수 있겠지만 임대를 줄 경우에는 상호 보완적으로 작용, 즉석 김밥·스낵도 많이 팔리겠지만 덩달아 음료 및 기타 물품판매도 더 늘어날 것으로 보인다.

현재 유동인구가 많은 지역 내 편의점 점주들은 2~3평 공간을 할애하여 테이크 아웃 시스템으로 김밥·만두를 즉석해서 만들어 파는 코너를 만든다면 비수기를 여유롭게 넘기는 데 많은 보탬이 되리라 생각된다.

5. 기존 팬시매장 내 포토 사진 촬영기 추가

기존 팬시 매장 점주들의 고민은 객단가가 낮은 관계로 하루 종일 사람들이 들락거려도 하루 매출액이 기대에 못 미친다는 데 있다.

많은 고객을 응대하기 위해 아르바이트도 여럿 채용되어 있고 거기에다 월 임차료도 만만치 않은 곳들이 많아 수지 타산을 맞추지 못하는 곳이 부지기수이다.

만일 젊은층 유동인구가 많은 곳에 위치한 팬시 매장이라면 매장 입구에 포토 사진 촬영기 등 최신 인기 있는 기계 1대 정도는 두는 것도 손님 유치에 도움이 될 수 있고 수익도 짭짤할 것으로 보인다.

물론 기계 1대 값으로 1천만 원 내외는 투자를 해야겠지만 1일 100컷 정도 사진 촬영이 된다면 1일 10만 원씩 순수익이 오를 것이니 그만큼 점포에 드나드는 사람도 늘어날 수 있어 매출 기대를 할 수 있기 때문이다.

거기에다 사진을 담은 열쇠고리나 뱃지를 현장에서 제작해 줄 경우 마진 80% 이상을 보장받을 수 있어 여기서도 수익이 오를 수 있으므로 한 번 검토해 봄직하다.

여자 혼자하기 좋은 맨손창업

1. 샌드위치 전문점

- 집기비품 및 인테리어 비용 (3평 기준) : 1,000만 원 정도
- 초도 물품 구입비 : 100만 원
- 기타 창업비 : 200만 원
- 총 투자비용 (점포 임차료 제외) : 1,300만 원

먹기에 간편하면서도 영양가가 높아 든든한 음식으로 시간도 벌고 끼니도 거뜬히 해결할 수 있는 샌드위치가 학생과 직장인들 사이에서 인기를 누리고 있다. 바쁜 하루를 시작하기 위해 아침을 거르는 사람들 중 출근길에 아침식사 대용으로 샌드위치를 사 먹는 것을 많이 볼 수 있다.

샌드위치 시장은 햄버거와 피자에 이어 패스트푸드의 한자리를 차지하는 업종이다. 이런 음식선호 경향에 따라 샌드위치 전문점이 부업으로서 기대되는 업종으로 꼽힌다.

보통 10평에서 심지어 2~3평의 조그만 공간에서도 영업할 수 있으므로 투자비용 대비 수익은 높은 편이다. 대략 아침 7시 30분쯤에 문을 열고 직장인들의 퇴근 시간인 오후 7~8시 전후로 문을 닫아도 되므로 미혼여성이나 주부가 운영하기에 꼭 알맞다.

가격은 1인분에 2,000원에서 3,000원 선으로 야채, 참치, 바베큐, 쇠고기 등의 재료를 넣으며 샐러드 및 스프와 함께 즐길 수도 있다.

가장 바쁜 시간은 아침 7시 30분부터 10시 이전까지로 간편한 아침식사 대용으로 많이 찾고, 오후시간은 간식 시간인 2시에서 5시까지가 황금시간대이다.

이 사업은 체인점이냐, 독립점이냐에 따라 투자비의 차이가 크다. 체인점의 경우 통상 15평을 기준으로 개업자금 6,000만 원, 30평 짜리 점포의 경우는 개업 자금만 1억 2,000만 원 가량 든다. 또 마진도 체인점은 50% 선이고 독립점포는 이보다 훨씬 높은 70~80% 선이다.

독립점포는 점포 보증금 1,000만 원 선, 인테리어비 800만 원(7평 기준, 푸드코드인 경우는 200~300만 원), 초도 물품비 300만 원, 기타창업비 200만 원 등으로 2,300여 만 원 정도 든다. 여기서 점포 보증금 500만 원에 월 10만 원 정도의 월세로 돌린다면 선 투자액은 더욱 줄일 수 있다.

개점 후 3~4개월 정도면 하루 10만 원 이상의 매출이 발생하는데(월평균 매출액 300만 원), 마진율 80%를 적용한 240만 원이 매출이익이며 임대료 및 관리비 등을 제외해도 월 150만 원의 순수익을 올릴 수 있다.

이 사업은 젊은층 유동인구가 많은 사무실 밀집지역이 최적지로 매장 2~3평 정도면 무난하다. 주변에 음식관련 업종이 몰려 있는 곳이 더욱 유리하며 출근하는 길에 쉽게 들어올 수 있는 곳이라면 더욱 좋다. 특히 학원(성인대상 어학원)들이 많이 몰려 있는 곳이 더욱 유리하다.

　지난 3월 종로구 제일은행 본점 뒷편에 샌드위치 전문점을 개업한 윤모 주부(43세)는 1층 3평 규모 점포에다 샌드위치 전문점을 개업했다. 점포 임차료로 권리금 포함 2,500만 원에다 월세 50만 원, 간판 및 인테리어 비용으로 800만 원에다 집기, 비품 구입비로 200만 원 정도 들어 총 투자금액은 3,500만 원 정도이다.

　현재 고정고객이 많이 확보돼 어느 정도 기반이 잡힌 이곳은 1일 평균 15만 원 정도 매출이 오른다.

　샌드위치 5~6 종류에다 여름에는 조각 생과일 판매 및 과일주스, 팥빙수, 겨울에는 즉석 떡볶이까지 판매하여 매출액이 1일 20만 원 정도로 오른다.

　마진이 70% 정도 되어 한 달이면 200만 원 정도 수입이 된다.

　혼자서 충분히 운영할 수 있고 주고객인 직장인들이 쉬는 주말에는 같이 쉴 수 있어 가족들도 만족해한다고 한다.

전문가 경영전략

개점환경은 역세권, 대학가, 학원 밀집지역 등 젊은층 유동인구가 많은 지역이나 신도시 등 주거 밀집지역이 좋다. 주의해야 할 것은 이들과의 경쟁에서 우선 깔끔한 분위기로 승부한다는 것과 푸짐한 양, 새로운 메뉴 개발로 눈길을 끌어야 한다는 점이다. 가장 좋은 방법은 현재 사무실 밀집지역 내의 먹자골목 중 업종 중복으로 비교적 싼 값에 내놓은 소형 점포들 중에서 찾는 것도 좋다. 이 가운데 되도록 권리금이 없으면서 월세부담이 적은 점포를 골라 계약을 하고 인테리어도 간단히 처리, 비용을 줄이는 것이 바람직하다. 샌드위치 전문점은 외식사업이므로 주의할 사항은 첫째, 청결을 유지해야 하며, 둘째, 친절해야 하고 셋째, 신속해야 하고, 마지막으로 부가가치를 높여 줄 부대메뉴 및 세트메뉴를 지속적으로 개발해야 한다. 음식 만드는 데 아이디어를 낼 수 있는 주부라면 투자비가 많이 드는 기존 샌드위치 체인점에 가입하지 않고도 독립점포로 운영, 노하우를 축적한 후 대형 전문점에 도전하는 것도 한 방법이다.

☎ 독립점 : 샌드위치 (02)723-4601
　체인점 : 써틴써티 (02)566-0455
　　　　　 서브웨이 (02)713-2061

2. 유명 속옷 할인매장

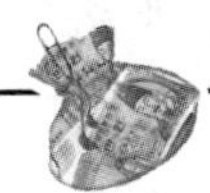

- 집기비품 및 인테리어 비용 (5평 기준) : 200만 원
- 초도 물품 구입비 : 1,250만 원
- 기타 창업비 : 200만 원
- 총 투자비용 (점포 임차료 제외) : 1,500만 원

속옷은 시대나 계절, 경기 등에 거의 구애받지 않고 꾸준히 판매되는 상품중 하나이다. 특정한 계층만 겨냥하는 물품이 아니라 남녀노소 할 것 없이 누구나 사용하는 필수품이므로 모든 의류 사업 중 속옷 판매업은 가장 안정적인 사업이라 할 수 있다.

최근 경기불황으로 상설 할인 판매점이 다수 등장하면서 속옷도 전문 할인점이 생겨나 인기를 끌고 있다. 경기 침체가 장기화되면서 중심가 요지의 1층 점포 공실률이 높아지자 타 매장이 들어오기까지의 기간동안 속옷과 단품류를 판매하고 매장을 옮기는 '철새매장'까지 등장할 정도이다.

유명 속옷 할인매장은 양판점 시스템으로서, 속옷에 관한 한 전 메이커를 망라한다. BYC, 쌍방울, 비비안, 비너스, 태평양 등 5대 메이커를 비롯해 잠옷, 손수건, 넥타이, 양말 등의 단품류까지 다양하게 취급한다.

소비자 입장에서 무엇보다 눈길을 끄는 것은 가격으로 현재 엄연히 독립 매장에서 판매되고 있는 신상품을 이곳에 오면 10~30%까지 싸게 살 수 있다. 한 가지 브랜드만 취급하는 매장이라면 중심 상업 지구에 위치하는 것이 유리하지만, 유명 속옷 할인 매장은 다양한 브랜드를 취급하기 때문에 지역 밀착형 입지로도 충분해 점포비를 대폭 절감할 수 있다는 것도 장점에 속한다.

가끔씩은 임차 보증금 없이 일정액의 월 사용료만 내고 쓸 수 있는 매장도 있으므로 초기 투자자본을 크게 줄일 수 있다.

또 기존 브랜드의 체인점을 하려면 점포 비용을 빼고도 제품 구색을 갖추는 데 최소한 4,000~5,000만 원이 들지만 유명 속옷 할인 매장은 2,000만 원 선이면 충분히 창업할 수 있다.

이 업종에 관심이 많아지면서 현재 공급업체가 난립하고 있으나 그 중 28년간 속옷 유통 사업을 해온 명춘종합유통(대표 이경재·48세)이 비교적 건실한 공급업체라고 볼 수 있다. 제조업체와 직거래, 대량 구매를 하고 기획상품을 확보해 싼값에 물품을 공급해 준다. 공급 가격이 싼 만큼 가맹점에서도 싸게 판매할 수 있어 소비자들이 많이 찾는다는 게 업계 관계자의 얘기이다.

특별히 가맹점에 대해 간판을 통일하지는 않고 있으며 주 1~2회 순회차량이 매장을 돌면서 물품을 공급해 주고 반품도 100% 수거해 가기 때문에 점주는 재고 문제를 걱정하지 않아도 된다.

이외에도 가맹점 개설 초기에 마네킹과 옷걸이, 스타킹걸이 등의 설치물을 무료로 제공하며 점주가 원할 때는 본사에 따로 마련된 인테리어 사업부를 통해 최대한 저렴한 가격으로 가맹점을 개설할 수 있도록 돕고 있다.

속옷 판매업은 운영에 특별한 기술이나 능력을 요하지 않고 계절을 타지 않는 편이라 주부와 초보자들이 운영하기에 적합한 업종이다. 또 대부분 고객이 여성이므로 남성 점주보다는 여성이 판매하는 쪽이 단연 유리하다.

체인점을 낼 때는 부실 체인 공급업체가 난립하는 경향이 있으므로 공급업체 선정시 꼼꼼하게 따져야 한다. 물건은 신제품을 위주로 들여놓고, 무엇보다 소비자가 상품을 보고 마음에 들어야 구매하기 때문에 상품 진열을 얼마나 잘 했느냐에 따라 매출액이 달라진다는 점을 명심해야 한다.

투자비용 대비 수익성 분석

명춘종합유통의 체인을 내려면 5평을 기준으로 점포 임차료를 제외하고 2,000만 원 정도가 든다. 가맹비는 없으며 초도 물품 비용으로 평당 250만 원, 인테리어·간판비를 합쳐 평당 40~50만 원이면 충분하다.

본사 측에서 서울·인천·수도권 지역은 1주일에 2회, 대전과 충남권, 강원 지역은 1주일에 1회 방문해 신제품을 넣어주면서 반품을 받아간다. 초도 물품을 공급해 주면서 진열까지 해 주어 점주의 수고를 덜 수 있으며 마진은 대략 30% 선이다.

1일 20만 원 정도 매출이 일어나는 점포인 경우 한 달이면 600만 원의 매출액이 되고 그 중 마진을 30%로 볼 때 월 180만 원의 매출이익이 생긴다. 여기서 임차료로 대략 50만 원 정도를 제하면 월 140만 원 정도 순수익이 나온다.

입지 및 환경

점포 입지가 매출액을 좌우한다. 주부층의 유동인구가 많은 대형 슈퍼마켓이 있는 주택가와 아파트 단지, 재래시장 입구, 버스 정류장을 낀 대로변 상가가 이 업종의 A급 입지이다.

가맹점주가 점포를 구하면 물품 고급업체 책임자가 직접 현지

를 답사, 상권 내 유력 고객층의 연령층과 소비 단가에 맞는 제
품을 선별해 공급해 준다.

인천 만수동 주공아파트 단지 내 상가에서 유명 속옷 할인매장
을 운영하고 있는 송인자 씨(36세)는 "필요해서 찾는 분이 많은
편이라 판매에 그다지 신경을 쓰지 않아도 되고 점포 규모도 그
리 클 필요가 없어 주부 부업거리로 적당하다."고 말한다. 체인점
에 가맹할 경우 물건을 떼 오는 수고도 할 필요가 없고 판매시간
도 오전 10시~오후 8시 등으로 정형화시키면 되므로 오랜 시간
일해야 하는 요식업 등 타업종에 비해 비교적 힘이 덜 드는 장사
라고 한다.

6평 규모 점포에 초도 물품 대금으로 1,500만 원, 내부 진열
장·간판 비용으로 400만 원이 소요돼, 점포 비용을 제외하고
1,900만 원 정도 들었다.

현재 송씨의 점포는 물건이 싸다고 정평이 나서 한 달 1,000~
1,500만 원 정도의 매상을 올리고 있다. 마진 30%를 적용하면
월 350~450만 원 정도 매출이익이 생기는데, 여기서 점포 임차
료와 기타 비용까지 제하고 나면 월 평균 순수익으로 250~300만
원이 떨어져 투자비용 대비 고소득인 셈이다.

송씨는 명절 등 행사 때 사은 판촉용으로 단체 구입을 할 수
있도록 보험회사나 대형 회사 총무과 직원들에게 사전 홍보를 한
다면 매출을 더 올릴 수 있을 것이라고 말한다. 또 포장법을 다
양화하고 고급스럽게 해 선물용 판매가 많이 일어날 수 있도록
유도하고, 물품 진열에 따라 매출 차이가 많이 난다는 점을 강조

한다.

전문가 경영전략

유명 속옷 할인매장의 방문 고객은 필요해서 사러 오는 사람이 90%
로, 점주의 접대 방법과 상품 설명에 따라 충동적으로 예정 구매액을
초과하는 경우도 많다. 친절하되 지나치지 않게 응대하는 매너와 함께
상품에 대한 충분한 지식을 갖추고 종업원 교육을 해야 한다. 한마디
로 점주의 영업력에 매상이 달려 있다는 것을 명심하고, 행사가 몰려
있는 5월과 추석, 신정, 구정 등 명절에 선물용 수요를 겨냥한 판매
전략을 고안하는 것이 좋다. 지나가는 사람들의 눈길을 끌 수 있도록
이색 팬티, 내의를 전면에 진열하는 것도 손님 끌기에 좋은 아이디어
이다. 요즘 망사 팬티, T자 팬티, 방울 팬티, 수갑 팬티, 코끼리 팬티
등 보기만 해도 우스꽝스럽고 독특한 제품들이 쏟아져 나오고 있는데
신세대들 사이에 단연 인기이다. 이를 매장 한 코너에 모아 따로 파는
것도 젊은 고객층을 사로잡는 방법이다. 어쨌든 유명 속옷 할인매장
운영시 주의할 점은 거래처, 즉 물품 공급처 선택시 신중을 기해야 한
다는 점과 초도 물품 구입시 재고가 섞이지 않도록 하는데 성패가 달
려있음을 명심해야 한다.

☎ 명춘종합유통 : (02)215-8770

3. 가정식 김치 배달업

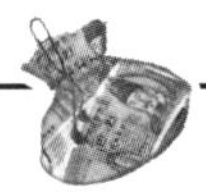

- 집기비품 및 인테리어 비용 : 100만 원 내외
- 초도 물품 구입비 : 50만 원 내외
- 기타 창업비 : 200만 원
- 총 투자비용 (점포 임차료 제외) : 350만 원

한국인이라면 누구나 즐기는 우리 고유의 음식 김치, 김치가 없으면 밥 먹은 것 같지 않다는 말을 할 정도로 확고부동한 부식의 위치를 차지하고 있다. 이 때문에 예전의 어머니들은 이 김치 담그는 방법을 당신의 어머니에게 전수 받고 다음 세대에게도 물려 줘야 한다는 책임감을 가지고 있었다. 그러나 사회가 다변화함에 따라 전업주부들조차 바쁜 세상이 되자 이런 의미가 많이 퇴색되었다.

사실 김치 담그는 일은 주부에게 있어 꽤 신경쓰이는 일이다. 배추김치만 해도 좋은 배추를 구입하고, 배추를 씻어 소금 뿌려서 한나절을 절여야 하며, 다시 씻어서 물기를 빼고 각종 양념으로 버무려야 한다. 김치의 종류는 또 오죽 많은가? 배추김치, 더덕김치, 돌산 갓김치, 깍두기, 총각김치, 물김치, 겉절이, 오이소박이, 부추김치, 얼갈이김치, 백김치, 동치미, 파김치, 고들빼기 등 줄잡아도 20여 가지가 넘는다.

여성들이 사회에 진출하기 위해 남성과 똑같이 공부하는 시간이 많아지고, 이에 따라 예전처럼 신부수업이라고 해서 어머니가 주방 일을 딸에게 전수시키는 광경은 거의 보기 힘들어졌다. 외식사업이 날로 번창하고 있는 현 시대에서 김치를 비롯한 각종 식자재의 배달업이 증가하고 있는 것은 당연한 현상이라 볼 수 있다. 어머니가 담아준 것처럼 맛있게, 그리고 먹고 싶은 것만 적당한 가격에 공급된다면 사먹지 않을 이유가 없는 시대가 된 것이다.

'가정식 김치 배달업'은 말 그대로 김치를 가정에서 직접 만들어 수요가 있는 가정으로 직접 배달해 주는 사업이다. 가정식이라는 말을 붙이는 이유는 특별한 맛이 없이 밋밋한 인스턴트 김치를 지양하고, 재래식으로 양념을 준비하여 특유의 손맛을 살리겠다는 의도이다.

사실 편의점 등에서 손쉽게 구할 수 있는 컵라면용(?) 포장 김치는 먹을 때는 잘 모르는데 김치찌개를 끓여보면 이상하게 맛이 없다. 이는 사람의 손이 거의 가지 않은 기계식이기 때문인데, 이같은 이유로 김치를 사 먹는 주부들은 대형 김치공장보다 가정에서 직접 김치를 담궈 파는 곳을 더 선호한다.

가정식 김치 배달업은 점포 없이 냉장고와 배달차량만 있어도 창업 가능해 적은 자본으로 운영할 수 있는 알뜰한 업종이다.

아예 집에서 직접 담그고 승용차를 이용해서 각 가정으로 배달하는 사람도 있다. 자본이 달리면 처음에는 혼자서 일하다가 사업이 확장된 후 사람을 구하는 것이 바람직한데, 무엇보다 김치 담그는 기술이나 맛 등에 일가견이 있는 점주가 시작하는 것이 훨씬 유리하다.

이 사업을 시작할 때는 독립점으로 할 것인지 소형 점포에서 김치만 만들어 파는 곳의 지사형태로 체인점을 할 것인지를 먼저 고려해야 한다. 독립점이라면 주문과 배달, 김치 만드는 것을 일

일이 다 해야 하기 때문에 수익이 높은 대신 육체적으로 힘들고, 지사 형태로 운영할 때는 김치 전문 업체로부터 김치를 공급받아 배달만 해 주면 되기 때문에 그만큼 신경쓸 일이 없는 대신 마진은 좀 적어진다.

투자비용 대비 수익성 분석

대량 생산 체제로 운영되는 대부분의 김치 체인은 김치를 유통시킬 장소만 있다면 지사로서 영업허가를 내준다. 사무실을 따로 구하기 힘든 경우에는 자기 집을 이용, 전화만 따로 설치해 영업을 해도 무방하다. 이 경우는 체인 보증금과 전화 가설비, 자동차 구입비 정도만 있으면 바로 창업할 수 있다.

본격적인 지사영업을 하려면 다량의 김치를 보관할 수 있는 냉장고, 각 지역으로 배달할 차량구입비 등으로 5,000만 원 정도의 자본이 필요한데 이중 3,000만 원은 물품 보증금으로 차후에 돌려 받을 수 있다.

개인적으로 가정식 김치배달업을 할 경우는 일정회원이 확보되기 전까지는 집에서 해도 무방하다. 이 때는 따로 홍보를 해야 하고 주문전화 한 대를 설치하는 정도 만으로도 충분해 창업비용은 100만 원 이내로 된다.

김치 가격은 체인화된 업체에 따라 다르고 독립점도 제각기 받고 있어 일률화하기 힘들다. 통상 1kg당 4,000원 선이며, 약 2백여 가구에 배달한다고 했을 때 월 100만 원 이상, 4~5백 가구에 배달한다면 월 400만 원 이상의 순수익을 올릴 수 있는 업종이므로 손맛이 뛰어난 주부라면 도전해 봄직하다.

현재 체인점식으로 운영되는 가정식 김치 배달업의 경우는 지사를 확장하는 형태로 운영되고 있다. 김치를 가공하는 공장은 직영점 등에 두고, 지사는 지역별로 나누어 오로지 배달만 전담하는 형식이다.

체인사업을 희망한다면 여러 업체들을 방문해 실제 공정을 둘러보고 특장점과 영업방식을 비교해보는 것이 좋다. 그러나 대부분의 점주들은 대량 생산되는 것보다는 직접 가정에서 입맛에 따라 주문, 맞춤김치를 공급받기를 원한다. 그러므로 점주가 손맛이 있어 직접 김치를 만든다면 독립점으로 개업해도 무방하다.

이 사업은 순전히 주문에 의해 이뤄지므로 주택단지에서 멀리 떨어져 있다고 해도 배달력만 확보된다면 별 무리는 없다.

다만 독립점으로 이 사업을 운영하려는 점주라면 김치만 판매해서는 매상이 적을 수 있으므로 지역 소비자에 밀착한 5평 규모 이하 점포를 마련, 다른 반찬도 취급하는 반찬 배달과 찌개 배달, 주문형 행사 음식 배달까지 고려해 볼 수 있다.

김치나 장 담그는 일이 너무 재미있어 부업차 가정식 김치 배달업을 시작했다는 김복순 씨(48세), 이웃에 있는 10여 명의 주부들을 최초 고객으로 삼고 지역 가이드에 홍보를 하면서 차츰 영업력을 압구정동과 대치동, 평촌, 산본에까지 넓혀 나갔다.

처음에는 가정에서 하는 부업거리로나 생각했었는데 주문 받는 일부터 김치를 담그고 배달하는 일까지 혼자 도맡다 보니 하루 3

시간 정도밖에 잠을 자지 못할 정도로 육체적인 고생이 뒤따랐다.

개업 6개월 만에 같이 일할 동료를 구하고 운전면허를 따 직접 배달하는 등의 노력으로 고객이 급속도로 늘어 이제 250가구의 김치를 책임질 정도로 사업이 확장됐다.

초창기에는 엉뚱한 김치를 배달하거나 쉬어버리는 등의 문제가 생기고 미리 만들어 놓았다가 물량이 남아돌아 이웃과 나눠 먹어 버린 경험도 있었다.

그러나 강원도에서 무공해로 재배한 배추에 인공감미료 대신 진짜 양념을 쓰는 등 정성을 들여 재래식으로 만드는 탓에 한 번 먹어본 고객들은 꼭 김씨가 만든 김치만을 찾을 정도로 인기가 높다.

사업이 확장되다 보니 손님의 요구에 따라 환자식 김치, 전라도식·경상도식 특별 김치와 함께 파김치, 부추김치 등도 담그게 되었다.

가끔씩 행사 음식 주문 의뢰도 들어오므로 앞으로 창고형의 작은 점포라도 얻어 본격적으로 뛰어 볼 계획을 가지고 있다.

전문가 경영전략

김치 배달업에서 가장 우선시 돼야 하는 것은 김치의 맛을 제대로 내는 일과 고객확보, 신속하고 편리한 배달 체계를 마련하는 일이다. 양념을 쓰는 데도 자연산 양념을 쓰고, 마늘을 일일이 손으로 까서 절구에 빻아서 쓰는 등 정성이 고객에게 전달된다는 생각으로 성실히 일하는 자세가 중요하다. 배달을 위주로 영업할 때 김치를 용기에 담아 주면 회수가 되지 않거나 설거지 등의 문제로 김치 가격이 상승하게 되는 결과를 가져오기가 쉬우므로 비닐 팩에 넣어 배달해 주는 것이 좋다. 김치 담그는 일에 익숙하지 않은 사람이 경영한다면 문제가 발생할 수도 있으므로 될 수 있으면 스스로 맛있는 김치를 담그는 요령을 취득한 후 창업을 하는 것이 좋다. 고수익을 노리고 처음부터 무리하게 출발하면 실패할 확률이 높다.

☎ 고가김치 : (02)491-7070

4. 어린이 전문서점

- 집기비품 및 인테리어 비용 : 1,300만 원
- 초도 물품 구입비 : 800만 원
- 기타 창업비 : 100만 원
- 총 투자비용 (점포 임차료 제외) : 2,200만 원

이제 과거처럼 남편 혼자 벌어오는 돈으로는 생활하기가 어렵게 되었다. 특히 IMF 구제 금융 신청 시대에 샐러리맨 남편을 둔 부인들의 고충은 커서, 언제 직장을 그만둘 지 모르는 살얼음판을 걷는 기분이라고 표현한다.

이러한 이유로 자기 일을 갖고 싶어하는 주부들이 늘어나고 있지만 현실은 갈수록 만만치 않다. 아무래도 가족들에게 소홀해질 수밖에 없고 가사와 육아 일에 양립시켜야 한다는 부담, 또 일에 대한 능력 등의 이유로 자기에게 맞는 일을 찾기가 쉽지 않다.

이런 주부들이라면 아이들을 대상으로 하는 사업을 고려해 보는 것은 어떨까? 큰 목돈을 들이지 않아도 창업이 가능하고, 특별한 노하우가 없어도 내 아이를 키우면서도 충분히 운영가능한 어린이 전문서점 등을 고려해 볼 만하다.

조기교육에 대한 관심이 증대되면서 어린이 대상 서적도 단순히 읽는 책의 기능에서 벗어나 입체감을 주어 만질 수 있는 책, 만지면 소리가 나는 책 등 다양한 아이디어가 쏟아져 나오고 있다.

어린이 서점이란 말 그대로 어린이들을 위한 책을 고루 갖춘

서점을 말하는데, 주로 대여와 판매를 겸하는 곳이 많다. 점주 입장에서 볼 때 마진이 30% 정도이고 아직까지는 대형 서점을 찾는 사람들이 많은 편이라 처음부터 큰 돈을 벌 수 있는 것은 아니라는 점이 단점으로 꼽힌다.

그러나 초기 투자비용이 적게 드는 데다 아기를 키우면서도 운영이 가능한 자유로운 사업이어서, 부업이나 취미 생활을 겸한다는 생각으로 경영하면 의외로 짭짤한 수익을 얻을 수 있다.

또 어린이 관련 서적과 함께 비디오 테이프, 조기 지능계발 용품 등을 갖춰 매출을 더 올릴 수 있고, 맞벌이 주부를 위해 어린이를 위탁 보호하는 방과 후 교실도 동시에 할 수 있다. 어린이를 대상으로 하는 업종이라면 어느 것이라도 품목 추가가 가능하고 책 반품이 가능해 재고 부담이 거의 없다는 점도 매력이다.

상권 선택 및 사업장 선정시 착오가 없다면 지속적인 안정성뿐만 아니라 발전성까지 기대되는 유망부업 중의 하나이다. 책자는 어린이 서적 총판인 '서당'에서 도매가로 공급받을 수 있고 반품은 어렵지만 점주가 직접 청계천 일대의 서적 총판에서 구입할 경우 마진폭을 높일 수 있다

어린이 전문서점은 만 2세부터 초등학생까지가 주요 고객인데 구입으로 연결되는 것은 초등학생 이하인 경우가 많다. 반면 대여는 초등학생이 절대 다수를 차지하므로 위인전과 명랑 동화류, 역사만화, 퍼즐, 그림책, 과학서적 등 그 지역에서 많이 찾는 책을 위주로 갖추는 것이 좋다.

점주는 고객의 연령에 맞는 책을 권할 수 있도록 사전 준비를 해두어야 함은 물론 어린이를 회원제로 관리, 책을 대출해 주는 등 다양한 고객확보 전략을 세워야 한다.

아직까지는 어린이 전문서점이 체인화, 활성화돼 있지 않은 상

태지만 독립점으로 운영되는 곳은 서울에만 20여 군데에 달한다.

따라서 운영 전략은 점주의 방침에 따라 달라질 수 있다. 일례로 대여점 방식으로 운영되는 '파란 나무'는 입회비 3,000원과 월회비 7,000원만 내면 회원으로 가입, 얼마든지 원하는 책을 빌려볼 수 있도록 정했다.

이 사업을 처음 경영하려는 점주는 어린이 전문서점인 '초방'에서 사업 전반에 걸친 컨설팅을 받을 수 있다. 컨설팅 비용은 100만 원이며, 초방의 상호를 사용하고자 할 때는 100만 원이 추가된다. 또 초방이 선별해 준 책을 계속 추천받으려면 보증금 명목으로 100만 원을 내야 하지만 이는 나중에 돌려 받을 수 있다.

투자비용 대비 수익성 분석

점포 크기는 위치에 따라 차이가 있지만 대략 10평 이상 15평 내외면 적당하다. 10평형의 점포를 개업하려면 창업비용은 책 구입비용 700~800만 원, 그외 비품 명목으로 200~300만 원 정도가 든다. 그밖에 인테리어 비용으로 최하 500만 원이 필요한데 원목 책장을 쓸 경우에는 평당 120만 원 정도가 들어 1,200만 원이 소요된다. 결국 점포 임차료를 제외하고 1,500~2,200만 원 정도 들어가는 셈이다.

이 사업의 경우 이익금은 책을 구입하는 데 재투자되기 때문에 순수익이 계산만큼 많이 나오지 않을 수도 있다. 통상 관리비와 전화비 및 점포 임차료를 제외한 순수익은 월 100만 원 선이다.

입지 및 환경

어린이 전문서점은 어린이들이 쉽게 드나들 수 있는 주택 밀집

지역인 아파트 단지나 초등학교 앞에 위치하는 것이 이상적이다. 꼭 목이 좋아야 할 필요는 없으나 젊은 부부들이 많이 사는 20평 이상 소형 아파트가 2천세대 정도 되는 지역이면 안정적인 수익이 보장된다. 또 어머니나 아이들이 지나다가 쉽게 접할 수 있도록 주변에 병원이나 보건소 등을 끼고 있으면 더욱 유리하다.

점포 위치는 가급적 빛이 잘 드는 남향이나 서향을 피하고 북향을 택하는 것이 바람직하다. 책은 햇볕에 노출되면 누렇게 바래기 마련인데, 어린이들은 이런 책을 빌리기 싫어한다.

한편 인테리어도 어린이들의 호기심을 자극할 수 있도록 점포 입구를 예쁜 동화 나라처럼 꾸미고 내부는 흰색이나 파스텔 톤을 이용, 공부방 분위기를 내면 호감을 살 수 있다.

사 례

목동 14단지 내 상가 2층 7평 공간을 빌려 어린이 전문서점을 하는 안용숙 씨(37세)는 6개월된 아이를 키우면서 할 수 있는 업종을 찾다가 1년 전 개업했다.

보증금 500만 원, 월 40만 원에 점포를 계약하고, 초도 물품 구입비로 700만 원, 책꽂이 등 인테리어 비용으로 500만 원, 집기 및 기타 창업비로 300만 원을 들여 총 2,000만 원이 개점비용으로 들어갔다.

주고객은 초등학교, 유치원 어린이와 그 부모들이지만, 책 판매 및 대여뿐만 아니라 방과 후 교실도 겸해서 운영, 공부 지도도 하고 지능계발 용품도 취급한다.

하루 매출은 책 판매가 5만 원에서 7만 원 정도, 마진은 30%로 2만 원 정도의 순수익이 생긴다. 한 달 60만 원의 순수익과 1

명에 6만 원씩 10명의 학습지도 수익을 합쳐 한 달 120만 원 정도를 벌고 있다.

안씨는 "부모들과 자녀 교육에 대한 정보를 나누며 아이를 키우는데 도움을 얻고 있다."며, "수익은 적은 편이지만 부업으로서 그만"이라고 말한다.

전문가 경영전략

점주의 경제적 여력이 허락한다면 방과 후 교실이나 즉석 동화책방을 겸하는 것도 매출 올리기에 적당한 아이템이다. 방과 후 교실이란 초등학교 저학년을 대상으로 학교가 끝난 후 학원 보내기, 숙제하기, 간식주기 등 스스로 챙기지 못하는 아이들에게 어머니처럼 챙겨주는 것을 말한다. 방과 후 교실은 운영점주의 능력에 따라 1명당 5만 원에서 8만 원 정도 받고 돌봐주는데 직장을 가진 부모들로부터 좋은 반응을 얻고 있다. 이때는 책상구입 및 도서구입비 정도가 들어 약 300만 원 정도 투자가 되면 된다. 즉석 동화책방이란 말 그대로 즉석에서 동화의 주인공 이름을 원하는 사람의 이름으로 인쇄된 책을 만들어 주는 사업이다. 이 업종을 겸하려면 컴퓨터 및 프린터, 제본기구, 초도물량, 책, 본사 가맹비 등을 합해 총 700만 원 정도가 추가로 든다. 즉석 동화의 주고객은 유치원, 초등학교 아동들이므로 그 지역에 주고객층이 많다면 이 사업을 겸하는 것도 매출에 도움이 될 것이다. 이외에 겸업할만한 업종으로는 컴퓨터 공부방, 아동 위탁보호사업 등이 있다.

☎ 초방 : (02)392-0277
　파란 나무 : (02)654-8539
　총판 서당 : (02)322-2057

5. 꽃 인테리어 전문점

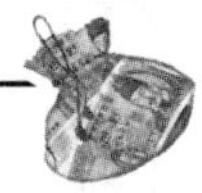

- 집기비품 및 인테리어 비용 : 2,000만 원
- 초도 물품 구입비 : 300만 원
- 기타 창업비 : 200만 원
- 총 투자비용 (점포 임차료 제외) : 2,500만 원

꽃 인테리어 전문점이란 꽃집과 인테리어 소품점이 결합돼 있는 멀티 플라워샵으로 생화와 화병, 장식소품, 마른꽃, 소품액자까지 병행 판매하는 점포이다. 이는 기존 꽃배달점에 인테리어 소품을 더 추가한 것으로 단순한 꽃판매에서 부가가치를 생산해 내는 좋은 실례이다.

일본의 아도야마 거리에 가면 높은 임차료에도 불구하고 꽃 인테리어 전문점이 성업중이다. 계란판에 30% 정도 깨진 계란껍질을 담고 각각의 껍질에 작은 꽃을 심은 초미니 꽃밭과 꽃씨를 심은 종이컵 등 꽃과 관련된 아이디어들을 응용해 만든 소품들로 가득차 있어 값이 비교적 비싸지만 선물로 사려는 손님들로 늘 북적거린다.

이러한 꽃 인테리어는 사실 유럽의 기술을 일본식으로 바꾼 것에 지나지 않는다. 그러나 이 예는 단조로운 것도 지혜를 짜내기에 따라 얼마든지 고부가가치를 올릴 수 있음을 보여준다.

우리도 소품개발에 응용하면 많은 도움이 될 듯 싶다. 특히 개업 및 행사 때 선물로 많이 쓰는 큰 화환은 하루 정도 지나면 시

들어 버려 결국 쓰레기로 변하는 게 대다수로 실용성이 떨어진다. 아예 소품으로 만들어진 아기자기한 꽃바구니로 대치한다면 운반과 재활용이 쉬워 여러모로 좋은 반응을 얻을 것은 뻔한 이치이다.

일본의 경우지만 결혼식 때 대형화환 대신 소품 바구니를 들고 결혼식에 참여하는 하객들이 많다고 한다. 그 소품 바구니를 결혼식이 끝난 다음 혼주 측에서 손님들에게 답례품으로 드리는 광경도 쉽게 볼 수 있다.

결국 결혼식이 진행되는 동안 분위기를 돋궈주던 꽃소품들이 결혼식이 끝난 다음에는 하객들의 집에서 인테리어 소품으로 공간을 장식, 아담한 분위기를 만들어 주어 혼주들이 하객에게 드리는 감사의 선물로 인기가 많다고 한다.

투자비용 대비 수익성 분석

꽃 인테리어 전문점은 점포 보증금을 제외하고 간단한 매장 인테리어 및 인테리어 소품 구입비로 1,500만 원, 꽃 냉장고 설치비 300~500만 원, 기타 비용으로 500만 원 등 총 4,000만 원 정도면 개업이 가능한데 일본에서는 주로 이용하는 고객들이 아파트 단지 주민들로 1만 원짜리 꽃다발과 4만 원대 꽃바구니, 계란껍질 미니꽃밭, 5만 원짜리 시험관 꽃장식 등 20여 종의 상품을 즐겨 찾는다고 한다.

수익은 1일 매출 20만 원 정도로 월매출 600만 원으로 마진율 50%를 적용한 약 월 300만 원의 매출이익이 발생한다. 여기서 임대료와 관리비, 아르바이트 인건비 등을 제외해도 220여만 원의 월 순수익이 나오는 셈이다.

아직까지 우리나라에서는 기존 꽃집에서 꽃소품 일부를 취급하는 정도이나 점차 꽃삽은 물론 물조리개, 영양제 등 꽃에 관련된 여러 상품을 취급하는 곳이 생길 것으로 보인다.

꽃 인테리어 전문점은 자본이 많이 들지 않으므로 주부가 부담 없이 부업으로 택할 수 있으며 꽃꽂이 학원 3개월 코스를 이수하면 누구나 쉽게 창업이 가능하다. 한편 꽃과 함께 마른꽃을 넣은 소품액자 등을 파는 것도 좋은 아이디어라 할 수 있다. 예쁜 꽃과 함께 소품과 그림을 아울러 감상할 수 있는 화랑 분위기로 만들면 단골 확보가 보다 쉬울 것이다.

입지 및 환경

꽃 인테리어 전문점의 입지는 사무실 밀집지역이나 주택가의 진입로변 1층 점포가 좋고 되도록 집 꾸미기에 신경을 많이쓰는 신세대 주부들이 사는 곳이면 더욱 좋다. 또 인테리어 소품으로 많이 이용되기 때문에 새로 입주하는 신규 아파트 단지나 카페, 의상실이 밀집해 있는 곳, 젊은층 유동인구가 많은 시내 중심가나 역세권 지하상가 등이 유망하다.

사 례

춘천시 후평동에서 독립자영형태로 꽃 인테리어 전문점 '사과꽃향기'를 운영하는 김모 씨(45세)는 점포 창업을 위해 점포 보증금 1,500만 원에 권리금 1,800만 원, 인테리어비 1,000만 원, 꽃냉장고 300만 원, 기타 창업비 200만 원 등 총 4,800만 원을 투자했다. 하루 매출 25만 원에 월매출은 700만 원 정도로 마진율

50%를 적용한 월 350만 원이 매출이익이다. 여기에 임차료 40만 원과 관리비 10만 원, 인건비 70만 원 등 120만 원을 제외한 230만 원이 월 순수익으로 떨어진다.

보통 2~3만 원대의 장식용 꽃소품과 5만 원대의 꽃 인테리어 용품이 인기로 고객이 원하는 가격대에 맞춰 작품을 만들어 주기도 한다.

다 먹고난 우유팩이나 플라스틱 생수병을 잘라 색칠한 예쁜 꽃병, 조화를 이용해 꾸민 풍성한 꽃바구니 등 솜씨를 부려 만든 이색용품이 많아 고객이 끊이지 않는다.

전문가 경영전략

점주의 꽃 다루는 솜씨에 따라 매출이 많이 좌우되는 업종이다. 꽃을 이용한 각종 소품들을 개발, 항상 매장을 가득 채워두는 것이 소비자들의 눈길을 끄는 방법이다. 마른꽃을 이용한 소품액자는 물론 생화를 심은 소품, 다양한 꽃장식품들을 만들어 두었다가 팔기도 하고 주문가격에 맞춰 고객취향에 맞는 꽃소품을 만들어 팔기도 한다. 점포 위치에 따라 주요 취급상품이 달라져야 한다. 사무실 밀집지역이나 젊은층 유동인구가 비교적 많은 번화가에 위치한 경우는 장식용 인테리어 소품들이 많이 팔릴 것이고 아파트 밀집지역이나 신규 아파트 입주 지역 내 상가에서는 선물용으로 나갈만한 장식품들도 인기를 끌 것으로 보이므로 사전 준비를 해 두는 것이 필요하다.

☎ 박유천 플라워스튜디오 : (02)546-5255~7

SOHO 유망 맨손창업

1. 결혼준비 대행업

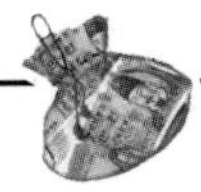

- 집기비품 및 인테리어 비용 (10평 기준) : 1,000만 원 정도
- 초도 물품 구입비 : 1,000만 원
- 기타 창업비 : 200만 원
- 총 투자비용 (점포 임차료 제외) : 2,200만 원 정도

"예복만 입어 보세요. 나머지는 저희가 알아서 해 드립니다."

3개월 전부터 예식장 계약하고 혼수마련하고 청첩장 찍는 북새통을 치르며 결혼을 해본 사람이라면 '왜 우리때는 이런 사업이 없었지.'하고 안타까워 할 것이다.

이른바 토털 웨딩 서비스, 결혼준비 대행업은 약간의 수수료로 결혼준비에서 신혼여행, 혼인신고까지 책임져 주는 사업이다.

요즘같이 바쁜 세상에 그많은 업소들을 들러 가격을 비교하고 계약하러 다닌다는 것은 사실 쉬운 일이 아니다. 준비해야 할 것이 얼마나 많은가?

이들 업체가 결혼에 관한한 모든 절차와 관련업체를 망라하여 신속하면서도 저렴하게 모든 물품구입 및 예약을 해주기 때문에 일반 예식비보다 30~50%까지 절약할 수 있으므로 예비 신랑·신부들이 마다할 이유가 없다. 설사 절약한 돈을 모두 수수료로 준다 해도 고객 입장에서는 다리품을 팔지 않아도 되므로 손해나지 않는 셈이다.

현재 우리나라의 혼수시장 규모는 9조 원에 달한다. 하루 평균 서울에서만 300쌍, 전국적으로 900쌍이 결혼한다. 그런데 서울의 토털 웨딩서비스업체는 겨우 50개소로 공급보다 수요가 많은 성장기 사업임을 알 수 있다.

이 때문에 결혼준비 대행업에도 프랜차이즈 개념이 도입되는 단계에 이르렀다.

93년 문을 연 제일 웨딩코리아는 45평짜리 사무실 보증금 2,000만 원, 인테리어비 3,000만 원해서 총 투자비용이 5,000만 원 들었다.

지난 97년 매출액은 7억 원으로 판매 및 일반관리비를 제해도 2억 원이 순수익으로 떨어졌다. 품목별 매출비중은 사진이 60%, 예복 20%, 예식 20% 정도였다.

투자비용 대비 수익성 분석

선샤인웨딩, 웨딩포인트, 제일 웨딩코리아, 그린훼밀리 등 업체들의 체인점을 내는데는 업체마다 약간씩 차이가 있지만 가맹비 200만 원, 보증금 100만 원, 시설비 100만 원 등 총 400만 원 정도면 가능하다.

본사에서 경영 노하우와 관련업체 알선, 매체홍보, 시장정보 제공, 품질관리 등을 해 준다.

창업주 입장에서 점포가 있느냐 없느냐에 따라 매출액에 차이가 나기는 하지만 형편이 안 되면 굳이 점포를 마련할 필요가 없는 것이 이 사업의 장점이다. 맨투맨으로 영업하기 때문에 자금 부담이 적고, 이용해 본 고객이 만족시 입으로 홍보해주기 때문에 오래 영업할수록 많은 고객이 확보되는 특징을 갖고 있다. 또 무점포 사업자는 본사의 공동사무실을 이용할 수도 있는데 공동 사무실의 월임차료와 관리비, 전화료는 본사가 부담한다.

수익은 건당 50만 원에서 100만 원 선이며 무점포 사업자의 경우도 영업력이 뛰어난 경우에는 매달 200만 원 이상 순수익을 올릴 수 있다.

입지 및 환경

점포를 확보할 때는 사무실 밀집지역과 유동인구가 많은 도로변을 택하는 것이 좋은데 서울의 경우 마포 일대, 신사동, 역삼동, 천호동, 여의도를 비롯한 영등포, 포이동 등 젊은층 유동인구가 많은 사무실 밀집지역이 바람직하다. 되도록이면 깔끔한 일반 사무실이나 오피스텔 등이 좋고 적정 평수는 10여 평 정도면 된다.

사 례

충무로에서 결혼준비 대행업을 하는 한모 씨(32세)는 본인이 직장생활을 하던 중간에 결혼식을 올리게 되어 무척 헤매고 당황했던 경험 때문에 결혼준비 대행업에 대한 확실한 전망을 예측, 직접 창업을 한 경우이다.

5층 10평 사무실에 점포 임차료 및 집기비품비를 포함하여 2,000만 원을 갖고 시작한 그는 현재 월수 500만 원 이상 올릴 정도로 자리를 잡았다.

현재 여직원 1명이 전화 상담을 하고 본인은 직접 주문한 사람들의 결혼준비를 해주느라 눈코뜰새 없이 바쁘다.

4, 5월이나 9, 10월 성수기엔 잠잘 시간이 없을 정도로 바쁘게 지내고 한여름 등 비수기엔 시장조사 하는데 시간 할애를 많이

하는 편이다.

"성의껏 하고나면 마음도 흡족하고 손님들도 꼭 다른 손님을 소개한다."며 최선을 다해 일하고 나면 보람도 크다고 말한다.

 **전문가 경영전략**

이 사업의 고객은 시간이 부족한 직장인들이 대부분이므로 평일보다 토·일요일 등 주말이 바쁘다. 연중무휴로 사무실을 운영하며 물품 구입 및 예식장 사용 비용 등을 결혼 당사자들이 직접 준비하는 것보다 싸게 공급하는 것이 사업의 핵심이다. 점주는 결혼준비에 대한 각종 정보 및 노하우를 본사에만 의존할 것이 아니라 프로 정신을 갖고 최신 결혼정보를 활용하는 것이 바람직하다. 고객에게는 비용을 한 번에 정확히 알려줘 차후 시비를 줄여야 하고 또 행사가 차질없이 진행될 수 있도록 해야 한다. 한번 이용한 고객에게는 생일 카드 발송, 안부 전화, 결혼사진 카렌다 등 다양한 사후관리를 통해 인맥을 이용한 회원확보에 주력해야 한다. 처음에는 주변 사람들의 일을 대행하면서 점차 전단지를 이용하여 홍보하는 것이 좋다. 불필요한 추가비용을 요구하는 것은 금물이며 최선의 서비스를 해주는 것이 성공의 열쇠다. 한편 결혼대행 사업을 하면서 차량 장식업을 겸해보면 어떨까? 디자인에 대한 감각이 있는 사람이라면 천편일률적인 장식에서 탈피, 꽃이나 셀로판지 등 여러 가지 테마로 차를 장식하는 톡톡 튀는 아이디어를 차량 장식에 적용하는 것이다. 현재 차량장식업은 몇몇 업체가 있긴 하지만 별다른 특화를 하지 못하고 있는 실정이므로 여기서 노하우를 쌓으면 후에 신혼차량 렌트업으로 발전시킬 토대가 될 것이다.

☎ 웨딩포인트 : (02)263-7790
　 선샤인웨딩 : (02)752-6410

2. 반짝 탁아 전문점

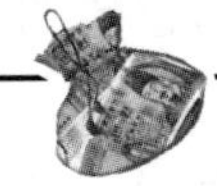

- 집기비품 및 인테리어 비용 (5평 기준) : 1,000만 원
- 초도 물품 구입비 : 100만 원
- 기타 창업비 : 800만 원 (가맹비 700만 원 포함)
- 총 투자비용 (점포 임차료 제외) : 1,900만 원

맞벌이 부부가 늘고 특히 시간에 쫓기는 현대인들이 많아지면서 고객이 할 일을 대행해 주는 사업이 인기를 끌고 있다. 최근 들어 각광받고 있는 틈새 산업인 퀵 서비스, 포장 이사, 꽃배달 사업 등은 이런 세태를 단적으로 입증한다.

인력 파견 사업도 이같은 맥락에서 생각하면 이해가 쉽다. 하루 종일 시간에 쫓기는 소비자들의 일을 대신 해줌으로써 다른 일에 빼앗기는 시간을 줄여 주는 것이다. 또 피치 못할 일이 생겨 약속을 이행하기 힘들 때도 인력 파견 업체가 대신 업무를 수행해 주어 이용자가 갈수록 늘고 있다.

집에 있는 전업주부라 해도 때로는 아이들을 떼어놓고 외출할 일이 생기기 마련이다. 하다못해 학부모 모임으로 외출해야 하며 학교 동창회 모임 등이 있는데 이 때마다 아이를 동반하는 것은 조금은 부담스러운 일이다.

게다가 입학 전의 아동의 경우 웬만한 경우가 아니면 옆집에 맡기기도 부담을 줄 수 있기 때문에 힘들고, 친정과 시댁을 매번 찾는다는 것도 곧 한계에 달하게 된다. 아이들이란 잠깐만 눈을 떼도 일을 저지르는 존재라 집에 혼자 두고 일을 보기에도 찜찜한 마음이 드는 것이 사실이다. 이런 수요자의 바램을 해결코자 생겨난 업종이 의뢰한 가정을 직접 방문해서 아이를 돌봐 주는 '반짝 탁아 전문점'이다.

잠깐 아이를 맡기고자 할 때 전화 한 통이면 어린이 교육에 대한 전문 교육을 받은 베이비시터를 파견, 3시간 기본으로 원하는 시간동안 아이를 돌보아 준다.

반짝 탁아는 종전 보모업의 틈새를 파고든 사업으로, 탁아 사업과 인력 관리 사업이 결합된 형태인 셈이다.

미국·일본에서는 이미 오래 전에 보편화됐지만 우리나라에서는 96년 처음으로 '아이들 세상'이라는 관련 업체가 등장, 98년 2월 현재 전국적으로 15곳 정도의 체인점을 개설했다.

반짝 탁아는 생후 6개월 이상 영유아부터 초등학생까지 맡아주는 일에 베이비시터 아르바이트를 투입하는 형식으로, 주로 주부와 대학생들이 베이비시터로 활동한다. 회원제로 운영되며 연회비 5만 원을 내야 회원으로 가입돼 서비스를 이용할 수 있다. 아르바이트 베이비시터도 주부는 연 2만 원, 대학생은 연 1만 원의 가입비를 내야 되고 이외에 매달 중개료로 1만 원을 내야 한다. 따라서 엄마 회원과 베이비시터들이 내는 연회비와 월 중개료가 반짝 탁아 체인의 주요 수입원인 셈이다.

이 사업은 독립점으로 운영할 수도 있지만 아직 초창기라 홍보 단계에 있으므로 체인점으로 운영하는 것이 인지도나 회원 확보, 자금 절약 면에서 유리할 것으로 보인다. 아이들 세상의 경우 탁아 체인으로서 각 구별로 상권을 보장받고 있으며 탁아비는 아이 한 명에 세 시간 기본 9,000원, 추가 시에는 1시간당 3,000원씩 올라간다.

　체인점 개설 절차는 우선 본사에 가맹비 700만 원을 내면 본사
는 사업에 필요한 컴퓨터 프로그램과 광고 전단 등 사업 노하우
를 제공한다. 지역에 따라 본사가 확보한 회원을 인계하는 조건
으로 1,000~1,500만 원의 지역권리금이 책정돼 있는 곳도 있다.
　개업 후에는 본사 및 다른 체인점과 공동 광고를 내 엄마 회원
과 아르바이트 베이비시터를 모집하고, 일정 기간 교육을 시킨
뒤 파견 근무케 하면 된다.
　본사가 대외적인 홍보를 전담하고 지역별 사업 아이템을 구상
해 제시해 주기 때문에, 체인점은 고객 상담과 회원 및 아르바이
트생 관리, 업장 연결 등만 맡으면 된다.
　이 사업을 운영하면서 부업으로 겸업할 만한 아이템도 있다.
외국에서는 노인이 병원에 가거나 쇼핑 등을 할 때 동행하거나,
가사일을 돕고 애기 상대도 되어 주는 서비스가 이미 자리잡았
다. 미국 '홈 인스테드 시니어 케어'사의 경우 병원 신세를 질 정
도로 건강이 나쁘지는 않지만 가사일을 하기가 힘들거나 애기 상
대를 원하는 고령자들에게 서비스원을 파견하는 사업을 벌이고
있다.
　식사 준비, 쇼핑, 세탁 등 가사일 업무 보조를 하는 서비스원은
우리 돈으로 1시간에 약 2만 원 정도를 받고 있다고 한다. 우리
나라도 혼자 사는 독신 노인이 계속 늘고 있는 데다 자녀들이 바
빠 노인의 일정에 일일이 신경쓸 수 없는 것이 현실이다. 따라서
반짝 탁아 사업과 함께 노인 외출 동행 등을 돕는 인력 파견 사
업은 일석이조의 아이템이라고 볼 수 있다.

투자비용 대비 수익성 분석

'아이들 세상'의 체인점을 내려면 지역권리금 명목으로 500만 원, 본사 가맹비로 200만 원 등 총 700만 원을 본사에 입금해야 하는데, 서울 마포·용산·송파구 지역은 본사가 확보한 회원이 많아 1,000~1,500만 원의 지역권리금을 내야 한다.

이외에 초기 홍보비로 200만 원, 현수막, 명함, 회원증, 자료 코팅기 등 비품 설치비로 200만 원이 든다. 이에 따라 점포 비용을 제외하고 1,000~2,000만 원 선이면 사업을 시작할 수 있는 셈이다. 홍보비는 창업 3개월 후부터 월 10~15만 원 정도 본사에 납입하고, 잡지나 지역 신문 등에 게재하는 광고비는 필요에 따라 개인이 지출해야 한다.

20명 정도의 회원 확보만으로도 100만 원 이상의 수익은 충분히 올릴 수 있다. 수입은 회원 가입수에 따라 늘어나므로 점주는 항상 아이들에게 관심을 갖고 최상의 서비스를 할 수 있도록 열심히 하면 투자비용에 비해서 비교적 높은 소득을 올릴 수 있다.

입지 및 환경

대단위 아파트를 활동 반경으로 할 경우에는 초기라 해도 안정적인 수입이 보장된다. 아이들 세상의 경우 구별로 공동 사무실 체제를 운영하고 있어 인건비와 임차료를 절약하고 정보를 교환할 수 있다.

반짝 탁아 체인점은 고객이 원하는 장소로 베이비시터가 이동하는 형식을 취하기 때문에 사무실은 연락소로 사용하는 것 이상의 별의미가 없다.

따라서 독립한다 해도 사무실 평수는 5평 미만이면 충분하며, 다만 베이비시터들의 집결 장소가 되므로 대중교통편 이용이 쉬워야 한다. 보통 해당 구에 속하는 역세권이면 큰 무리가 없다.

아이들 세상 측은 상담을 통해 구단위로 지역을 지정해 주는데 서울의 경우 마포·용산·강동·송파구, 신도시인 분당·일산 덕양구·평촌·산본 등지와 구리시 쪽을 유망하다고 보고 있다.

최소한 20명 정도의 회원을 확보해 출발해도 기본적인 인건비 정도는 빠지는 것이 이 사업의 특징이다. 일단 회원이 20명이면 연회비가 100만 원이고 20명의 베이비시터 가입비 40만 원, 월회비 20만 원 해서 160만 원이 첫달 수익이 된다. 이후로 계속 회원을 확보하게 되므로 한 달에 10명의 회원과 10명의 베이비시터를 충원할 경우, 원래 고용한 베이비시터의 월회비 30만 원에 회원가입비 50만 원, 베이비시터 10명의 가입비와 월회비 30만 원을 합치면 두 번째 달부터 120만 원의 수익이 발생한다. 그러므로 매상 올리는 비결은 꾸준하게 회원을 확보해 나가는 것이다.

강서구에서 대단지 아파트를 끼고 아이들 세상 체인점을 운영하고 있는 이순이 씨(46세)를 비롯, 대부분의 업장에서 월수 100만 원 이상은 벌어들이고 있다. 자본금이 적은 만큼 처음부터 큰돈을 벌 수는 없지만 투철한 직업의식과 함께 성실한 자세로 임한다면 노력만큼의 대가가 확실한 업종이다.

한가지 우려되는 것은 이 사업은 기본적으로 '사람 장사'이기 때문에 실패했을 때 혼자만의 손해로 끝나지 않는다는 점이다. 회원이나 베이비시터에게서 받은 가입비 등은 1년간 유효한데 1

년이 못돼 문을 닫는다면 환불이 불가능할 뿐만 아니라 본사에서도 책임지지 않는다. 베이비시터의 가입비만을 노려 전화 접수 등 무작위로 채용했다가 가입비 이상의 일을 주지 못하면 자칫 사기 시비에 얽매일 수 있고 회원으로부터 원성을 살 수도 있다는 것이다. 이 점을 숙지해 한 건하겠다는 식이 아니라 공익 사업으로 생각하고 정직하게 일하는 것이 바람직하다.

전문가 경영전략

이 사업은 남성보다는 자녀를 키워본 경험이 있는 주부가 운영하는 것이 보다 유리한데 공익 사업적 측면이 강하기 때문에 신뢰감을 바탕으로 정성을 담은 서비스를 제공해야 한다. 입소문의 위력이 광고 효과를 능가하므로 책임감을 가지고 사업하는 자세가 필요하다. 또 점주는 베이비시터를 필요로 하는 수요자와 베이비시터 사이의 중개자이므로 수요와 공급을 적절히 맞추는 지혜가 필요하다. 초창기에 회원을 20명 정도 확보했다면 베이비시터는 10명 미만인 것이 적정하다. 회원과 베이비시터 양쪽으로 수수료를 받기 때문에 양쪽 모두를 만족시킬 수 있어야 한다는 점이 관건이다. 또 본사가 베이비시터 교육에 대해 기본적인 정보는 제공하지만 사람을 채용하는 것은 온전히 점주의 몫이라는 점도 숙지해야 한다. 자질 있는 사람을 확보해 전문적인 서비스 교육과 함께 간단한 기초 의학 상식, 화재 등 유사시에 대비하는 법 등도 미리 교육을 시켜 둬야 한다. 기본적으로 회원제를 고수하기는 하지만 사실 탁아나 노인 서비스는 갑자기 요청이 들어오는 경우가 많을 것이다. 따라서 최초 이용자를 회원으로 가입시키는 등 적절한 서비스 전략을 강구하여 회원수를 꾸준히 늘려가는 전략이 필요하다.

☎ 아이들 세상 : (02)567-6778

3. 퀵서비스 · 메트로 서비스

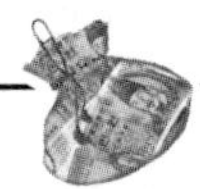

- 집기비품 및 인테리어 비용 (5평 기준) : 500만 원
- 초도 물품 구입비 : 600만 원 (홍보비 500만 원 포함)
- 기타 창업비 : 200만 원
- 총 투자비용 (점포 임차료 제외) : 1,300만 원

교통체증이 심할수록 잘 되는 이상한(?) 물류 사업이 있다. 모든 차량이 멈춰 서서 공회전만 하고 있는 상습 정체지역에서 등에 선명한 '퀵서비스' 마크를 보여주며 시원하게 '쌔애앵~' 빠져나가는 오토바이들, 교통체증 때문에 날로 늘어가는 기업의 고민을 해결해 주는 오토바이 택배업이 그것이다.

93년 처음 국내에 도입돼 97년에는 월 평균 매출액이 7,000만 원에 달하는 등 4년만에 600% 성장한 '퀵서비스'는 회사 이름이 아예 오토바이 택배업의 개념이 되었을 만큼 익숙해졌다.

긴급을 요하는 기업간의 서류 이동이나 샘플 배달을 더이상 차량에 의존할 수 없게 되면서 수요도 기하급수적으로 늘어 97년 현재 전국에서 오토바이 특송업을 하는 업체는 무허가를 포함해 전국적으로 4백 50여 개 업체로 늘어났다. 시장 규모도 94년에는 300억 원에 불과하던 것이 지난 97년에는 2,000억 원, 올해는 3,000억 원에 달할 전망이다.

오토바이 특송업은 지입제로, 오토바이를 소유한 배달원들이 한 달에 30~50만 원을 본사에 내고 배달 수익의 나머지는 자신이 가져가는 방식을 취한다. 여기서 오토바이로 인한 사고가 발생했을 때는 배달원이 자신의 보험으로 책임을 진다.

점주 입장에서는 고객과 배달원을 연결해 주는 다리의 역할만 하면 되므로 타업종에 비해 창업비가 적고 관리가 비교적 쉬운 것이 장점이다. 이 때문에 서울에만 1천여 곳의 업체가 우후죽순 생겨나 각축을 벌이고 있는 가운데 최근에는 가격 경쟁력을 내세우며 오토바이 대신 지하철 등 대중교통 수단을 이용해 배달하는 '메트로 서비스'도 빠른 속도로 자리잡고 있다.

오토바이 택배업이 정한 가격에서 무조건 3,000원을 더 싸게 책정하고, 여대생 등 아르바이트를 고용해 깔끔하고 정갈한 기업 이미지를 심어주고 있다.

배달 속도는 오토바이 운송에 비해 약간 느린 편이지만 3~4시간이면 서울지역 어디든 가능해 그다지 긴급을 요하지 않는 물품의 경우 이 사업체를 이용하는 사람들이 늘고 있다. 여기에 서류 운송 외에도 꽃배달, 쇼핑 대행, 비자 및 여권 업무 대행까지 하는 등 서비스 영역을 계속 확대하고 있다.

퀵서비스의 가장 큰 애로사항은 배달원 관리와 미수금 회수에 있다. 배달원은 대부분 6개월을 넘기지 못하는데, 직업이라기 보다 생계 위주 차원에서 잠시 취업하는 사람이 대부분이기 때문이다.

따라서 사업이 안정궤도에 오르게 되면 배달원 교육이 사업의 성패를 가름한다. 퀵서비스의 경우 매일 오전 8시 반에서 12시 반까지 주요 거래처의 위치와 고객 응대 방법 등 신입 배달원 교육을 실시한다.

또 한 가지 유의해야 할 것은 미수금 문제, 미수금은 대략 총 수익의 20% 정도를 차지하는 경우가 많은데 외상 거래를 하다가 도산하는 중소기업체들이 늘어나면서 그 액수도 점점 커지고 있다. 따라서 미수금 부담을 감당할 만큼 경영이 정상화되기 전에는 신용이 확실치 않은 업체와의 외상 거래를 피해야 한다. 신용 있고 배달 물량이 많은 대기업의 경우는 월 1회 결제하는 방식으로 거래하는 것도 좋다.

투자비용 대비 수익성 분석

기업과 배달원을 중개할 사무실과 영업력을 갖추면 사업을 시작할 수 있는데, 창업자금은 1,000만 원 미만으로도 가능하다.

퀵서비스의 경우 93년 창업 당시 사무실 보증금 200만 원, 홍보전단 제작비 600만 원, 기타 집기 장만에 200만 원 등 총 1,000만 원에 창업했다.

현재 배달원 200여 명이 하루 평균 1,600여 건을 배달하고 월평균 7,000만 원의 매출을 올리는 기업으로 성장했으며, 사무실 경비로만 월 5,500여 만 원이 들어간다. 배달 주문을 받는 내근직 35명의 인건비가 3,500만 원, 지사 사무실 3곳과 본사 사무실 임차료 및 시설 유지비, 관리비 등으로 2,000여 만 원이 들어 대략 월 1,500만 원의 순수익을 올리고 있다.

입지 및 환경

이 사업은 수요자가 본사에 전화해 보내는 곳과 받을 곳을 말하면 본사가 가장 가까이 있는 라이더를 호출해 일을 맡기는 형식이기 때문에 사무실의 입지보다는 홍보력이 관건이다.

특송사업의 주고객은 아무래도 가정집 보다는 중소기업·대기업 등의 업체들이다. 따라서 주변에 경쟁자가 많다는 점을 감안, 낮은 가격이나 빠른 시간 등 특장점을 내세워 홍보하는 것이 바람직하다.

최근에는 IMF 구제 금융 신청 여파로 기업들이 서류운송을 택배업체가 아닌 직원에게 시키는 경향이 많아짐에 따라 일감이 많이 줄었다고 한다.

이 때는 다른 의미에서의 특송업을 고려해 봄직하다. 예를 들자면 연예인을 방송국이나 업소에 데려다 주는 연예인 특송이라든가 지각 회사원을 빠른 시간에 회사로 운반(?)해 주는 이색사업 등이다.

또 축의금·조의금 전달이나 극장표 예매 등 기존 심부름 센터의 일을 싼값에 대행하는 것도 생각해 볼 만하다.

퀵서비스의 경우 1,500cc급의 골드윙이라는 2,500만 원을 호가하는 고급 오토바이를 갖춘 '연예인 특송팀'을 따로 조직해 가동하고 있다. 이용요금은 보통 5만 원 선으로, 라이더 중에는 서울 송파구 올림픽공원에서 여의도 방송국까지 20분에 주파한 실력자(?)도 있다고 한다. 이 때문에 겹치기 출연을 위해 시간을 최대한 쪼개써야 하는 연예인들의 호응이 높다고 한다.

지각을 피하려는 회사원이 주로 이용하는 것은 400cc급 오토바이로 거리에 따라 2~3만 원을 받는다. 가격이 좀 부담스러운 편이지만 택시보다도 월등히 빨라 점차 이용빈도가 늘고 있다.

사 례

서울에만 1천여 곳이 넘는 오토바이 특송업의 틈새를 겨냥, '메트로 서비스'를 착안한 조성훈 씨(28세), 지난해 12월 서울 신사

동에서 여대생 아르바이트 15명으로 사업을 시작해 현재 하루 40
건, 월 600만 원의 매출을 올리는 업체로 성장했다.

메트로 서비스는 오토바이 대신 지하철과 시내버스를 이용해
각종 서류와 꽃, 상품 견본을 배달하는 절약형 퀵서비스가 특징
이다.

기존 퀵서비스가 20Kg이하 5,000~6,000원 기준으로 1Km당
1,000원의 요금을 책정한 것에 반해, 이 회사는 여기서 정확히
3,000원을 낮춘다는 전략으로 시작했다. 대중교통을 이용하므로
교통사고의 위험이 적고, 2시간이면 서울 시내 전역에 닿을 수
있어 시간 면에서도 퀵서비스와 별 차이가 없다는 설명이다.

아르바이트의 임금은 지입제나 월급제 대신 건당 배달요금의
40~50%를 주는 방식을 취한다. 일을 하는 즉시 임금이 주어지
는 데다 탁송시간이 월~토요일, 오전 9시~오후 6시로 공휴일
영업을 하지 않기 때문에 퀵서비스 업체들에 비해 이직률이 적다
는 것이 장점이다.

전문가 경영전략

사업 초기에는 1시간 내 배달을 장점으로 내세우던 오토바이 택배업
도 최근 들어 무허가 업체의 난립과 배달원 채용에 급급, 자질 미달의
배달원이 배달 물건을 잃어버리거나 3~4시간 걸려서야 도착하는 일
도 비일비재하게 일어나고 있다. 특송 사업은 정확한 시간에 물건을
배달해 주는 일이 핵심이다. 그러나 그러기 위해서는 여러 가지 보완
장치가 필요하다. 퀵서비스는 배달원이 물건을 분실하거나 배달 과정
에서 물건이 파손됐을 때 전적으로 회사에서 책임을 진다. 운송보험에
가입하고, 고객의 불만을 처리하는 전담 직원도 두었다. 오토바이의

특성을 살린 봉사활동을 한 것은 이 회사의 인지도를 높이는 데 큰 몫을 했다. 급하게 구한 혈액을 병원으로 운반하고, 지각 수험생을 시험장으로 급히 이송하고, 성수대교 사고로 교통이 마비되었을 때 보도 필름을 방송국에 보내주는 등의 활동은 홍보는 물론 고객의 신뢰를 얻는 데도 큰 도움이 되었다.

☎ 퀵서비스 : (02)707-3707
　메트로 서비스 : (02)515-2942

4. 할인 카드·쿠폰업

- 집기비품 및 인테리어 비용 (5평 기준) : 500만 원
- 초도 물품 구입비 : 600만 원 (홍보비 500만 원 포함)
- 기타 창업비 : 200만 원
- 총 투자비용 (점포 임차료 제외) : 1,300만 원

요즘 젊은층 유동인구가 많은 강남역, 압구정역 등 지하철역에 가면 색다른 만화책이나 잡지처럼 보이는 소책자를 무차별로 배포하는 것을 흔히 볼 수 있다. 대부분 중간중간 생활정보 등을 소개하는 형식을 취하고 있지만 실은 업체 광고와 할인 쿠폰을 모아 놓은 책자들이다. 의류에서부터 학용품, 화장품, 식당, 술집, 영화, 연극 등 없는 분야가 없고 쿠폰을 오려 가면 적게는 5%에서 최고 50%까지 할인해주기 때문에 깐깐하기로 이름난 신세대들도 서로 맘에 드는 것을 찾아 훑어보기에 바쁘다.

초등학교 어린이들도 맥도날드, 롯데리아 할인 카드 정도는 다들 갖고 있다. 적립액에 따라 콜라를 무료로 주거나 경품의 기회가 있는 데다 구입할 때 반짝반짝 빛나는 카드를 계산대에 내놓는 정신적 만족도 즐길 수 있기 때문이다. 롯데월드나 서울랜드 등의 놀이시설도 30~50% 할인 쿠폰을 일년 내내 뿌리고 있어 이들 놀이공원에 가서 자유이용권 가격을 다 주고 타면 서울 사람 아니라는 농담까지 있을 정도이다.

이처럼 할인 카드와 쿠폰은 알게 모르게 실생활 깊숙이 들어와 있다. 선진국에서는 일찍부터 쿠폰의 광고 효과를 인식, 인쇄매체를 통한 쿠폰 배포가 일상화돼 있었다. 알뜰주부들이 신문간지나 전단 등 여기저기서 모은 쿠폰을 해당 점포로 가져와 할인 받는 모습을 흔히 볼 수 있다.

우리나라의 경우 최근 최초로 신문 광고면을 통해 할인 쿠폰이 배포되는 등 '쿠폰이 있어도 귀찮아서 안 쓰던' 예전과는 상황이 많이 달라졌다. IMF 구제 금융 신청 시대의 분위기 속에 절약 소비행태가 자리잡으면서 이러한 쿠폰만 모아 책자로 발행하거나 배달해 주는 업종이 활황세를 타고 있을 정도이다.

회원은 최소 20가지가 넘는 쿠폰을 적절히 이용함으로서 DC 효과를 얻고, 쿠폰을 발행한 업소 측은 광고 효과와 함께 박리다매의 이익을, 할인업체는 수수료 수익을 올릴 수 있다. 회원에게서 연회비로 2만 원 정도 받지만 1년에 약 10장만 쓴다고 가정해도 손해볼 것이 없다는 설명이다.

이처럼 업소와 소비자를 잇는 쿠폰을 발행하거나 배달하는 매체가 눈에 띄게 늘고 있는 것은 수백 가지 종류의 쿠폰이 매일 발행되지만 공통된 창구가 없는 탓에 소비자가 놓치기 쉽다는 점에 착안한 것이다. 즉, 소비자가 스스로 찾아다니며 쿠폰을 모으기는 힘드니 아예 모아서 전달해 준다는 것이 이 사업의 핵심인 셈이다.

특정 지역의 점포들을 가맹점으로 모집하고, 가맹점에서 발행하는 쿠폰을 신문 또는 쿠폰북으로 만들어서 배포하려면 영업력과 함께 편집 일을 잘 아는 사람이 창업에 보다 유리하다.

무엇보다 적극적이고 진취적인 사고방식을 갖고 대인 관계에 자신이 있는 사람이라면 해 볼 만한 사업이다.

책자 발행이나 광고직원 채용까지 하는 SOHO 사무실용 창업을 생각한다면 3,000만 원 정도의 운영 자금을 준비하는 것이 바람직하다. 인쇄를 외주로 준다면 재택근무도 가능해 실제 초기 투자비용은 적게 들 것으로 보인다. 다만, 인쇄용 종이 값이 현재 상당히 오른 상태여서 올 컬러의 쿠폰북 제작을 위한 발행비가 들쭉날쭉하고 매달 생각보다 큰돈을 지출해야 한다는 점을 숙지해야 한다.

쿠폰북을 발행하는 데도 단행본이나 잡지 등 출판사업 못잖은 노동강도와 돈이 들어간다. 어느 정도는 외주를 준다 해도 최소한 책자를 편집하고 관리할 인력 정도는 필요하다. 창업자 스스로 편집 및 발행을 할 수 없다면 인건비의 부담도 상당할 것이다. 따라서 제작비 및 인건비, 관리비 등으로 한 달에 1,000만 원 정도의 고정비용은 각오해야 한다.

자금이 달리면 기존의 쿠폰 서비스 대행사의 지사형태로도 참여가 가능하다.

'킹스포인트클럽'의 경우 지사를 개설하려면 사무실 비용을 제외하고 2,000만 원 정도 든다. 사업은 본사에서 쿠폰을 받아 지역 가맹점에 파는 형식인데, 본사 측에서 상권분석과 영업지도, 홍보지원 등을 맡아 준다. 이 회사의 가맹점을 이용하는 소비자는 적립액에 따라 다양한 선물을 받거나 구매 가격의 1.5%를 돈으로 직접 돌려 받는 것이 특징이다. 성남 지사의 황남석 씨(38세)는 한 달에 600~700만 원의 고소득을 올리고 있는데 가까운 지역 내에서 동일 업종이 중복되지 않게 안배하는 것이 중요하다고 한다.

킹스포인트클럽의 가맹점이 되려면 보증금 1,000만 원, 인테리어비 300만 원, 기타 관리비 등 총 2,000만 원을 본사에 내야 한다. 할인 쿠폰을 액면가의 2.5%에 공급받아 1.5%를 고객에게 돌려주고 1%는 가맹점 몫이다. 가맹점 대상은 미용실, 슈퍼마켓, 비디오점, 술집, 커피숍, 식당 등 일반 소비자를 대상으로 하는 어떤 업종이든 가능하다.

입지 및 환경

가맹점을 만들고 소비자를 회원으로 끌어들이기 위해서는 영업력이 가장 중요하다. 쿠폰북 자체는 우편 발송과 거리 배포 등의 방법을 쓰게 되므로 사무실은 꼭 요지가 아니어도 무방하고 실내 장식에 별다른 신경을 쓰지 않아도 된다.

회원 확보는 발송 DM에 반송 엽서를 동봉하거나, PC 통신을 통해 모집할 수 있으므로 초기 투자비용을 줄일 수 있다.

사 례

96년 하반기에 경기도 분당에서 사업을 시작, 서울에만 회원 5,000여 명, 가맹점 4백여 곳을 보유한 '이창희 할인서비스'는 회원이 1만 원 짜리 카드를 사면 1년간 가맹점을 이용할 때마다 10%씩 할인해 주는 형식을 취하고 있다.

서울을 비롯한 전국 17개 도시와 미국 LA에 지사를 설립하고, 1백30여 종 1만여 곳의 가맹점을 갖춘 비결은 상대적으로 저렴한 가맹비에 있다. 서울의 경우 가맹점이 되려면 2년 계약 조건으로 3만 5,000원, 지방은 1년에 2만 원인데 특별히 인테리어를 할 필요 없이 점포 전면에 이 회사 로고만 붙이면 된다.

점주의 추가부담이 없고 부담없는 가맹점 모집방식 때문에 약국, 서점, 편의점, 미장원, 노래방, 제과점, 학원, 당구장, 가전 대리점 등을 비롯, 애견 센터와 나이트 클럽, 렌터카, 숙박업소 등 다양한 업종이 참여하고 있어 회원들의 호응도가 높을 수밖에 없다.

회원에게는 카드와 함께 지역별로 가맹점을 소개한 책자를 나눠주기만 하면 되므로 매달 쿠폰북을 만들어야 하는 부담이 없어 고정적으로 지출해야 할 비용도 적은 편이다.

97년 7월 설립한 대학생 대상 할인카드 회사인 '에누리'도 IMF 구제 금융 신청 시대의 흐름을 타고 짭짤한 수익을 올리고 있다. 이 카드에 가맹된 대학가 각종 업소와 연극 극단, 컴퓨터 회사, 여행사 등에서 10~50%까지 할인 혜택을 받을 수 있다는 사실이 홍보되면서 반년만에 1만 명이 넘는 유료 회원을 확보했다.

또 지난해 10월 창간된 월간 쿠폰넷 등을 비롯, 쿠폰만을 전문으로 다루는 잡지가 5~6가지로 늘어나면서 아예 음식점, 의류점 등 쿠폰북 자체를 분야별로 특화해 나가는 현상까지 보이고 있다.

쿠폰과 할인카드가 점포를 경영하는 사람에게는 불경기에 매출을 올리는 방편으로, 사용하는 사람에게는 보다 싼 가격에 원하는 업소를 이용할 수 있는 수단이 되는 것이므로 이를 중개하는 할인 카드·쿠폰업의 장래는 비교적 밝은 편에 속한다고 볼 수 있다.

현재 거리에서 쉽게 접할 수 있는 쿠폰북은 최초에는 무가지 형태로 배포하면서 회원을 모집하는 방식으로 운영되었다. 차츰 알려지고 사업이 확장되어 1만 명 정도 회원을 확보하게 되면 쿠폰발행 가맹점과 협의, 직접적인 광고 수익을 올릴 수도 있다. 이 사업의 성패는 쿠폰발행 가맹점 모집과 소비자들의 쿠폰 사용도를 높이는 데 있다. 따라서 두리뭉실하게 가맹점을 모집할 것이 아니라 쿠폰을 이용할 대상 층을 확실히 선정하여 그들이 주로 다니는 업소들을 대상으로 가맹점을 모집하는 것이 바람직하다. 10대를 위주로 한다면 10대가 모이는 상권의 가맹점을 공략하고, 주부층이라면 대형 마트와 백화점, 시장 등을 중심으로 영업망을 넓힌다. 특정 상권을 대상으로 업종 분야별로 몇 개 업소만 가맹점으로 모집한 후 쿠폰 책자에 광고해 주는 것도 가맹점 및 이용자들의 호응도가 높을 것이다. 또한 쿠폰북의 이용도를 높이기 위해 책 속에 포켓 상식이나 재미있는 기사를 넣을 수도 있다. 지난 95년 쿠폰 회사 '1&M'을 창업한 윤정상(29세)·정학승(29세)씨의 경우 대학생과 대학가 근처의 업소를 대상으로 하기로 사업 방향을 정했다. 이들이 만드는 '칼리지 쿠폰'은 50장 단위로 묶은 명함 크기의 책자로, 콜라나 커피 한 잔 무료에서부터 호프 집은 오징어 한 마리 공짜, 꽃집은 장미 한 송이 추가 등 밀착 전략을 써 알뜰 대학생의 호응을 얻고 있다. '제트 할인'(02-766-9898)과 '엉클밥'(02-203-0288)도 특정층을 겨냥하는 영업전략으로 쿠폰업 시장에서 자리잡고 있다. 제트 할인은 종로구와 중구의 샐러리맨들을 대상으로 연 2만 원의 회비만 내고 이 지역 요식업 및 주점, 화장품 가게 등 50여 곳의 점포를 할인 가격에 이용할 수 있게 했다. 엉클밥은 강남지역 청소년을 타깃으로 연 회비 1만 원에 서점과 학원, 옷가게, 레코드점 등을 싼값에 이용할 수 있는 쿠폰을 발행하고 있다.

☎ 이창희 할인 서비스 : (02)549-9398
아트컴 : (02)525-9995
쿠폰클럽 : (02)511-9833
한솔 CS클럽 : 080-777-0101
TIDBIT(티드비트) : (02)486-5122
리필 플러스쿠폰 : (02)464-8303

5. 컴퓨터 출장 수리 전문점

- 집기비품 및 인테리어 비용 (10평 기준) : 1,100만 원
- 초도 물품 구입비 : 400만 원
- 기타 창업비 : 600만 원 (가맹비 500만 원 포함)
- 총 투자비용 (점포 임차료 제외) : 1,000~2,000만 원 내외

아무리 쉽게 사용할 수 있도록 프로그램이 되어 있다고 해도 대부분의 컴맹들에게 PC는 여전히 친해지기 어려운 기계 중 하나이다.

문제가 생기면 보통 구입한 PC 메이커에 문의를 하지만, 항상 통화중이거나 어렵사리 연결돼도 접수받는 측이 이 편의 말을 알아듣지 못하고 짜증을 내는 경우도 더러 있다. 게다가 야간 시간대에는 그나마도 문의할 곳조차 없어 속수무책일 때가 많다.

구형 기종을 갖고 있거나 하드를 따로 뗄 줄 모르는 소비자들은 컴퓨터가 고장이 났을 때 수리점까지 들고 가는 것도 걱정스럽다. 아무리 부품이 소형화·단순화 되었다고 해도 컴퓨터 무게가 만만치 않기 때문이다.

컴맹이면서 중고나 조립 컴퓨터를 구입한 사용자의 경우는 더욱 딱하다. PC를 판 업체가 이사 또는 폐업을 해버리거나 무상 서비스 기간이 지났다거나 하면 문제가 생겨도 어디다 하소연할 곳도 없는 것이다.

'24 시간 컴퓨터 출장수리 체인점'은 이같은 기존 컴퓨터 판매업체의 허술한 A/S 체계를 뚫는 신종 틈새사업이다. TV 보급률을 따라잡을 만큼 확산된 것이 컴퓨터 붐인 만큼 충분한 수요가 보장되는 셈이다.

일본을 비롯한 선진국에서는 컴맹을 겨냥하는 사업이 진작에 발족, 활황을 누리고 있는데, 우리나라에도 최근 '911 컴퓨터'라는 회사가 출장수리를 특화로 체인 사업을 벌이고 있다.

IMF 구제 금융 신청 여파로 중고 컴퓨터를 구매하는 수요자가 많아진데다 새 컴퓨터를 장만하려던 유저들이 대거 업그레이드쪽으로 생각을 바꾸면서 업그레이드에 대한 이용문의도 꾸준히 늘어나고 있다.

일본에서는 진작부터 컴맹들을 위한 회원제 유료 서비스가 우후죽순 생겨나 기존 PC 메이커를 위협하고 있다. 월 일정액의 요금을 받고 24시간 전화로 PC에 관련된 문의에 답변해 주거나 직접 출장을 나가 수리를 해 주는 업종이다.

도쿄의 회원제 서비스 '제이콤 JAF'는 PC에 관한 문제라면 24시간 전문가가 전화 상담을 하거나 출장 서비스를 나간다. 서비스는 입회비 2천 엔에 연 회비 8천 엔이며 출장비는 무료이다. 부품 교체시에는 부품 값만 받고 프로그램 사용법 등에 대한 가정교사 서비스를 파견할 때는 시간당 7천 엔을 받는다.

'PFU 퍼스컴 서포터사'는 출장료 기본 1만 엔에 시간대에 따라 차등요금이 적용되는 시스템으로 운영된다. 단순한 출장 서비스뿐만 아니라 자택까지 PC를 받으러 가서 고쳐 돌려주는 서비스도 함께 제공한다.

일본 IBM도 1회당 1만4천 엔의 기본요금으로 프린터 등 주변기기 접속이나 새로운 소프트웨어의 설치, 이용 등을 대행해 주는 'IBM 하우스콜 방문 서비스'를 시작했다.

컴퓨터 초보자 입장에서는 어느 정도 비용을 감수해야 하지만 전문가의 자세한 안내를 연중무휴 받을 수 있다는 점에서 호응도가 높은 편이다.

이러한 서비스를 제공하는 회사가 점차 늘어남에 따라 기존 PC 제조회사들도 매출 격감을 우려, 이 서비스의 가입 패키지를 신설해 함께 제공하는 등 아이디어 짜기에 주력하고 있다.

투자비용 대비 수익성 분석

'911 컴퓨터'의 체인점을 내려면 점포 비용을 제외하고 각종 시설비로 600만 원, 초도 물품 구입비 400만 원, 본사 가맹비 500만 원 등 총 1,500만 원이 든다. 본사측은 노하우의 전수와 함께 창업후 가까운 지역의 수요자를 연결해 주는 등의 역할을 한다.

그러나 어느 정도 영업에 자신 있는 창업주라면 독립점으로 운영해도 무방하다. 이 사업은 초도 물품 구입비나 점포 입지 등의 비중이 작으므로 1,000만 원 내외의 자금으로도 충분히 창업이 가능하다.

적절한 입지와 홍보력을 바탕으로 컴퓨터 전반에 노하우를 갖고 있는 컴퓨터 능숙자라면 창업에 무리가 없다.

일단 노하우가 있는 상태에서 시작하게 되면 임차료, 인건비를 제외하고 나면 순수익이 되므로 PC를 능숙하게 다룰 줄 아는 젊은 실력자가 창업하면 성공 가능성이 높다.

입지 및 환경

이 사업은 출장 수리가 주요 업무로, 점포를 빌릴 여력이 안

된다면 재택사업을 해도 된다. 다만 밤늦은 시간에 출장이 있을 수 있고, 전화도 받아 상담해야 하므로 직원 없이 혼자 경영하기는 힘들다. 24시간 영업하려면 낮시간과 밤시간의 교대근무가 필수적이기 때문에 점주가 함께 뛴다 해도 직원이 2명은 필요하다.

또 홍보를 위해 굳이 점포를 마련한다면 APT 단지 내 상가 등 야간시간대에 셔터를 내려야 하는 종합상가보다는 소규모 단독 점포를 택하는 것이 좋다.

컴퓨터 보급률 80%에 달하는 아파트 밀집지역에 입지하는 것이 최적이지만 그렇다고 단지 내 상가에 입점하는 것은 좋지 않다. 고객 확보는 쉽겠지만 대략 8시면 철시해야 하는 등 근무 시간제한 때문에 24시간 체제로 운영하기가 불가능한 것이 단점으로 지적되기 때문이다.

사 례

컴퓨터 조립 판매회사에서 8년간 근무하다가 '911 컴퓨터' 체인점을 내게 된 양학승 씨(36세)는 편리를 추구하는 소비자들의 심리에 부응하는 24시간 출장 수리업이 한 번 해 볼 만하다고 판단했다.

컴퓨터를 사용하는 고객들의 가장 큰 불만은 고장시 컴퓨터를 수리점까지 직접 들고 와야 한다는 것과 저녁 늦은 시간에 컴퓨터가 고장났을 때는 어떻게 할 방법이 없다는 점을 익히 잘 알고 있었기 때문이다.

이에 양씨는 총 2,500만 원을 투자 체인점에 가입했다. 집 옆 4평 규모의 조그만 점포를 임차하고, 출장 수리를 전문으로 다닐 직원도 2명 채용했다. 하루 평균 주문은 8~9건 정도로, 체인점에서 수리가 어려운 고난도의 문제는 본사에 의뢰하기도 한다.

1회에 1시간 기준 출장료는 3만 원이며, 부품을 교체할 경우 부품비는 따로 받는다. 보통 필요한 부품은 본사가 공급해 주지만 점주가 직접 용산 전자상가 등지에 나가 구입해 쓸 수도 있다. 월 평균 매출은 750만 원 선이며, 이중 고정지출을 제외한 월 순수익은 350만 원 정도 된다.

수리업무 외에 PC 기본 교육 및 최근 CD롬이 보편화 되면서 PC를 CD롬 구동이 자유로운 펜티엄급으로 업그레이드하는 수요가 늘어난 것과 관련, 업그레이드와 컴퓨터를 맞춤 제작하는 서비스 등도 부가로 제공한다.

전문가 경영전략

컴퓨터 출장 수리업은 아무래도 점포 인지도가 가장 중요하므로 눈에 잘 띄는 위치에 간판을 설치하고 신문 간지 등으로 광고를 꾸준히 하는 것이 좋다. 광고를 내자마자 큰 효과를 발휘하는 것은 아니지만 이를 기억했다가 컴퓨터가 고장나면 전화해 의뢰하는 고객이 많기 때문이다. 특히 이 업종은 한 번 수리를 의뢰한 고객들을 통해 홍보하는 것이 가장 효과가 좋다. 점포 전화번호가 인쇄된 스티커를 미리 마련했다가 수리한 컴퓨터에 붙여 주는 것도 매출에 도움이 된다. 이 사업은 컴퓨터 세대인 젊은 사람이 창업하기에 적합하며, 컴퓨터 관련 업종을 경영했던 사람이나 컴퓨터를 어느 정도 아는 사람이 영업에 유리하다. 창업비용이 거의 들지 않으므로 컴퓨터 마니아 몇 명이 모여 함께 창업하는 것도 권할 만하다. 가장 중요한 점은 약속을 철저히 지켜주고 신속하게 A/S를 해주어 고객들의 신뢰를 얻어야 한다는 점이다.

☎ 911 컴퓨터 : (02)8450-911

6. 카펫·간판 청소 전문점

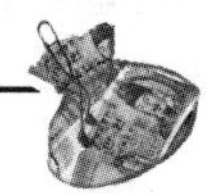

- 집기비품 및 인테리어 비용 : 3,000만 원 내외
- 초도 물품 구입비 : 100만 원
- 기타 창업비 : 800만 원 (자니킹 : 가맹비 650만 원 포함)
- 총 투자비용 (점포 임차료 제외) : 1,000~3,500만 원

요즘 같은 불경기에 고정 비용이 많이 들어가는 사무실을 내지 않아도 된다는 것은 그 자체만으로도 사업 메리트가 된다. 카펫·간판 세척 등 청소 대행 사업은 무점포로 경영할 수 있어 자본금이 많이 들지 않는다. 이 사업은 틈새 시장을 노려 최근 등장했는데, 아직까지는 경쟁업체가 적은 편이라 뛰는 만큼 수입이 돌아온다. 사업과 관련된 경험도 필요 없으며, 다만 청소업을 부끄러워하지 않는 마음가짐만 갖고 있다면 충분하다.

카펫의 경우 이제 사무실·업소뿐만 아니라 대형 평수의 아파트 등 일반 가정에서도 바닥재로 흔히 볼 수 있게 됐다. 그런데 시장의 양적 팽창에 비해 관리에는 어려움이 있다. 특히 더러워진다 해도 집에서 세탁하는 데는 무리가 있다.

이처럼 카펫 보급과 함께 늘어난 카펫 세탁 수요를 착안해 최근 등장한 신종 사업이 카펫 청소 전문점이다.

직접 업장이나 가정으로 출장 나가 가구를 옮길 필요도 없이 1시간 안에 카펫을 세척해 준다. 전화와 자동차, 영업용 카펫 청소기 등 초기 투자 비용도 3,000만 원 정도면 가능하고 주로 전화로 주문 받아 활동하기 때문에 사무실 없이 영업할 수 있다는 이점이 있다.

세탁 비용도 일반 세탁소의 50%선 수준이므로 6개월 정도 지속적인 홍보를 하면 노하우가 축적되면서 사무실이나 룸살롱, 카페 등의 업소까지 영업망을 넓혀 나갈 수 있다.

특히 바닥에 카펫을 깐 외국계 패밀리 레스토랑의 경우 자체위생 실사 때문에 3~7일에 한 번씩 대대적인 청소를 해야 하므로 이들 업체를 단골로 확보할 수 있다면 이상적이다.

카펫 세척업은 별다른 기술이 없어도 영업이 가능하지만 기본적으로 카펫의 재질이나 직조 방법 등을 구분할 줄 알아야 하며 기계 다루기, 약품 사용법 등도 익혀야 한다. 이는 기계 판매회사나 체인점에서 교육을 시켜 주는데 사전에 충분히 연습한 후 본격적인 사업에 임하는 것이 바람직하다.

간판 세척업도 최근 각광받고 있는 소자본 창업 아이템이다. 거리의 상점 간판을 보면 지저분하게 때가 끼었거나 깨어져 나가고 글씨가 떨어진 곳도 많다. 이들 간판을 전문적으로 청소하거나 보수해 주는 업소가 드문 탓에 간판을 한 번 달면 좀처럼 손볼 수 없는 것이 현실이다. 이는 점주들이 보수비를 아까워해서가 아니라 어떤 곳에 연락을 해야 청소 및 보수를 해 주는지 모르기 때문에 방치된 것이 대부분이다. 이런 간판을 청소해 주고 깨어진 부분은 간판업자와 제휴해 실비로 봉사하는 방법을 강구해 보는 것은 어떨까? 간판 청소업은 카펫 세척업에 쓰는 장비를 활용하면 되므로 두 사업을 겸한다면 추가 부담도 거의 들지 않는 좋은 부업거리임에 틀림없다.

카펫 세척업을 할 때는 250~300만 원 정도의 가정용 카펫 청소기를 구입해야 한다. 선택사양인 영업용 청소기는 2,400만 원 정도로 가격이 센 편이다. 이외에 세척용 회전 브러시가 10만 원, 각종 세제는 5만 원 선이므로 영업용 청소기까지 갖출 경우 초도 물품 비용으로 3,000만 원 정도 소요된다(자동차 구입비 제외).

'자니킹'의 가맹점을 내려면 가맹비 650만 원, 장비 구입비 150만 원(마루 광택기, 건습식 진공 청소기, 쓰레기 운반용 카트, 빗자루 등 30여 가지) 해서 총 800만 원을 체인 본사에 내야 한다.

여기서 본사가 청소를 의뢰하는 고객을 알선받고자 하는 경우에는 수주 수수료로 600만 원 정도 더 부담하면 된다. 단 점주의 능력으로 따낸 계약에 대해서는 수수료를 낼 필요가 없다.

입지 및 환경

이 사업의 강점은 뭐니뭐니 해도 사무실이 필요 없다는 점이다. 굳이 사무실을 낸다 해도 공동 사무실을 쓰거나 기존 업장의 한 쪽에서 전화만 연결시킬 수 있으면 된다. 단, 전화로 주문하면 빠른 시간에 도착할 수 있도록 사무실과 유흥가 밀집지역을 영업 활동 반경에 둘 수 있다면 이상적이라 하겠다. 사무실의 입지에 신경 쓰기보다는 영업용 차량이 광고 효과를 충분히 발휘하도록 꾸미는 것이 더 바람직하다.

간판 청소 대행업 '날으는 곰'을 운영중인 김상국·이동숙 씨 부부는 체인점 개설 비용으로 총 2,880만 원을 들여 영업을 시작한 후 현재 월평균 500만 원의 매출을 올리는 열성파로 간판 세척업이라는 생소한 아이템을 처음 접하고 충분히 승산이 있다고 판단, 재빨리 사업을 시작하게 되었다고 한다.

창업 자금은 간판 청소에 필수적인 크레인 달린 차량구입비로 1,500만 원이 들어갔고, 로열티로 880만 원, 사무실 임차료로 500만 원이 소요됐다. 작업은 간판 한 개당 30분 정도 걸리며, 대금은 간판 높이에 따라 상이하지만 보통 3만 원 정도 받는다. 대부분 한 번 효과를 본 업주들에 의한 도미노식 소개로 일거리가 들어온다.

간판 청소를 마치고 나면 수명이 다해 깜박이는 형광등을 저렴하게 갈아주기도 하는데, 그런 사소한 서비스가 큰 호응을 불러오는 경우가 많다고 한다. 현재 사무실이 주로 전화를 받는 용도로만 쓰이고 있어 임차료가 아깝다는 생각에 필름 현상소를 겸업, 부수입도 올리고 홍보효과도 얻고 있다.

2년 전 1,450만 원으로 청소대행업체 '자니킹' 대리점을 개설한 김시호 씨(37세)는 낮에는 수입 의류 유통업체 사장이지만 밤에는 왁스와 걸레를 들고 청소부로 변신한다. 한 달간의 교육을 받고 난 뒤 본사 소개로 건물을 수주, 1년간 월 200만 원에 청소대행 계약을 맺었다.

사업 초기에는 청소하는 것이 몸에 익숙치 않아 육체적으로 힘도 들었으나 직원들이 모두 퇴근한 저녁때가 영업시간이므로 부업으로 그만이라고 생각한다. 현재 6층 건물의 복도와 화장실을 매일 청소하는데 아르바이트 한 명을 두고 직접 일한다. 세제·약품비와 인건비를 제하고 월 120만 원이 떨어지는데, 부업으로 하는 일이라 수익은 좀 적은 편이다. 그러나 앞으로 인원을 확충하고 건물 몇 개를 더 수주한다면 본업보다 더 나은 수익을 올릴 수 있을 것으로 생각, 전업까지도 고려하고 있다.

전문가 경영전략

아직까지 청소대행업에 대해서 서비스 미비, 물건 분실 우려 등 좋지 않은 선입견이 남아 있으므로 유니폼 등을 입어 신뢰감을 심어주고 책임감이 뚜렷한 이미지를 주는 것이 중요하다. 이 사업의 성패는 홍보와 단골 확보에 달려 있으며, 문외한이라면 독립점보다는 일단 체인점으로 사업을 시작하는 것이 바람직하다. 통상 영업 시작 후 6개월 정도 지난 시점을 손익 분기점으로 보는데, 월 500만 원 이상 순수익을 올리는 업자도 많다. 영업을 시작할 때는 중산층 이상 거주 밀집지역에 광고지를 뿌려 회원을 모집한다. 처음부터 호황을 기대할 수는 없고 고객의 소개를 받아 영업이 제 궤도에 오르기까지 매달 광고비로 일정액을 투자해야 한다. 1년에 2차례 정기적으로 카펫과 천소파, 커튼을 세탁해 주고 기본 연 회비로 4만 원을 받는데 카펫 청소할 곳을 소개해 주는 사람에게는 한 군데당 5,000원의 회비를 할인해 주는 등의 방법을 쓰면 회원 유치에 도움이 될 것이다. 아파트 단지 내 가구의 경우 몇 가구를 묶어서 주문하면 50%를 할인해 준다고 홍보하면 한 번에 여러 가구를 상대할 수 있으므로 매출 올리기에 좋은 아이디어이다. 출장 나가서 더러워진 천소파 등을 무료로 세척해 주는 등의 서비스를 제공한다던가 반상회나 부녀회를 통해 단골을 확보하는 방법도 고려해 볼 수 있다. 회원이 아닌 경우에는 카펫 크기에 관계없이 건당 2만 원 정도 받으면 적정한데 기존 세탁소가 재하청 주는 물건을 받을 때는 이윤이 적다는 점을 감안해야 한다. 카펫을 세척할 때는 올바른 세제 선택과 함께 카펫 외에 다른 곳에 세제가 튀지 않도록 조심해야 한다. 스팀샤워 방식이므로 건조까지 2시간이면 충분하지만 때가 많이 낀 것은 건조가 더딜 수도 있으므로 이런 부분에 대해서는 고객에게 충분히 설명해 준다.

☎ 스팀지니 : (02)418-2719
　　자니킹 : (02)552-0911

7. IP(정보 제공)업

- 집기비품 및 인테리어 비용 : 1,000만 원
- 초도 물품 구입비 : 300만 원 (자료 수집 및 가공, 입력 외)
- 기타 창업비 : 100만 원
- 총 투자비용 (점포 임차료 제외) : 700~1,400만 원

사이버 비즈니스의 선두주자인 'IP(정보 제공)업'은 컴퓨터 통신상에 방을 만들고 자료를 제공하는 사업이다. 쉽게 말해 전화기로 호출기에 음악을 녹음시키거나 토정비결을 보는 700 서비스와 같은 맥락이다. 다만 귀로 듣는 전화 정보와는 달리 컴퓨터는 화상 정보까지 제공할 수 있다는 장점이 있기 때문에 그 정보가 질적으로 다양하고 세분화될 수 있다는 특징이 있다.

자료를 컴퓨터 통신망에 올리면 이를 보는 사람들이 전화비 외에 분당 50원에서 500원까지 부가요금을 지불하는데, 이 부가요금의 일정부분이 정보 제공업자의 수익인 셈이다.

이 사업은 노하우가 있는 경우 모뎀을 장착한 펜티엄급 컴퓨터 한 대와 전화기만 있으면 당장 시작할 수 있기 때문에 창업에 따른 자금소요가 타업종에 비해 상대적으로 적다. 본인과 아르바이트생 정도로 운영 가능하기 때문에 인건비 비중도 작은 것이 장점이다.

일단 사업을 시작하면 별도의 복잡한 관리가 필요치 않으며, 재택근무를 해도 무방하므로 목좋은 사무실을 잡아야 하는 부담도 덜 수 있다. 자본은 좀 적더라도 뛰어난 아이템과 고급 정보를 전달할 능력이 있는 사람이라면 안성맞춤의 사업인 셈이다.

현재 국내 4대 통신망에 올라 있는 IP 아이템은 모두 3,000여 개로, 손수 정보를 가공하고 있는 IP 업체수는 700~800여 개에 이른다. IP 사업은 잘 나가는 업체와 그렇지 않은 업체간의 수익 차이가 극명해서, '한국증권정보'의 경우 97년 11월 한 달 천리안에서만 7,700만 원의 수입을 벌어들인 반면 월 100만 원 미만의 수익을 얻는 곳도 전체 IP 사업자의 50%를 상회한다.

IP의 성패를 좌우하는 것은 일단 아이템으로, 기실 대부분의 정보는 이미 제공되고 있다고 보아도 과언이 아니다. 따라서 이제 IP 사업에 도전하려는 점주라면 틈새 시장을 노리는 것이 바람직하다.

이같은 틈새 시장용 IP 아이템으로는 가전사들과 제휴, 가전제품의 설명서를 제공한다던가 은행상품 정보 제공, 성인용 사진, 연예인·영화 포스터 사진, 물고기나 희귀동물의 사진 등 찾아보기 힘든 귀한 사진 정보를 제공하는 것 등을 들 수 있다.

또 통신상에서 많이 이용되는 전자우편이 이른바 화면에 글자만 뜨는 밋밋한 형식임을 감안, 편지를 치고 난 뒤 배경으로 화려한 그림 등을 선택할 수 있도록 하는 통신편지 사업도 고려해 볼 수 있다. 꽃편지지 기능에다 그림엽서나 축하카드 등 종류를 다양화하고 여기에 사운드 기능까지 첨가한다면 소비자의 구미를 당기기에 충분할 것이다.

이 사업을 시작하려면 먼저 PC 통신이 무엇인지 알아야 하는데, 컴맹이라도 2~3개월만 공부하면 충분하다. 시중에 나와 있는 책을 보며 통신망을 한 곳 정도 가입하고, 게시판과 공개자료실을 자주 검색해 주 이용자층과 그들이 원하는 정보가 어떤 종류인지 간파하는 눈썰미가 필요하다.

최대 유료 이용자를 확보하고 있는 천리안의 경우 유일하게 IP에게 이용자 사용 현황을 제공하는 것이 특징인데, 대부분의 아이템이 이미 제공되고 있어 웬만한 아이템으로는 개설 자체가 쉽지 않다.

하이텔은 가장 많은 이용자 ID를 확보하고 있는데 동호회가 활성화돼 IP 이용률은 저조한 것이 단점이다. 이 때문에 IP 개설은 상대적으로 쉽지만 역시 아이템을 잘 잡아야 성공할 수 있다.

유니텔은 통신망 중에서 후발 주자인 탓에 IP 사업자에게 혜택을 많이 제공하는 것이 특징으로 최근 점포 창업 관련 아이템이 호황을 구가하고 있다.

학생층이 다수 이용하는 나우누리는 IP 사업자의 업데이트 능력을 중요하게 따지며 대학생 관련 IP 아이템을 선호한다.

투자비용 대비 수익성 분석

먼저 자료를 통신망에 올리기 위해 필요한 장비로 486급 이상의 모뎀을 장착한 컴퓨터가 필요한데 사진자료를 올리려면 펜티엄급 이상으로 갖춰야 불편함이 적다. 현재 환율급등으로 컴퓨터값이 크게 오른 상태지만 통상 250만 원 선이면 펜티엄 컴퓨터를 구입할 수 있다. 여기에 전화 가입비 25만 원, 필요에 따라 사진이나 문서자료를 한꺼번에 읽어 들이기 위한 스캐너 20만 원, 프린터기 구입비로 40만 원이 들어가므로 기기 구입비는 250~330여 만 원 선이 소요된다.

IP 사업은 작은 사무실에서도 가능하고 컴퓨터 놓을 공간만 마련해 재택근무를 해도 되므로 재택근무시에는 사무실 개설비용이 전혀 들지 않는다. 다만 아이템의 특성상 상담을 많이 한다던가, 이용자에게 신뢰감을 주기 위해 부득이 사무실을 장만해야 한다면 위치는 어디든 무방하다. 점포 임차료는 작은 평수의 오피스텔을 기준으로 보증금 700~1,000만 원에 월 50만 원 정도 소요된다고 보면 된다.

머드게임인 〈쥬라기 공원〉을 제공하는 '삼정 데이터 시스템'의 경우 94년 11월부터 PC 통신망에 이 프로그램을 서비스해 주고 5,000여 만 원을 벌어들였다. 현재까지도 쥬라기 공원은 통신망에서 가장 인기 있는 머드게임의 자리를 굳건히 지키고 있다.

성인정보를 취급하는 '밝은 누리 정보사'는 한 달에 3,800만 원을, 미팅 주선 전문업체인 '듀오'는 한 달 수익이 2,000만 원 선이다.

이처럼 수요자 구미에 맞는 프로그램까지 개발해 IP 사업을 하는 대형업체의 경우 벌어들이는 액수도 크다. 하지만 아이디어 하나로 웬만한 대기업체 부장급 부럽지 않은 수익을 올리는 개인 사업자도 여럿 있다.

현재 천리안에 '급여생활자 재테크'(GO STECH) 코너를 운영중인 이승락 씨(38세)는 퇴직과 함께 IP 사업을 시작, 현재 월평균 300~400만 원의 수익을 올리고 있다.

선투입자금은 컴퓨터 2대 마련에 든 600만 원이 전부로, 지출되는 고정비용도 전화비와 아르바이트 학생 인건비 정도에 불과하다.

이 정보방은 주로 큰 돈의 흐름을 전해 주는 다른 재테크 코너와 달리 통신인구의 대부분을 차지하는 월급쟁이들을 위한 정보라는 점이 돋보여 바로 개설된 점이 특징이다.

원래 증권사에 근무하던 이씨는 모기업 직원들의 재테크 상담을 해주다가 봉급 생활자들을 위한 투자정보가 절실하다는 것을 깨달았다. 이에 따라 IP를 개설, 월급쟁이들의 관심사인 금융상품의 수익률 비교와 내집마련·대출전략, 퇴직준비, 이민 등의 정보를 중점적으로 제공해 성공한 것이다.

특히 온라인 상담 코너를 운영, 이용자들이 질문 형식으로 구체적인 자금운용 상황을 써 올리면 최고 수익률을 올릴 수 있는 금융상품은 무엇인지, 현재의 운용방법이 적절한지 등을 상세히 상담해 준다. 이러한 아이디어를 적용한 덕에 이용료가 분당 2백 원임에도 불구, 이용자가 급증하고 있는 추세이다.

이는 자칫 퇴직과 함께 사장될 수도 있었던 직업적 노하우와 관심이 사업적 성공으로 이어진 예라 하겠다.

전문가 경영전략

정보제공 사업의 성패는 아이템 선정과 정보방 개설에 달려있다고 해도 과언이 아니다. 일단 시작하면 정보를 계속해서 올려주는 것 외에 복잡한 관리가 필요치 않다. 각 통신망에는 IP가 되려는 사람들에게 도움을 주는 코너들이 마련돼 있다. 보통 초기 화면에서 GO IPHELP라고 치면 연결되는데, 이곳에는 제안서 양식이나 작성시 주의해야 할

점들이 자세히 담겨 있어 이 정보만 잘 살펴도 별도의 상담을 하지 않아도 될 정도이다. 하이텔의 IP 아카데미(GO IPS)로 가면 현재 IP업을 운영중인 사람들과도 사귈 수 있다. 또 시중 서점가에는 IP 관련 서적이 4~5종 나와 있는데 이중 천리안 IP 담당자들이 쓴《IP 사업 컨설팅》이 눈여겨볼 만하다. 아이템 선정은 통신 인구의 대다수가 학생과 직장인이라는 것을 염두에 두고 일단 통신에 익숙해진 후 심사숙고하는 것이 바람직하다. 아이템을 잡았으면 통신업체에 낼 설득력 있는 제안서를 작성한다. 정보 자체는 제안서 접수 후 방 개설까지의 기간 동안 가공하면 된다. 통신업체는 이 사업자가 제대로 자료를 올릴 수 있는 시설과 능력이 있는지만 보기 때문에, 회사 소개는 솔직히 써도 무방하다. IP의 메뉴는 책으로 따지면 차례로, 다른 IP를 참고해 가며 주요 정보를 앞으로 끌어내고 구체적이며 재미있게 다는 것이 요령이다. 사업성 분석은 제안서를 접수시킬 통신사의 특성을 감안, 정보 이용대상을 명확히 하고 요금과 예상수익을 담는다. 마지막으로 향후 마케팅 계획은 분명하고 가능성 있게 짠다. IP 담당자들은 메뉴 구성과 사업성 분석을 가장 꼼꼼히 살피고 회사·향후 계획 순으로 보는데, 통상 제안서 접수 후 3~6개월 정도면 방이 개설된다. 통신 사용자들은 늘 새로운 정보를 원하므로 정보가 취약하면 방을 개설하더라도 곧 외면당한다. 새로 출범하는 IP 사업자의 70%가 6개월 내에 정리된다는 말이 이를 단적으로 입증한다. 정보가 곧 사업의 성패를 좌우한다는 점을 숙지, 자료를 수집하는 루트를 다양화·전문화해 신속하게 제공하는 것이 통신망에서 살아남는 비결이다.

☎ 유사 아이템 검색 : (02)725-3751(한국 데이터베이스 진흥회)

8. 가정 유아놀이방

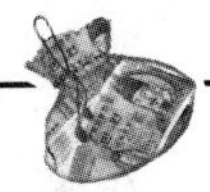

- 집기비품 및 인테리어 비용 : 300~1,000만 원
- 초도 물품 구입비 : 300만 원
- 기타 창업비 : 100만 원
- 총 투자비용 (점포 임차료 제외) : 700~1,400만 원

요즘 경기한파로 실직자가 느는 등 사회불안이 확산되면서 전업주부들도 반찬값이라도 벌겠다며 취업에 나서는 사례가 늘고 있다.

예전에는 주부가 맞벌이를 하고 싶어도 아이 양육 때문에 포기하는 경우가 많았다. 그러나 이제 전업주부라고 마냥 팔짱끼고 있을 수만은 없는 시대가 되자 보험설계사나 학습지 교사 등으로 많은 주부들이 몰리고 있다.

이 와중에 부상한 업종이 편부모만 있는 아이와 양쪽 부모가 일을 가지면서 돌봐줄 사람이 없게 된 아이들을 맡아주는 탁아사업이다. 특히 유아원이나 유치원에 보내기엔 아직 어린 나이의 자녀를 둔 부모들은 아이를 맡기고 싶어도 마땅한 곳이 없는데, 바로 이 점에 착안해 유아놀이방이 급증하고 있다. 이 사업은 내 아이를 돌보면서 운영할 수 있기 때문에 미취학 아동을 데리고 있는 전업주부라도 충분히 승산이 있는 부업거리이다.

놀이방은 별도의 장소를 마련해도 되지만 아파트나 단독주택 등 가정에서도 기본 시설만 갖추면 얼마든지 시작할 수 있다.

놀이방은 신고제로 이루어지며, 놀이방과 어린이방에 대한 명칭의 문제는 업장의 평수로 결정된다. 구청에 보육시설 신고를 하고 안전시설 점검을 거쳐 집 거실이나 방을 이용하면 된다. 15평 이상이면 어린이 놀이방을, 30평을 넘으면 유치원이나 어린이 놀이 센터를 운영할 수 있는데, 지난 95년부터 규제가 완화되면서 가정에서도 수용인원 21인 이하의 놀이방을 열 수 있게 됐다. 단, 1인당 확보시설 면적 3.63㎡(약 1.2평), 1인당 보육실 면적 2.64㎡(약 0.8평)의 기준에 부합해야 한다는 점을 알아둔다.

놀이방 사업은 최소 1,000만 원대의 자금으로도 창업이 가능해 투자비용에 대한 부담이 적고 보육료도 자율적으로 책정할 수 있다. 또 선생님의 월급을 제외하면 간식비 외에 특별한 비용이 들지 않아 관리비 비중이 적다는 장점도 있다.

놀이방을 개설하는데 드는 비용은 사업의 규모에 따라 최소 1,000만 원에서 최대 3억 원까지 천차만별이므로 이 사업을 희망하는 업주는 여러모로 따져볼 필요가 있다.

자금이 적다면 주부가 집에서 방 한 칸을 놀이방으로 꾸며 소수의 아이들을 대상으로 하면 되고, 자금의 여력이 있다면 넓은 장소를 빌려 본격적으로 사업할 수도 있다.

다만 놀이방을 운영하기 위해서는 보육사 수료증이 있어야 하는데, 이는 관련단체들과 YMCA, 숙명여대, 중앙대, 경기대, 국민대 등 35개 대학의 평생교육원 보육사 과정을 밟으면 된다.

보통 1년의 교육과정 후에 보육교사 2급 자격증에 준하는 보육교사 수료증이 주어진다. 1급 수료증은 가정학과나 교육학과 등 관련학과를 나와야만 받을 수 있지만, 2급을 수료하고 3년간 놀이방에서 근무하면 1급 수료증을 취득할 수 있다.

세계적으로 탁아사업은 부모가 아이를 돌볼 수 없는 시간에 아이를 맡아주는 단순 탁아에서 종일제 탁아, 시간제 탁아, 탁아모 파견, 탁아 개인수송 서비스 등으로 전문화·특화되는 추세에 있다. 앞으로 어린이의 연령과 지능에 맞는 교육 기능을 갖춘 탁아 사업도 출현할 전망이므로 나름대로 전문 영역을 개척해 나가는 것이 바람직하다. 우리나라도 머지않아 탁아사업에 대한 사회· 국가적 지원이 확충될 전망이므로 전문직으로서 도전해 볼 만한 업종이다.

투자비용 대비 수익성 분석

집에서 놀이방을 운영할 때는 장난감 구입비 및 약간의 시설비로 최소 300만 원 정도 들이면 된다. 점포를 얻어서 독립점으로 경영할 때는 점포 임차료와 인테리어 비용 등이 더 든다. 한 예로 독립점인 서울 미아동 '햇살 놀이방'의 경우 지난 96년 11월 점포 보증금 1,300만 원에 시설비 300만 원 등 총 1,600만 원을 투자해서 14평 규모의 유아놀이방을 열었다.

현재 이 놀이방은 오전반 3명, 종일반 15명으로 총 정원 18명이며, 3~4세의 경우 월 16만 원, 5~6세는 14~15만 원, 오전반은 6만 원의 보육료를 받고 있다.

보통 오전 8시부터 오후 7시 반까지 운영하는데, 늦게까지 근무하는 부모를 위해 선생님들이 돌아가면서 연장 근무도 한다.

월매출 250만 원에 임차료 25만 원, 인건비 100만 원, 관리비 및 세금과 간식 및 식대 등 제반비용 30만 원 정도를 제외하고 월 95만 원의 순수익을 올리고 있다.

투자비는 독립점 개설비용으로 볼 때 최소한의 비용이 든 셈으로, 소규모 업장으로서는 총 투자비용 대비 월 6%의 짭짤한 소득을 올리는 셈이다.

현재 점주의 개인적인 사정으로 선생님을 2명 두고 있으나 앞으로 직접 교육에 참여할 경우 월 순수익이 145만 원에 이를 것으로 보고 있다.

놀이방의 입지는 주택가나 아파트 단지 인근이 최적으로, 연령별, 5세별 인구 통계자료 등 주변 환경조사를 통해 신혼부부와 어린이들이 많은 지역을 고르는 일이 중요하다.

단, 초등학교 학생이나 1~2세의 영아가 많은 지역이 아니라 유아놀이방을 주로 이용하는 3~6세의 어린이가 많은 주택가인지 살펴야 한다.

같은 주택가라도 젊은 연령층이 다수 분포한 지역을 택하는 것이 좋으며, 아파트 밀집 지역은 중소형 이하 평수에 미취학 어린이가 많다는 점을 고려해야 한다. 또한 생활 수준이 중하위권인 동네가 맞벌이를 하는 경우가 더 많다는 점을 유념한다.

서울시 상계동에서 '어린이 꿈동산'을 운영하고 있는 윤미숙 씨(36세)는 유아교육과를 졸업하고 유치원에 근무한 경험을 살려 지난 97년 어린이 놀이방을 열었다. 7살, 5살배기 자녀를 키우면서도 운영할 수 있다는 점이 마음에 들었고, 무엇보다 아이들을 좋아했기 때문에 시작했다.

내 집에서 운영하면 임차료 부담을 덜 수 있을 것으로 판단,

아예 놀이방 사업을 염두에 두고 집을 보러 다녔다. 세대수가 많으면서도 공원과 놀이터가 있는 곳을 꼼꼼히 살피고, 이웃 주민들의 불편을 줄이기 위해 1층 가장자리의 아파트를 구했다.

윤씨의 경우 교구와 교재, 놀이기구 등 시설물 구입에 1,000만 원 정도 썼는데, 교구나 놀이기구는 중고 구입이 가능하고 집에 있는 전자제품을 이용하면 비용을 많이 줄일 수 있다고 한다.

아침 7시 30분부터 15명의 아이들이 속속 도착하는데 오전엔 보조교사의 도움을 받아 놀이터나 공원에 나가 맑은 공기를 마시기도 한다. 자라는 아이들에게 영양이 무엇보다 중요하다는 생각에서 간식과 식사는 특별히 관심을 갖고 챙긴다.

보육비는 나이에 따라 다른데 반일반은 월 10만 원, 종일반은 20~25만 원 정도 받는다. 정기적으로 지급되는 보조교사의 월급과 간식비를 제하고 월 평균 180~200만 원의 순수익이 윤씨에게 떨어진다.

전문가 경영전략

놀이방 운영시 가장 큰 문제점은 함께 운영할 선생님을 찾아야 한다는 점이다. 성실하고 아이들을 사랑하며 점주 자신과 마음이 맞는 선생님을 찾기가 결코 쉽지만은 않기 때문이다. 어린이가 10명 이내라면 혼자서도 가능하지만 그 이상이라면 종일제 또는 파트타임으로 선생님을 채용해야 한다. 선생님 인건비는 대략 50~60만 원 선으로, 이 점을 창업 전에 미리 고려해야 한다. 이 사업의 성수기는 방학 때이며, 다른 업종과 비교할 때 특별한 비수기는 없는 편이지만 부모가 직장을 잠시 쉬기도 하는 여름과 겨울, 3~4월 개학 시즌에는 아이들이 줄어들기도 한다. 이같은 난점은 놀이방에 아이를 맡기는 부모가 20대 후

반에서 30대까지로 비교적 젊고 경험이 적다는 점을 감안, 부모들에게 매달 한 번씩 아이들의 성장 및 변화과정을 편지로 상세히 적어 전달하는 등의 노력으로 극복할 수 있다. 이렇듯 부모들과 함께 육아에 대한 견해를 나누고 부모가 미처 챙기지 못하는 육아정보 등을 통신문으로 서비스하는 지혜를 발휘하면 차츰 신뢰를 쌓아 나갈 수 있을 것이다. 원생의 모집은 남녀 비율을 50대 50으로 맞추는 것이 좋은데, 5~6세 보다 3~4세의 어린이들이 더 손은 많이 가는 편이지만 상대적으로 보육료가 높다는 점을 알아둔다. 놀이방에 오는 아이들은 유치원이나 유아원에 들어갈 수 없는 3~6세의 연령층이 대부분으로, 돌 미만의 갓난아이나 1~2세의 어린 아이를 맡으려면 별도의 시설이 필요하므로 연령 제한을 두어 비슷한 또래의 아이들을 맡는 것이 운영 요령이다.

☎ 여성신문교육문화원 : (02)512-3301~3
　　공동육아교육원 : (02)3371-0606

9. 방과 후 교실

- 집기비품 및 인테리어 비용 : 100만 원
- 초도 물품 구입비 : 100만 원
- 기타 창업비 : 100만 원
- 총 투자비용 (점포 임차료 제외) : 300만 원 정도

'방과 후 교실'은 맞벌이 가정이나 한쪽 부모가 없는 가정의 아이들을 방과 후부터 보호자가 퇴근할 때까지 돌보아 주는 사업이다.

유아원이나 유치원은 부모가 종일 안심하고 아이를 맡길 수 있지만 일단 초등학교에 입학하고 나면 방과 후의 오후 시간은 부모가 돌아오기까지 방치될 수밖에 없다.

이 때문에 자녀가 열쇠를 목에 걸고 놀이터를 배회하는 '열쇠아동'이 되거나 시간을 때우기 위해 오락실과 만화가게를 출입해도 부모로서는 속수무책이 될 때가 많다. 일부 부모들은 시간별로 몇 개의 학원을 다니도록 고안해 보기도 하지만 아이의 정신적 부담이 크고 정서발달에도 악영향을 미친다는 것이 공통된 인식이다.

게다가 최근 IMF 구제 금융 신청 여파로 대부분의 가정이 지출을 최대한 억제하면서 학원을 학습지로 대체하는 경우도 많아져 이러한 아이들의 수용문제가 사회 문제화되고 있는 실정이다.

이 때문에 최근 사회적으로 이 문제에 관심을 갖고 방과 후 프로그램을 마련하고 있는 사회복지관들이 다수 생겨났다. 가락 종합 사회복지관, 이화여대 종합 사회복지관, 장안 종합 사회복지관, 이대 성산 종합 사회복지관 등으로, 서울 시내에 모두 18곳의 시설이 있다. 이중 학교부설 시설은 마포구 상암동 상암초등학교 1곳에 불과하며 나머지는 사회복지관, 종교시설, 구립·민간 어린이집에서 운영중이다. 월 보육료는 97년 기준 구립시설이 5만 2,000원, 민간시설의 경우 7만 4,000원으로 책정돼 있다.

그러나 이들 보육시설은 일단 수적으로 태부족인데다 대부분 영세민 자녀를 대상으로 하고 있어 웬만한 중산층의 자녀는 시설 이용 자체가 힘들다. 바로 이 점에서 방과 후 교실 사업의 성공 가능성을 엿볼 수 있다.

보육시설의 대상 연령이 되는 6~9살의 어린이는 서울 시내에만 48만 명에 달하며 이중 7만 7천명은 맞벌이 부부의 자녀여서 당장 방과 후 교실의 혜택이 필요한 수요자가 산적해 있다. 그러므로 민간 사업자의 사업성이 충분하다 할 수 있다.

잘 아는 옆집 주부가 학교에서 돌아온 내 아이의 오후 생활을 돌봐 준다면 일하는 엄마는 한결 가벼운 마음으로 직장 생활을 할 수 있을 것이다. 하교한 아이에게 점심을 차려주고 숙제를 돌보아 주며, 학원을 가거나 다른 일정이 있는 아이들이 태만하지 않도록 적절히 통제하는 것이 주로 하는 일이다.

사회복지관 등의 보육시설이 한꺼번에 많은 아이들을 수용하기 때문에 아이의 개별 사정이나 특성이 고려되지 않을 우려가 있는데 반해 가정에서 여는 방과 후 교실은 아이의 개인적인 특성까지 세심하게 보살펴 줄 수 있다는 장점이 있다.

또 거주지역의 가정을 대상으로 사업하기 때문에 잘 아는 이웃 사람이라는 점에서 부모들에게 심리적인 안정을 줄 수도 있다.

따라서 초등학교 저학년 어린이의 숙제를 돌보아 줄 수 있을 정도의 학력과 세심한 마음 씀씀이를 가진 전업주부라면 주택의 크기에 관계없이 어느 정도 사업이 가능하다 할 것이다.

방과 후 교실은 특별한 자격증이나 허가 절차가 필요 없이 시작할 수 있으며, 간단한 생활지도와 독서지도를 할 수 있는 소양이 있다면 더욱 금상첨화라 할 수 있다. 수입 면에서도 한달 50만 원 정도는 무난히 벌 수 있고, 이웃의 어려움을 함께 해결해 나가는 상부상조의 우리 미풍을 살리는 길이기도 하다.

투자비용 대비 수익성 분석

방과 후 교실은 어린이 놀이방과 비슷한 체계로 유지됨에도 아직 개념이 낯선 탓에 가정에서 영업하는 사례를 자주 보기는 힘든 편이다.

그러나 일단 놀이방처럼 인테리어를 하거나 비품을 갖추지 않고도 충분히 사업이 가능하다. 가정에서 방 한칸을 공부방으로 꾸며 일정표를 짜준다거나 숙제를 돌봐주는 등의 간단한 일만 하면 되기 때문이다.

따라서 최소한의 집기인 책상과 의자 등은 깔끔한 중고로 마련해도 무방하다. 광고는 초기에는 알음알음으로 모집하는 방법이 일반적이며, 신문 간지 등을 이용해도 된다. 집기와 광고비 등을 합쳐 총 100만 원 선이면 창업할 수 있다.

입지 및 환경

이 업종은 전업주부의 소자본 부업으로 가장 적합하다. 집에서 겸업하기에 가장 좋은 입지는 젊은층 주부들이 많은 중·소형 아파트 단지 밀집지역이다. 단지는 20평형대의 소형 아파트로서 최소 1천5백 세대는 넘어야 안정적이라고 볼 수 있다.

아동관련 업종인 즉석 동화책방이나 어린이 전용사진관, 어린이 전문서점, 실내학습놀이장, 컴퓨터 공부방, 지능계발용품 판매업 등을 경영하는 점주라면 방과 후 교실을 부업으로 하는 것도 고려해 볼 만하다.

이들 사업과 병행한다면 점포는 주택가에 인접한 전철역이나 버스 정류장 주변, 대형 유통상가의 안이나 입구 등 주택가 밀집지역과 상업지역이 좋다.

서울 목동에서 도서대여점을 하고 있는 한윤옥 씨(31세)는 대여점 한편에 책상을 마련하고 방과 후 교실을 병행하고 있다.

이곳에서는 아이들이 공부할 수 있는 분위기를 만들어 주고 숙제와 다음날 준비물을 챙겨 준다. 또 학원에 다니는 아이들에게는 학원갈 시간을 알려 주어 제 시간에 가도록 돌보아 줄뿐만 아니라 간단한 독서지도도 겸하고 있어 학부모들로부터 좋은 반응을 얻고 있다고 한다.

현재 8명의 아이를 돌봐주고 있어 수입은 1인당 월 7만 원씩 56만 원이다. 물가가 워낙 올라 간식비만 제해도 남는 게 없지만, 형편이 좋지 않아 어쩔 수 없이 벌이를 나가는 엄마들이 진심으로 고마워 할 때 보람을 느낀다고 한다.

도서대여점이 가장 한가할 시간인 1시 30분 무렵부터 저녁 7시쯤까지 맡아주기 때문에 운영에 특별히 힘이 더 드는 것도 아니라고 한다.

한씨는 "돈 때문이 아니라, 주부의 사회참여를 돕고 부족한 보육시설을 뒷받침한다는 데 자부심을 갖는다."고 말한다.

전문가 경영전략

사회복지관 등의 보육시설은 말하기·받아쓰기 등 기본적인 숙제지도와 함께 피아노·속셈·글짓기·그림 그리기·독서 등 다양한 특별 교육을 실시한다. 비디오를 활용한 영어 시청각 교육이나 컴퓨터 교육을 시키는 곳도 있다. 아이들에게 빵, 과자 등 간식류를 제공하는 것은 어디든 공통적이다. 대부분 7~8살의 초등학교 1~2학년 어린이가 주요 고객으로, 학교 수업을 마친 오후 1시 30분부터 부모의 퇴근시간인 오후 7시 30분까지 보육교실에서 지낸다. 가정에서 방과 후 교실을 운영하는 점주라면 이들 대형 시설의 프로그램은 따오되 내적으로 차별화되는 전략을 쓰는 것이 좋다. 대형시설 못지않은 학습 프로그램을 짜서 가정에서 대충 아이만 봐준다는 불신감을 없애는 것이다. 또 간식 하나에도 신경써서 제공하는 등 내 아이를 돌본다는 마음가짐으로 세심하게 배려하는 자세가 필요하다.

☎ 방과 후 강사 연구 모임 : (053)783-4680~1
중앙일보 교육문화팀 : FAX (02)751-5120, 9688
전국 14개 각 시·도 교육청 초등장학과

10. 컴퓨터 가정방문 교사

- 집기비품 및 인테리어 비용 : 825만 원
- 초도 물품 구입비 : 1,000만 원
- 기타 창업비 : 1,100만 원 (가맹비 1,000만 원 포함)
- 총 투자비용 (점포 임차료 제외) : 3,000만 원 정도

우리나라 PC 보급대수는 500만 대를 넘어서 산술수치만으로 따져도 세계 10위권에 든다. 웬만한 사무실은 물론이고 가정, 외식업체, 슈퍼마켓 체인에서도 컴퓨터를 이용하는 것을 흔히 볼 수 있다.

그런데 초등학생 때부터 학원 등을 이용해 배운 사람이라면 관계없지만 대부분의 사용자는 컴퓨터 교육을 체계적으로 받지 못한 상태에서 컴퓨터를 소유하게 된다. 이 때문에 작은 에러도 스스로 고치지 못해 A/S를 이용하거나 시중에 나온 책을 보며 어렵게 독학(?)해야 한다.

컴퓨터 통신의 '구인구직'난을 보면, 이렇게 독학을 하다가 해결할 수 없는 문제에 부딪친 유저들의 하소연이 끊임없이 올라온다.

'자바, 웹 사용법 가르쳐 주실 분', '인터넷 1주일에 가르쳐 주실 분', 'PC 통신 하는 법 가르쳐 주실 분', '홈페이지 만드는 법 가르쳐 주실 분' 등이 그것이다. 학원을 이용하려 하면 시간·공간적인 제약이 있는 데다 내가 배우고 싶은 부분만 택해 배우기 힘들다, 어쩌다 한 번 강의에 빠지게 되면 다음날 따라 가기 힘이 든다, 기타 등등의 이유로 1:1 교습을 원하는 것이다.

배우고자 하는 사람들은 통상 2시간에 3~5만 원의 교육비를 제시한다. 이들에게 가르쳐 줄 능력이 있는 사람이라면, 수요자와 서로 가능한 시간을 절충, 집에 직접 방문해 가르쳐주면 되기 때문에 투자 자본 없이 나의 노하우만을 가지고 수익을 올릴 수 있는 짭짤한 부업인 셈이다.

어린이 교육 쪽도 마찬가지로, 최근에 나온 교육용 소프트웨어들은 목소리로 직접 설명이 나오고 아기자기한 화면과 애니메이션을 곁들이는 등 이전의 교재들에 비해 입체적이고 흥미롭게 구성돼 있다. 이러한 교재들은 학습효과가 매우 높아 부모들의 관심을 끌지만, 진도별로 다 갖추기엔 비용 부담이 너무 크다. 진도에 맞춰 공부 일정을 짜 주고 매일 관리해 주지 않으면 비싼 소프트웨어가 무용지물이 되고 마는 단점도 있다.

컴퓨터 가정방문 교사는 바로 이러한 점에 착안한 사업이다. 일반 학원과 달리 이 사업은 개별학습을 진행하며, 배우는 사람이 직접 자신의 집에서 자신의 컴퓨터로 알맞는 프로그램으로 수업한다.

실제 학습지도를 컴퓨터가 하기 때문에 초·중학생을 가르칠 경우는 점주가 중학교 수학문제를 풀 정도의 실력만 있으면 충분하다. 이 경우 본사에서 학습 진도에 맞는 프로그램을 체인점에 제공해 주고 매달 회원이 20명 이상 유지되도록 회원 모집을 해 주므로 안정적인 수입을 올릴 수 있다.

따라서 컴퓨터를 사용하기는 하되 남을 가르칠 정도의 자신이 없거나 컴퓨터 관리 쪽에 관심 있는 사람이라면 기존 사업체의 지사를 낼 수도 있다. 이미 한글과 컴퓨터사가 방문학습 전문업체인 푸른 교육과 제휴, 97년 7월부터 '이찬진 컴퓨터 교실'이라는 브랜드로 사업을 하고 있다. 그러나 '이찬진 컴퓨터 교실'은 한글 프로그램 자체를 모 외국 컴퓨터사에 매각할 예정이라 앞으로의 예측은 정확히 하기 어려운 상태이다.

1:1 맞춤교육인 이 사업은 회원의 컴퓨터 수준과 학습능력에 따라 진도가 달라지는 형태로, 관리 교사가 주 1회 회원을 직접 방문하고, 주 2, 3회 전화 방문을 통해 학습 진도를 관리한다. 때로는 통신망을 통한 온라인 교육도 병행한다.

교육 대상은 초등학교 3~6학년과 중·고·대학생, 주부, 일반인 등 전 국민이다. 교육 내용은 컴퓨터의 이해, 컴퓨터 다루기, 응용 소프트웨어와 프로그램 짜기 등의 보조 프로그램 다루기, PC 통신과 인터넷 등 정보능력 배양하기 등 순으로 매월 심화되는 단계별 학습이다.

혼자서, 혹은 주변의 컴퓨터 능통자 몇 명만 모아 동업 형식으로 사업한다면 방문 수업을 비롯해 집에서 방 한 칸을 내어 운영하는 홈비즈니스로도 운영 가능하다.

그러나 한 가지 주의할 점은 PC 사용이 완전히 대중화될 것으로 보이는 2~3년 후에는 이 사업이 가능성 없는 것이 될 수도 있다는 점이다. 이미 현재의 대학생들은 리포트를 작성해서 교수의 인터넷 E-MAIL 주소로 전송해야만 리포트 점수를 받을 수 있는 시대를 살고 있다.

따라서 현재, PC 보급대수가 높고 유저는 많은데 프로그래머가 적은 때가 이 사업의 최적기로 보여진다. 관심이 있다면 수요자를 우선적으로 확보하고 홍보를 하도록 하자. 여가 시간만을 이용한다면 경비가 전혀 들지 않을 것이고 본격적으로 사무실을 낸다 해도 소자본으로 가능한 것이 이 사업이다.

이찬진 컴퓨터 교실의 경우 지사를 개설하려면 2,925만 원 정도 소요된다. 우선 가맹비 1,000만 원, 초도 물품비 1,000만 원, 지사운영 관리 프로그램이 내장된 컴퓨터 3대와 프린터 구입비로 550만 원이 든다.

여기에 옥외 간판 2개, 실내 간판 1개 등의 설치비로 300만 원, 전화 3대 설치비로 75만 원 등이 소요된다(점포 임차료, 사무용 비품 구입비 제외).

'컴교실 공부방'의 경우는 표준 점포면적 8~12평을 갖추고 체인 가맹비 550만 원, 컴퓨터 구입비 750만 원(5대 기준), 컴퓨터 음성인식 장치비 150만 원, 인테리어비 평당 65만 원 등 점포 임차료를 제외하고 2,100만 원이 든다. 또 매달 소프트웨어 대여료 30만 원씩을 내야 한다.

이찬진 컴퓨터 교실은 회원 1인당 월회비 8만 원을 기준으로 본사와 지사, 상담교사, 관리교사가 30 : 20 : 12.5 : 37.5 의 수익을 나눠갖는 체제이다.

교사 1인의 평균 관리 회원수를 33명으로 할 때 교사가 15명이면 회원수는 약 5백명이 된다. 여기에 기본 월회비 8만 원을 곱하면 매출은 월평균 4,000만 원이고 마진율 20%를 적용하면 매출 이익은 월 400만 원이 된다. 점포 임차료와 관리비 등의 경상비를 제외한 나머지 월 300만 원 정도가 순이익인 셈이다.

입지 및 환경

주로 전화를 통해 수리 의뢰가 들어오는 경우가 많으므로 점포 위치도 전화번호가 잘 보이는 곳에 있으면 좋다.

점포 없이 사업해도 무방하지만 정식으로 점포를 내고 사업한다면 중류층 이상 대규모 주거밀집 지역으로서, 오래된 단독주택과 연립, 아파트, 다세대가 조화를 이루고 있는 지역이 가장 좋다. 회원들은 컴퓨터에 고장이 나는 등의 문제가 생겼을 때 방문 교사를 찾게 되는 경우가 많을 것이므로 출장시 동선이 짧은 쪽이 유리하다.

점포는 1층보다는 오히려 2~3층이 좋고, 사무실이나 집에 4~5대 정도의 컴퓨터를 설치할 공간만 있으면 된다. 새로운 업태이므로 학원업으로 허가 받지 않아도 작게는 10평, 크게는 30평 이상으로도 운영할 수 있다.

사 례

초등학생 대상 학습지 교사로 근무한 경력이 있는 주부 홍미경 씨(35세)는 현재 살고 있는 집 방 한 칸을 컴퓨터 공부방으로 꾸며 운영하고 있다. 초등학교 2학년과 일곱살 난 아들 2명의 교육비와 집안 생활비에 도움이 될 것으로 판단, 97년 5월 창업했다.

초기 투자비는 가맹비와 소프트웨어 팩 등 기본 투자 비용으로 700만 원, 컴퓨터 6대 구입비로 900만 원, 의자 등 각종 시설비로 400만 원 등 총 2,000만 원이 들었다.

현재 28명의 회원을 확보하고 있는데, 초등학생은 월 12만 원, 중학생은 15만 원을 받으므로 월회비 수익만 450만 원에 이른다. 여기서 아르바이트 교사 인건비와 각종 비용을 제하면 월평균 순수익으로 250~300만 원 정도 된다.

컴퓨터로 영어, 수학, 자연, 사회 등 각종 초·중학교 교과과정을 가르치는데, 학습 분위기 유도를 위해 상벌제도를 활용한다. 또래끼리 경진을 시켜 초등학생은 사탕 등의 먹거리, 중학생은 필통, 연필 등의 상품을 상장과 함께 수여하는 식이다.

홍씨는 "이 사업은 학습 효과가 회원 확보를 보장하지만 한 시간당 5~6명을 넘으면 집중도가 떨어지고 창업자도 힘들다."며, "교사 1명을 둘 경우 회원은 30명 정도 운영하는 것이 최적"이라고 조언한다.

전문가 경영전략

이 사업은 학습지나 컴퓨터 관련 교육 사업에 경험이 있거나 교육 사업에 사명감을 갖고 있는 사람에게 추천할 만하다. 지사를 낼 경우는 본사에서 매월 신임 교사와 정규 교사의 교육을 실시하고, 본사와 지사간, 지사와 지사간 네트워크 결성을 통해 다양한 자료 제공과 긴급 상황 등을 해결해 준다. 따라서 점주 입장에서는 회원 관리와 신규회원 판촉 등에만 신경 쓰면 된다는 장점이 있다. 지사에서 가장 중요한 부분이라 할 수 있는 교사 채용은 일부는 본사에서, 일부는 지사에서 뽑는다. 교사 교육은 본사가 전담하지만 기본적으로 전산 전공자, 강의 경력, 자격증 보유 등 세 가지 조건 중 두 가지는 만족하는 사람을 채용하는 것이 좋다.

☎ (주)푸른컴 사업본부 : (02)564-7744
　　컴교실 공부방 : (02)424-9501

11. 가정 부케 제작 판매업

- 집기비품 및 인테리어 비용 : 300만 원 (무점포 : 없음)
- 초도 물품 구입비 : 800만 원 (무점포 : 200만 원)
- 기타 창업비 : 100만 원
- 총 투자비용 (점포 임차료 제외) : 400~1,500만 원

결혼식장에 가 보면 신부의 드레스와 화장도 아름답지만 신부가 들고 있는 부케가 특히 청초함을 돋보이게 한다.

현실적으로 부케는 단 한 번 쓰는 물품 치고는 10~30만 원대의 고가인데다 모양이 천편일률적이어서 아쉬운 감이 있다.

대부분 웨딩숍이나 대행업체가 일괄 주문하기 때문에 부케가 도착하지 않아 식장에 들어가지 못하고 발만 동동 구르는 일도 흔히 볼 수 있는 풍경이다.

게다가 한 번 쓰고 말 물건이니 아무려면 어떠랴 하고 모양이나 디자인이 마음에 들지 않아도 울며 겨자먹기로 쓰는 경우가 많다.

그런데 신부의 분위기와 얼굴, 체형, 드레스, 식장 분위기에 꼭 걸맞는 맞춤 부케를 제작하는 업종이 생겨났다.

신부가 결혼 당일 부케 때문에 기분 상하는 일이 없도록 배려하고, 바쁜 일정에 쫓기며 일부러 부케를 맞추러 가지 않아도 된다는 장점때문에 이용자들이 계속 늘고있는 추세이다. 또 예식 후에는 드라이 부케로 만들어 기념으로 간직하게 해 준다.

　영등포에서 '프리 플라워' 꽃집을 운영하는 '부케 메이커' 박경자 씨(27세)는 이처럼 한 번 쓰고 버려지는 부케가 아깝다는 생각에서 맞춤 부케를 시작하게 됐다.

　부케 가격은 꽃의 종류에 따라 8~12만 원대로 통상 70~80%보다 다소 적게 마진을 책정했다. 박씨가 만든 부케는 부케 증정식이 끝난 후에도 신부 친구들 사이에서 예쁘다며 쟁탈전이 벌어진다고 한다. 현재로서는 부케 제작업이 주가 아니고 꽃집을 하면서 주문이 들어올 때마다 제작하는 정도이다.

　부케에 적용될 수 있는 디자인은 사실상 무궁무진하지만 신부가 원하는 스타일은 대개 3~5가지로 압축된다. 너무 평범한 것도 싫어하지만 그렇다고 너무 튀는 것도 싫어한다는 이야기이다.

　주문이 들어오면 박씨는 신부들의 이해를 돕기 위해 그동안 제작한 부케의 사진이나 잡지에서 힌트를 얻은 작품 등을 모은 샘플북을 가져가 보여 주며 의논한다.

　또 결혼식장에도 찾아가 신부와 부케가 잘 조화되는지 살피며 마지막까지 방문 서비스를 펼친다.

　박씨의 꽃집은 생화 뿐만 아니라 일반 소품, 인테리어용품 등도 취급하는데, 취미겸으로 찾아오는 인근 여성들을 대상으로 한 달 코스의 일반 소품 제작과정을 강습하기도 한다. 돈을 벌고자 하는 부대 사업이 아니어서 강습비는 한 달 만 원만 받는다(재료비 별도).

　현재까지는 일부 웨딩샵과 연결해 일감을 따오는 정도여서 알음으로 들어오는 일거리나 신문, 잡지 등의 인터뷰 기사를 보고 연락해 오는 수요자가 대부분이다. PC 통신이나 인터넷 등에도 광고를 하지만 이를 보고 주문하는 소비자는 아직 미미한 정도이다. 부케 납품업자들이 가격을 낮추면서라도 기존 거래선을 유지하려는 경향이 강해짐에 따라 영업력을 펼쳐 거래처를 바꾸게 하기란 사실상 힘든 형편이라고 한다.

박씨는 "색다른 신종 서비스이고 해서 어느 정도 시장 환경이 잡히게 되면 더 나은 매출을 올릴 것으로 기대하고 있다."며 "행사용 화환과 배달용 수요 때문에 큰 어려움은 없고 월급쟁이 보다는 나은 매출을 올리고 있다."고 말한다.

그는 또 "꽃집은 보기와는 달리 육체적으로 힘든 일이므로 겉모양만 보고 업종을 택하기 보다는 진정 꽃을 좋아해서 시작하는 것이 바람직하다."며, "사업할 때 수동적인 경향을 탈피해 적극적인 영업을 해 나간다면 충분히 해 볼 만한 사업"이라고 조언한다.

여성이 창업 또는 부업을 고려할 때 흔히 물망에 오르는 꽃 판매업은 꽃을 좋아하는 여성이 많은 데다 투자 비용이 비교적 적게 들고 남보기에도 괜찮은 업종이라는 이유에서이다.

그러나 꽃 판매업은 특정한 기술을 요하는 업종이므로 일정 수준의 준비 기간이 필요하다. 이 때문에 요즘 백화점 문화센터나 꽃꽂이 학원 등에는 꽃가게 창업 강좌가 때아닌 호황을 누리고 있다.

가정 부케 제작업을 하려는 수요자는 큰 돈을 벌려는 마음은 버리는 것이 좋다. 먼저 고객관리를 잘 하고 아는 사람들을 통해 폭넓은 수요층을 확보하고 성실하게 사업하다 보면 입소문으로 안정되는 사업이기 때문이다. 부케라는 상품의 특성상 다른 꽃 관련 상품보다는 수요가 적을 수 있으므로 재주가 있다면 인테리어 소품 제작업 등 여러 가지 부가 사업을 병행하는 것도 좋은 아이디어이다.

소형이라도 점포를 내고 개업한다면 점포 임차료를 제외하고 5평 기준 점포 인테리어 비용 300만 원, 꽃 냉장고 280만 원, 인테리어 소품 및 꽃 초도 물품 구입비 800만 원 등 1,380만 원 정도가 필요하다.

점포 없이 가정에서 창업할 경우는 주문 받은 후 꽃을 구입하면 되므로 기본적인 부케 장식용품만 갖춰 두면 된다. 이 때 비용은 통상 200만 원 정도 들이면 된다.

입지 및 환경

부케를 중점으로 취급하기 위해 점포를 구할 때는 예식장과 웨딩샵이 밀집되어 있는 지역에 입지하는 것이 유리하다. 일반 꽃 판매점은 그 특성상 선물용 수요가 많으므로 사무실 밀집지역과 학교 주변, 쇼핑센터, 중심지 대로변, 역세권을 끼고 있는 지하상가 등이 좋다.

사 례

한국 플라워디자인협회 숙현중앙회 '명화회' 회장 정명화 씨(39세)는 취미생활로 시작한 꽃꽂이였지만 어느덧 경력 10년의 전문가가 됐다.

평소에는 꽃꽂이 강습과 외부 출장 등으로 바쁜 시간을 보내지만, 봄·가을에는 예식장과 연결한 부케 제작이 큰 일이다.

신부를 만나 샘플북을 보여 주고 마음에 드는 디자인을 고르게 하는데 종류는 다양하지만 주로 선택하는 것은 라운드형과 폭포형 등 3~5종류라고 한다. 가격은 10~15만 원 선으로 마진은 70% 선이다.

처음에는 꽃꽂이를 하면서 취미로 이것저것 만들어 보았는데 주변의 큰 호응을 받아 부케 제작도 시작하게 됐다. 이 외에 꽃바구니, 꽃다발, 꽃장식, 꽃 인테리어 소품도 개별 판매한다.

요즘은 주부들의 부업 열기로 부케 제작업을 배우기를 원하는 수강생이 많아 속성 3개월 과정과 6개월 과정을 신설했다. 꽃꽂이 강습비는 월 6~8만 원이고 부케 속성 과정은 한 달에 50만 원 선이다(재료비 별도, 수강료 변동 가능).

적극적인 부업 전략으로 아파트 게시판에 수강생 모집 광고도 내고 초등학교 어머니회에 출강도 나간다. 또 행사 주문이나 바구니, 꽃다발의 판매도 하고 은행과 연결해 꽃꽂이를 해 주기도 한다.

이렇게 해서 한 달 수입은 매월 들쭉날쭉하지만 평균 150만 원 선이다. 정씨는 새로 꽃가게를 개업하고자 하는 초보 점주들에게 꽃의 부가가치를 높일 수 있도록 산뜻한 포장법을 연구하라고 조언한다.

전문가 경영전략

꽃의 싱싱함도 중요한 요소지만 부케 제작업의 경우 무엇보다 앞서는 디자인 감각이 필요하다. 꽃 포장을 독특하게 하는 것 뿐만 아니라 결혼식용이나 중요 행사 배달용 배달주문의 경우 꼭 필요한 시간에 맞춰 주지 않으면 무용지물이 되므로 시간을 엄수하도록 한다. 경조사용 화분에는 리본에 글자를 써야 하므로 붓글씨 학원에 다녀 솜씨를 기르는 것도 바람직하다. 꽃 판매업의 경우 꽃을 다루는 법을 익히는 것도 중요하지만 꽃 도매시장을 둘러 보고 꽃에 대한 기본적인 정보를 터득할 필요가 있다. 최소한 꽃과 화분의 관리 요령이나 테라리움, 비바리움, 수경재배 등의 원예 기법을 알아 두고 시작하는 것이 유리하다. 물건에 따라 구입하는 장소도 약간의 차이가 있다는 점을 알아 둔다. 꽃은 강남 고속버스 터미널이나 남대문 꽃시장, 코벤트 꽃시장, 진로 도매센터 내 꽃시장 등을 이용하면 되고 관엽류는 강남 우면동을 찾으면 된다. 화분류는 송파대로 끝의 세곡동이나 서초동 꽃마을, 원당, 구파발 등에서 주로 취급한다. 꽃가게 주인은 꽃이나 화초에 관한 한 전문가가 되어야 한다. 수시로 꽃관계 서적을 읽고 틈틈이 꽃꽂이나 원예기술도 익혀야 한다. 꽃꽂이에 일가견이 있는 경우 수강생을 받아 수입을 늘릴 수도 있다. 꽃판매의 비수기라 할 수 있는 여름에는 카탈로그와 책받침 등을 제작, 인근 지역에 배포하는데, 수요가 예상되는 최대한의 범위까지 홍보하는 것이 매우 중요하다.

☎ 프리 플라워 : (02)841-9959
　명화회 : (02)473-3922

제6장

파트 타임 가능 맨손부업

1. 컴퓨터 속기사

생활의 모든 분야에 컴퓨터가 등장하는 추세에 따라 종전 손으로 쓰던 속기록도 컴퓨터로 대체하게 되었다. 이에 따라 컴퓨터 속기사가 유망 직종으로 떠오르고 있다.

컴퓨터 속기란 국회나 법원, 기업체의 회의 등에서 오고 가는 말들을 컴퓨터로 받아 적는 일이다. 한꺼번에 여러개의 자음과 모음을 누를 수 있도록 설계된 속기용 컴퓨터를 이용해 속기록을 작성한 뒤 컴퓨터 화면에서 교정, 편집한다. 속기용 컴퓨터의 키보드는 일반 컴퓨터의 자판과는 모양과 타장 방식이 다르다. 일반 컴퓨터 자판이 완전한 문장으로 입력되는 것과 달리 속기용 컴퓨터는 약속된 약자로 입력하면 화면에 완전한 문장이 되어 떠오른다. 속기사는 이 문장을 화면상에서 교정, 편집하여 완성된 문서로 작성하여 출력까지 하게 된다.

과거에는 모든 속기가 손으로 이루어졌으나 이제는 컴퓨터로 대체되어 가는 추세이다. 컴퓨터 속기는 손으로 받아 적는 것에 비해 2~3배가 빠르다. 또 손으로 속기록을 작성했을 경우 속기용 암호로 작성된 문장을 일반 문장으로 풀어 적는데 하루 종일 걸렸으나 컴퓨터 속기의 경우는 입력 즉시 암호를 완전한 문장으로 판독하는 소프트웨어가 컴퓨터 내에 장착되어 있기 때문에 그런 번거로움이 없다.

이에 따라 속기 시장은 수기 속기에서 컴퓨터 속기로 빠르게 대체되어 가고 있다. 국회와 지방의회, 법원, 기업체 등에는 총 1만 5,000명 정도의 속기사가 활동하고 있는데 최근 1~2년 사이에 2,000명 정도의 컴퓨터 속기사가 진출해 발빠른 성장을 보이고 있다. 향후 속기는 모두 컴퓨터 속기로 대체될 전망이므로 일단 자격증을 따기만 하면 일거리는 밀려 있는 상태라 할 수 있다.

오는 99년부터는 청각장애인을 위한 자막 방송이 의무화되고 PC 통신의 문자방송 서비스 분야도 확충될 전망이므로 이 분야에서도 컴퓨터 속기사를 필요로 하고 있어 시장은 항상 열려 있는 상태라 할 수 있다.

컴퓨터 속기사의 한달 수입은 기업체나 국가기관에 채용되는 경우 평균 100~200만 원 사이이며 2년 정도 경력이 쌓이면 200~500만 원까지 뛴다. 또 자격증을 딴 뒤 프리랜서로 활약할 경우 1시간당 35만 원을 받는데 이는 한국속기협회가 정한 협정 요금이다. 개인적으로 사무실을 차리거나 프리랜서로 활약할 수도 있고 마음 맞는 사람끼리 공동으로 사무실을 운영할 수도 있다.

컴퓨터 속기사 자격 시험은 노동부가 관장하고 대한상공회의소가 주관하는 데 1년에 두 번 치러지며 응시 자격에는 제한이 없다. 자격증 1급의 경우 5분당 1,600자, 2급은 1,500자, 3급은 1,350자를 입력해야 하고, 1급과 2급을 따야 전문 컴퓨터 속기사로 활동할 수 있다.

시험 준비를 위해서는 전문학원에서 수강하는 것이 가장 빠르다. 전국에 30여 개의 학원이 있는데 2개월은 기본과정이고 나머지 기간은 숙달기간이다. 수강료는 월 13~15만 원이다.

우선 시작하기는 쉽지만 숙달되기까지 6개월에서 1년 정도는 걸린다. 시작 3~4개월 즈음에 싫증이 나더라도 잘 넘겨야 한다는 게 현재 컴퓨터 속기사로 활동하고 있는 사람들의 공통의견이다. 특히 일처리를 신속, 정확하게 하여 꼭 재의뢰를 받을 수 있도록 하는 게 관건이다.

당장 일거리는 그리 많은 편은 아니지만 노하우가 축적되면 가정살림이나 다른 일을 하면서도 충분히 가능해 도전해 봄직하다.

컴퓨터 속기사 유덕자씨

두 아이의 엄마이기도 한 유덕자 씨(34세)가 컴퓨터 속기를 배운 지는 이제 2년, 아이들이 크면서 시간적, 정신적 여유가 생겨 뭔가 보람된 일을 하고 싶어 일을 찾던 중 컴퓨터 속기를 배우게 됐다.

"사실 처음엔 컴퓨터를 몰라 걱정을 많이 했어요. 그러나 컴퓨터 속기는 컴퓨터를 몰라도 일정 부호만 익히면 얼마든지 할 수 있다는 말에 용기를 냈습니다."

학원에 등록, 정규과정인 8개월 동안 공부한 후 두 달을 더 공부해 거의 1년 동안 배웠다. 당시 1개월당 학원 수강료는 12만 원이었으나 요즘은 월 13만 원으로 인상되었다.

월~금요일까지 학원에서 1일 2시간 정도씩 배우는 데 기본원리를 알고 난 후 혼자서 충분히 연습하는 게 더 중요하다.

배울 때 초기에는 재미있었지만 약 6개월 정도 되었을 때 약자를 익히느라 진도가 제대로 안 나가자 너무 힘들어 슬럼프에 빠지기도 했는데, 그때만 넘기면 어려움은 그리 없으므로 꾸준한 인내력이 필요하다고 한다.

"주부라 살림과 병행할 수 있을 뿐만 아니라 집에서도 작업을 할 수 있어 더욱 좋다."며 기회가 되면 취업을 하고 싶다고 한다.

처음 공부하는 기간에는 배우는 데 시간을 많이 빼앗겨 식구들

이 많이 힘들었는데 지금은 많이 이해하고 도와 주는 편이라고
한다.

주수입은 법원 녹취 및 재개발 주택조합에서 회의할 때 출장
가서 하는 속기이다. 법원 녹취는 1시간짜리 테이프가 25만 원
정도인데, 학원을 통해 일을 소개받게 되면 10~15만 원 정도 받
는다.

현재는 한 달에 14일 정도 일하고 약 150만 원 정도의 수입을
얻는다는 그는 젊은 여성들뿐만 아니라 주부들도 배우면 개업을
하거나 속기사 사무실에 취직자리도 쉽게 찾을 수 있어 좋다고
권한다.

☎ 국회속기양성소 : (02)788-2652
한국속기교육협회 : (02)743-7521
한국CAS컴퓨터속기협회 : (02)672-5731

2. 네온아트 전문가

어두운 밤거리를 휘황찬란하게 비춰 주는 것 중엔 네온사인의 위력이 크다.

작은 점포의 간판에서부터 커다란 네온 광고탑에 이르기까지 네온사인의 응용 범위는 광범위하다.

프랑스의 조르주 클로드가 발명한 것으로 1910년 파리의 만국 박람회에서 처음 선을 보였다는 네온사인은 우리나라에서는 지난 73년 에너지 절약에 따른 정부 시책으로 사용이 규제되었다가 87년 풀리면서 88 올림픽 때 성수기를 맞았다.

초자기술자라고도 불리는 네온사인 기술자는 뛰어난 미적 기능 때문에 인테리어 소재로도 인기를 누리고 있다.

네온 제작 과정은 우선 유리관을 800도 이상 가열시킨 후 물렁물렁한 상태에서 원하는 문자나 모양으로 구부린 다음 진공상태로 만든다.

그런 다음 가스를 넣고 양쪽 끝에 전극을 연결해서 방전을 하면 빛이 발생하는 원리를 이용한 것이다.

이때 네온 가스를 넣으면 빨간색을 내고, 청색의 빛을 내고자 한다면 아르곤 가스를 넣으면 된다. 노랑이나 녹색 등 다양한 빛을 발광시키려면 유리관에 형광도료를 착색한 후 수은을 넣으면 된다.

네온 기술을 익히면 네온 설비를 하는 공장이나 네온 전문업체, 옥외광고물 업체 등에서 근무하게 된다.

대개 규모는 3~4명의 직원을 둔 소규모 형태가 일반적이다.

옥외광고물 업체는 아주 작은 규모에서부터 큰 업체까지 천차만별이다.

네온만 제작하는 업체에서는 광고물업체의 하청을 받아 네온일을 해 주게 된다.

일정 기술을 익힌 후에는 취업을 하거나 자영업을 할 수 있다.

능력에 따라 수입은 천차만별인데 대략 초봉으로 월 50~60만 원을 받다가 2년 정도 기간이 지나면 기술자로 인정받게 되며 대략 월 80~100만 원 정도 급여를 받는다.

대개는 투자비용이 2,000만 원 이내로 적은 편이라 자영업을 하는 경우가 많은데 이때 수입은 최하 월 100만 원에서 많은 경우는 몇 백 만 원 정도까지 올리게 된다.

어쨌든 현재 네온은 인기가 좋고 또 일거리도 많은 편이지만 전반적으로 경기흐름에도 민감하고 또 정부시책에도 영향을 크게 받는다는 단점이 있다. 그러나 올 연말부터는 24시간 영업을 할 수 있을 것으로 보여 또 한번 네온사인의 전성기를 누릴 수 있을 것으로 보인다.

특히 요즘에는 인테리어 장식품에까지 네온 분야가 확산되면서 그 활용범위는 계속 늘고 있으므로 관심을 갖고 도전해 볼 만하다. 현재 국내에서 네온을 배울 수 있는 학원으로는 나도미 광고디자인학원이 있다.

특히 지방의 경우 네온업자가 거의 없어 광고물 제작업자들이 서울로 주문을 내는 사람들이 많은 편이라 지방에서 자영업으로 운영하는 것도 효과적일 듯하다.

창의성과 미적 감각을 갖추고 있다면 여성이나 장애인도 배운 후 창업하면 좋다.

40대가 넘은 주부들도 약간 감각이 있는 분들의 경우에는 7~8개월 정도 배운 후 자영업을 하는 사람들도 여럿 있을 정도이므로 배우는 데 특별한 자격제한은 없다.

전문 기술직으로 얼마나 일처리를 매끄럽게 하느냐와 영업력에 따라 매출차이가 많이 난다. 개인적으로 방송국 무대장치 일을 맡아 할 수도 있지만 대개는 간판업자들의 하청을 받아서 처리해야 하는 일이 주류를 이루게 되므로 전단 및 홍보지를 만들어 꾸준히 영업을 뛰는 게 중요하고 일단 주문받게 되면 약속된 날짜에 정확히 마무리를 해주는 등 신속, 정확한 일처리가 되도록 해야 한다.

사 례

네온아트 전문가 김현애 씨

이제 10개월 된 아들을 둔 김현애 씨가 네온 일을 시작한 지는 4년 정도 되었다.

결혼 전 직장생활을 할 때 결혼 후 아이를 키우면서도 할 수 있는 일을 찾다가 네온아트를 배우게 됐다. 학원 6개월을 다닌 후 바로 취업, 1년 6개월 동안 다니다 결혼하면서 3개월 정도를 쉰 후 다시 일을 시작했다.

한 달 중 10~15일 정도 일을 한다는 그는 네온 인테리어를 필요로 하는 곳이 많아 일거리는 많은 편이라고 한다.

무대 디자인 및 네온탑 등에 필요하기 때문에 기술만 있다면 네온 제작 주문이 많이 온다고 한다.

취업을 할 수도 있고 프리랜서로 일을 할 수도 있어 좋지만 점포 임차료를 제외하고 1,000만 원 정도만 투자하면 자영업도 가능하기 때문에 주위에 자영업하는 분들도 많이 있다고 한다.

자영업을 할 때는 초자를 굽는 시설을 갖추는 데 500만 원에서 800만 원 정도 들고 일의 양에 따라 다르지만 수입도 많게는 월 400~500만 원을 버는 사람들도 있다고 한다.

주부들이나 연세가 높은 분들도 많이 배운다고 한다.

현재 한 달에 보름 전후로 일하고 월 150만 원 정도의 수입을 올리고 있다.

아이가 어려 조금은 힘이 들지만 시어머님이 잘 돌봐 줘 걱정을 던다는 그는 프리랜서로 일하는 지금도 좋지만 앞으로 1~2년 내에 자영점을 내는 꿈을 갖고 있다.

☎ 나도미 광고디자인학원 : (02)841-4388

3. 액세서리 디자이너

귀고리, 목걸이, 반지 등 여성들의 장신구에서부터 핸드백, 벨트, 지갑, 넥타이핀, 브로치 등 생활용품에 이르기까지 다양한 소품들을 직접 디자인하는 사람이 액세서리 디자이너이다.

액세서리 디자인은 특별히 이렇다 할 자격증 제도가 있는 건 아니지만 액세서리 중에서도 가장 고가품이고 가장 중요한 위치를 점하는 보석의 경우에는 전문 디자이너로 인정받기 위해서 보석감정사와 세공사 자격증을 따야 한다.

전문 보석 디자이너가 아니라도 일반 액세서리 디자이너로 활동하기 위해서는 전문 학원에서 6개월 내지 1년 정도의 교육을 받아야 한다. 학원의 수료증이 자격증에 준하는 효력을 가지기 때문이다.

액세서리 디자인의 능력을 갖추면 취직의 관문도 넓고 창업에도 유리하다.

국내 액세서리 시장의 규모는 일반인이 생각하는 것보다 훨씬 크다. 남대문 시장 액세서리 상가 한 곳만도 하루 매출액이 3~4억 원 정도에 이른다니 전체 시장은 엄청난 규모임을 알 수 있다. 그런데 그 중 90% 이상을 피에르 가르댕이나 모네, 구찌, 샤넬 같은 외국 브랜드가 차지하고 있다.

하지만 실상은 대부분이 OEM 방식으로 국내에서 제작되어 외제 브랜드만 붙인 다음 역수입되어 비싸게 팔리는 것이다. 그렇게 되는 가장 큰 이유가 전문 액세서리 디자이너가 부족하기 때문이다.

액세서리 디자이너는 액세서리 생산업체에 취직하거나 프리랜서로 활동할 수 있다. 프리랜서는 액세서리 업체의 의뢰를 받아 디자인을 해 준다.

사업수완이 있는 사람이라면 대학가나 젊은 여성 유동인구가 많은 지역에 개인공방을 열어 자신이 만든 제품을 직접 판매할 수도 있다.

개인 액세서리 공방의 경우 자기만의 과감한 작업을 할 수 있으므로 다른 곳에서는 볼 수 없는 독특한 디자인으로 고객의 반응을 얻을 수 있다.

액세서리 디자이너가 되기 위해서는 어느 정도 패션 감각이 있어야 하고 유행의 흐름을 예리하게 포착하는 눈이 있어야 한다. 국내외 패션잡지와 보석·액세서리 전문지 등을 꾸준히 보면서 감각을 키우고 유행을 파악하도록 노력해야 한다.

개인의 능력에 따라 차이가 많기 때문에 일률적으로 이야기하는 데는 문제가 있다. 그러나 개인 작품을 만들어 판매를 하거나 예물주문을 맡아 일을 하는 경우 대략 한 달에 200만 원 정도의 수입은 된다.

사 례

액세서리 디자이너 박경수 씨

현재 액세서리 디자이너로 활약하고 있는 박경수 씨는 95년 홍익대 금속공예과 대학원을 졸업하고 이 분야에 뛰어들었다. 특히 그녀는 결혼 예물 디자인으로 명성을 얻고 있다. 실용적이면서도 세상에 하나뿐인 신혼부부들의 결혼예물을 만드는 것이 목표이다. 그래서 보석에만 가치를 두어 만든 후 장롱 깊숙이 넣어두기

보다는 개성있는 디자인으로 자기들만의 의미를 담은 개성있는 결혼예물을 마련하자는 그의 생각은 개성을 추구하는 젊은 세대에게 큰 호응을 얻고 있다.

그는 "액세서리 쪽은 이론도 중요하지만 현장에서 직접 디자인 시공을 해본 사람이 예술성과 실용성을 갖춘 디자인 작품을 만들어 낼 수 있다고 생각한다."고 말한다.

직접 디자인을 한 액세서리를 공장에서 직접 만들어 소비자들에게 판매도 하는 그는 인덕전문대, 서울예술고등학교 등에 강사로도 나간다.

방학 중에는 액세서리 디자인 책자를 많이 보고 시장조사할 시간이 많아 좋다는 그는 당분간은 학교에서 강의에만 전념할 생각이다.

그는 94년 개인전을 했고 매년 한번씩 코엑스에서 열리는 보석박람회 때 작품 발표도 했다. 그는 독일 장신구전이나 단체전에도 꾸준히 작품 발표를 하는 등 작품 발표회 때는 빠지지 않고 작품을 낸다.

주로 젊은 세대들에게서 좋은 반응을 얻고 있는 그는 40세 전에 전문샵을 갖는 게 꿈이다.

그는 예술성과 실용성을 겸비한 미적 감각이 있는 작품을 만드는 액세서리 디자인을 공부하느라 열심이다.

☎ 현대 액세서리 산업디자인학원 : (02)516-7480

4. 산모 도우미 (육아 상담사)

고학력이든 저학력이든 결혼 후 10여 년 넘게 집안 일만 해 온 주부가 취업할 곳이란 사실 그리 많지 않다. 심지어 직장 생활을 오래 하고 결혼과 함께 전업 주부가 된 커리어우먼들도 자신의 적성과 전공을 살리면서 재취업하기가 힘든 실정이다.

그런데 학벌에 관계없이 아이를 낳고 길러 본 경험이 있는 주부라면 누구나 도전할 수 있는 일이 있다. 바로 산모 도우미(육아 상담사)이다. 다른 직종은 35세만 넘어도 일자리 찾기가 어렵지만 산모 도우미는 산모들의 어머니처럼 나이가 많이 든 사람을 선호하므로 40세 이상의 주부들이 적격이다.

대개가 분가해서 사는 데다 맞벌이를 하는 경우가 많아 출산 후 조리와 신생아 돌보기가 큰 문제꺼리이다. 친정이나 시댁이 가까이 있는 산모의 경우는 도움을 받을 수 있지만 멀리 떨어져 있어 보살핌을 받지 못하는 산모들도 많다. 산모 혼자서 집안 일이며 아기 뒤치다꺼리와 함께 산후조리까지 하기란 힘들기 때문에 산모 도우미의 중요성이 부각되고 있는 것이다.

산모 도우미는 현재 대한가족협회 등 단체에서 1백여 명 정도가 활동중이다. 간호사나 간호조무사, 조산사 출신들이 많지만 고졸 이상의 출산 경험이 있는 40~55세의 여성이면 자격은 충분하다.

대한가족협회를 비롯, 이화여대 사회복지관, YWCA 등 산모 도우미 고용단체들은 보통 1년에 4번 희망자를 모집해 이론 24시간, 실습 16시간 등 통상 2주 50시간 정도 교육시킨 후 산모 도우미를 원하는 초보 엄마와 연결해 준다.

산모 도우미가 하는 일은 산후체조, 마사지, 영양관리 등 산모의 종합적인 산후조리와 신생아 수유·목욕·예방접종, 육아용품 세탁 등의 일이다. 대한가족협회 등에 연락하면 월 단위로 도우미와 계약할 수 있는데 하루 9시간(오전 9시~오후 6시)씩 1개월에 90만 원을 받고, 입주 근무는 월 120만 원을 받을 수 있다. 그러나 가사 일은 산모 도우미의 일에서 제외된다.

산모 도우미로 일하려면 우선 신원이 확실해야 하며 무엇보다 봉사정신과 건강한 신체가 요구된다. 사실 영유아의 뒤치다꺼리를 하는 것은 힘들고 궂은 일이므로 돈을 번다는 마음보다는 사람을 사랑하는 마음으로 임해야 보람도 느낄 수 있을 것이다.

이와 함께 유사한 직종으로 육아 상담사를 들 수 있다. 육아 상담사는 갓 출산한 초보 엄마를 대상으로 육아에 관한 전반적인 궁금증, 즉 분유나 이유식에 관련된 내용과 예방접종, 성장 단계별 육아교육, 영유아의 응급처지 방법 등을 알려주는 것이 주임무이다.

아직까지는 주로 유아용 분유업체가 고객관리 차원에서 운영하는 전화 상담원 정도에 그치고 있지만 독립적인 정보 비즈니스로 발전될 가능성이 충분하다. 전화와 팩시밀리, PC 통신 등을 사용해 고객에게 맞춤정보를 제공하는 것이다.

업체에 소속된 상담사들은 회사의 경영 방침을 따라야 하기 때문에 객관적인 유아정보를 제공하는데 한계가 있다. 그러나 독립적인 정보제공업은 유아의 질병에 관련된 병원 선정에서부터 이유식, 분유 등의 비교 평가까지도 객관적으로 제시할 수 있는 등 정보의 질적 우위를 점할 수 있다는 장점이 있다.

이 사업을 독립 사업으로 발전시키기 위해서는 무엇보다 정보를 데이터베이스화 하는 것이 중요하다. 육아에 관한 전문적인

지식과 직접적인 체험 등을 총망라하여 있을 수 있는 상황과 그에 관한 조치요령 등을 정리해 놓아야 하는 것이다. 그 뒤 회원을 모집하고 그들에게 해당정보를 제공함으로써 비즈니스로서의 기틀을 잡아갈 수 있을 것이다.

자금에 여력이 있다면 '24시간 산후조리 서비스업'을 해보는 것도 권장할 만하다. 이는 도와줄 사람이 없는 산모를 아기와 함께 일정기간 동안 입원해 편안히 몸조리를 할 수 있도록 보살펴 주는 사업이다.

인천에 자리한 '사임당 산후조리원'은 70평 규모의 건물에 안락한 느낌의 산모 개인방 13개와 신생아실, 휴게실, 샤워실 등을 갖추고 있다.

간호사가 24시간 대기하면서 엄마가 해야 할 모든 일을 대신한다. 조리원 측은 인근 산부인과와 연계, 간단한 건강 체크와 함께 만일의 사태에 대비하고 있다.

식단도 산후조리에 맞게 미역국, 잉어탕, 호박탕, 가물치탕 등 영양식으로 짜고 하루 4번의 식사와 3번의 간식을 제공한다. 이 밖에도 산모들은 심신 안정기와 좌욕기, 원적외선기, 유축기 등 각종 장비를 사용할 수 있다. 입원 비용은 2주일에 70만 원으로 추가시에는 1주당 30만 원이다.

사 례

남양유업에서 육아상담자로 일하고 있는 신성희 씨(28세)는 서울 종로, 중구, 은평, 마포구 내 종합병원 및 산부인과를 맡고 있다.

신생아들의 변을 직접 보여 주며 회사 홍보를 하는 덕에 간호사들은 그녀를 '변여사'라고 부른다. 아기의 변은 분유의 품질을 증명하는데 가장 확실하고도 과학적인 방법이라 의사나 간호사들에게 잘 통한다는 얘기이다.

회사 측은 담당지역 병원 시장 점유율을 65%나 석권하고 있으며 하루에 8~10곳을 돌아다니는 그녀를 위해 아예 운전사 딸린 차량을 지원할 정도이다. 지난해 8월에는 경쟁사가 장악하고 있던 한 산부인과를 2년에 걸친 공략 끝에 자기 편을 만드는 데 성공했다.

또 한 사람은 출산 및 육아 서비스 제공업체인 바운티 코리아에서 '미즈 바운티'로 활동하는 노미 씨(39세)인데, 매일 집 근처 산부인과를 방문, 출산 후 2~3일이 지난 산모들에게 육아 정보 가이드북과 각종 유아용품을 공짜로 나눠주고 육아 상담을 해 준다.

육아용품은 턱받이, 기저귀, 베이비 로션, 파우더, 유아용 비누, 이유식 등의 3~4만 원대 물품으로 유아용품 생산업체들은 이 샘플을 통해 광고 효과를 얻게 된다.

이 신종 직업은 지난 52년 영국에서 처음 시작됐는데 국내에는 97년 4월 도입돼 전국 300여 개 병원에서 25명의 미즈 바운티가 활약중이다.

미즈 바운티는 30세 이상 45세 이하의 출산 경험이 있는 주부면 누구나 지원 가능하며 보수는 월 평균 75만 원 선으로 공채 1기가 4백대 1의 관문을 뚫어야 했을 만큼 경쟁도 치열하다.

노씨의 경우 입사 후 주부로서 자유로운 시간인 아침 10시부터 오후 4시까지 부천지역 병원 11군데를 순회한다. 미즈 바운티와 연결된 산모들은 신생아가 만 2세가 될 때까지 각종 육아 서비스를 제공받는다. 백일에는 기저귀와 콘돔, 사진 촬영권 등을 선물로 받기도 한다.

노씨는 "가장 힘든 부분은 외판원으로 오해받을 때"라며, "그러나 국내에 들어온 동남아 출신 산모들이 고마워할 때 가장 큰 보람을 느낀다."고 말한다.

☎ 사임당 산후조리원 : (032)463-7600
　　바운티 코리아 : (02)515-5400

5. 도배사

시간에 구애를 받지 않으면서 큰 자본이 필요 없는 부업으로 도배사가 각광받고 있다.

이 업종은 다른 부업과는 달리 초기 자본이 거의 들지 않으므로 실패했다고 해서 재산을 날릴 우려가 전혀 없다. 따라서 시간적 여유가 있는 건강한 여성이라면 짧은 기간에 도배 기술을 배워 부업 전선에 나서볼 만하다.

3~4개월 과정의 교육을 받으면 초보 도배사의 경우 하루 3~4만 원, 숙련공이 되면 7~8만 원을 받을 수 있다.

일반적으로 3~4명이 조를 이뤄 현장에 나서지만 최근에는 풀칠하는 기계가 개발돼 혼자서도 지물포를 창업, 독자적인 영업이 가능하게 되었다.

도배사가 되는 길은 두 가지로 나눌 수 있는데, 첫째는 직업전문학교, YWCA, 구청 부녀복지관, 학원 등에서 기술을 익히는 것이고, 두 번째는 아예 한국 산업인력 관리공단이 시행하는 기능사 2급 자격증을 따는 것이다.

현대전산직업학교는 국영 훈련기관으로 1년에 4차례(2, 5, 8, 11월) 3개월 코스로 도배사 양성과정을 연다. 학비는 무료이고 모집 공고가 나가면 응시 원서와 사진 2장, 주민등록증을 준비해 면접에 응하면 된다.

3개월 동안 이론과 실기를 3 : 7 비율로 350시간 정도 배우고 나면 구직을 알선해 주며 초보자의 경우 하루 4만 원, 숙련자의 경우 9~12만 원까지 받을 수 있다.

여기서 한 걸음 더 나아가 한국 산업인력 관리공단이 주최하는 자격증까지 획득하면 금상첨화라 할 수 있다. 시험과목은 도배 시공 및 재료·색채 등 2과목이며 도배작업 실기시험도 봐야 한다. 기능사보는 필기 없이 도배작업 실기시험만 치르면 된다.

사설 도배학원에서도 16만 원을 내고 한 달 코스로 도배 과정을 교육받을 수 있다. 최근 IMF 구제 금융 신청 여파로 국비훈련원에 많은 사람이 몰리면서 사설 학원에도 6순 노인부터 대학생까지 다양한 사람이 도배사 과정을 배우고 있다. 한 달 과정의 교육이 끝나면 학원과 연계된 각종 일거리를 받을 수 있는데 일당은 초보자의 경우 하루 3만 원, 6개월 정도 경력자의 경우 5~6만 원을 받는다.

《지물포 개업시 소요자본》

의류 도매상에서 전문 도배사로 변신한 '날으는 지물포' 김희석(34세) 사장, 소형 차량에 도배지와 휴대용 자동 풀칠기를 싣고 고객이 원하는 곳이라면 서울 전역 어디든지 달려간다. 그래서 이름도 '날으는 지물포'라고 한다. 점포가 없는 대신 휴대 전화에 수신자 부담 전화를 연결해 고객이 기다리는 시간을 최소화 했다고 한다. 김씨가 이 사업을 구상, 현실화하는데 든 비용은 총 520만 원, 중고 자동차 구입에 500만 원이 들었고 사업을 알리는 현수막 제작비 10만 원, 자동 풀칠기를 월 10만 원씩 36개월 할부로 구입했다. 도배지와 자재는 주문이 들어오는 대로 맞춰서 사면 되므로 초도 물품 비용이 들지 않는다는 설명이다. 시중가보다 20~30% 싼 가격에 서비스를 제공하면서 점차 이름이 알려져 최근에는 체인 사업까지 벌이고 있다.

현재 경력 5년차의 전문 도배사 신영옥 씨(40세)는 아침 9시부터 오후 6시까지 한 달 20일 일하는 억척 여성이다.

지난 93년 YWCA 근로여성회관에서 3개월간 매주 닷새씩 벽지의 질과 성격, 벽면에 따른 접착제 사용법, 초배·정배 기술을 배우고 20일간 현장 실습을 거친 뒤 정식 도배사가 됐다.

처음에는 3~5명이 한 조로 알음알음으로 일감이 들어왔으나 내부장식에 대한 사회적 관심이 높아지고 경력이 점차 쌓이면서 작업 현장에서 인테리어 업자나 지물포 업자가 연결돼 일거리가 늘어났다. 한 달 20일 정도 꼬박 일해 월수 120만 원 정도 들어오며 이사철이 되면 일감이 더욱 늘어 바빠진다고 한다.

신씨는 "동료들과 인간관계가 원활하고 현장에서 성실히 일하면 일거리는 끊이지 않고 들어오는 편"이라며, "무엇보다 건강한 신체가 요구되는 일이지만 나의 경우 일하면서 오히려 건강해졌다."고 말한다.

☎ 현대전산직업학교 : (02)636-9587
한국산업인력관리공단 : (02)3271-0981~3
날으는 지물포 도배박사 : (02)905-8889

6. 독서지도사

대입시험에 논술고사가 중요한 비중을 차지함에 따라 어린 시절부터 책읽기, 글쓰기의 중요성이 부각되고 독서교육에 대한 관심도 높아졌다.

독서지도사란 초·중등학생을 대상으로 4~6명씩 소그룹을 만들어 토론과 글쓰기, 독서를 지도하는 업종이다.

학년에 따라 시간과 학생 수를 조절할 수 있는데 보통 1주일에 2회 수업해 한 달 수업료로 1인당 6만 원 정도 받는다. 4~5명짜리 2그룹을 지도한다고 볼 때 월 수입은 50~60만 원 선인 셈이다.

따라서 자기 능력만 겸비된다면 독서지도사로 나서는 것도 좋은 부업거리가 될 것이다.

독서지도사가 되려면 일정 사회단체가 운영하는 독서지도사 과정을 이수해야 한다. 예전에는 일하는 여성의 집에서 유일하게 배울 수 있었지만 요즘은 문화센터나 구청 복지관, 대학교 직업교육에서도 대부분 취급한다.

한우리 독서문화운동본부는 6개월 과정으로 두 달에 한 번씩 개강하는데 수강료로 48만 원을 내야 한다.

YWCA 독서지도사 과정은 연희 청소년 회관과 노원 일하는 여성의 집 2곳에 개설돼 있다. 1월과 7월초 매년 2회 개강하며, 6개월 과정으로 수강료는 38만 2,000원, 개강 시기를 놓쳐도 한 달 이내에는 등록할 수 있지만 40세 미만인 사람만 등록 가능하다.

이대 평생교육원은 1년 과정으로 주 1회 4시간 수업하며 수강료는 학기당 27만 원으로 매년 8월18일 개강한다.

연대 평생교육원은 4개월 과정으로 주 1회 2시간씩 강의한다. 매년 8월 11일부터 모집하며 수강료는 17만 원이다.

고졸 이상이면 누구나 이수할 수 있으며 국가에서 주는 자격증이 없으므로 각 교육 기관의 수료증이 자격을 증명하게 된다.

교육 과정은 현직 교사나 대학 교수, 전문 강사들로부터 심리학, 교육학 등의 기초 과목과 독서지도 실습, 문학 지도론, 동화 구연, 글쓰기 지도법, 논리 이해 등의 실무 교육을 받으며 이론·실습 수업을 한다.

한우리 독서문화운동본부의 경우 교육 과정이 끝나면 자체 인증시험을 치른 후 어린이 독서클럽인 '생각하는 나무'의 교사로 취업을 알선해 주는데, 대부분은 자신의 힘으로 모임을 만들어 방문 교육 등을 해야 한다.

이 경우 아무래도 동네 아이들이 주 대상이 되는데, 오전반은 유치원반을 둘 수 있고 오후반부터 초·중·고등학생 반을 만들 수 있다.

입소문이 잘 나면 팀을 구성하는데는 별 어려움이 없다. 단 처음 회원을 확보할 때 홍보가 잘 돼야 한다. 자신의 경력이나 능력을 피력할 수 있는 문구를 곁들이면 효과가 더욱 크다. 따라서 관련학과를 나오고 학원 경력이 있거나 교사 경력이 있는 사람이라면 더 바랄 게 없다.

독서지도사의 경우 수입이 일정치 않은 것이 단점이라면 단점인데, 팀마다 시작하는 날이 일정치 않기 때문이다. 그러나 시간을 잘 활용할 수 있다는 점과 일하는 시간에 비해 수입이 많은 것이 장점이라고 한다.

한우리 독서지도사 이경숙 씨(36세)는 "이제 독서지도사를 시작하려 한다면 호황기에 비해서는 어려움이 많을 수도 있을 것"
이라며 "전문직인 동시에 교사직이므로 1년쯤 수입에 연연하지
않고 교재 개발이나 자료 활용에 집중하면 점차 인정받을 수 있
다."고 귀띔한다.

사 례

도봉구 방학동에 사는 김정미 씨(42세)는 지난 94년 초등학교
에 다니던 큰 딸이 글짓기에 소질을 보이자 내 손으로 잘 가르쳐
보려는 생각에 독서지도사를 시작하게 됐다.

일하는 여성의 집 독서지도사 강좌에서 6개월간 수강하며 딸을
가르쳤는데, 이후 자연스럽게 딸 친구들도 합류하게 되고 소문이
나면서 이웃 주부들이 자녀들을 맡겨왔다.

논술이 입시의 중점 과목으로 채택되면서 수요가 점차 늘자 복
지관에서 요청이 와 본격적인 강사로 나서게 되었는데, 동네에서
들어오는 일감도 만만치 않다고 한다.

현재 여성의 집에서 초등학교 2~3학년짜리 10명을 1주일에 1
차례 가르쳐 한 달 6만 원의 강사료를 받고, 동네 초등학생 5명
을 1주일에 2차례 그룹 지도해 30만 원 정도 번다. 현재로선 큰
수입은 아니지만 막내아이가 중학교에 들어가게 되면 시간이 좀
더 자유로워지므로 7~8팀 정도도 맡을 수 있지 않을까 생각한
다.

교육 과정은 우선 좋은 책을 선정해 아이들에 읽히고, 주인공
이 잘한 점, 못한 점, 내가 작가라면 이렇게 썼겠다 등의 주제로
토론을 시킨다. 또 소감을 원고지에 쓰게 하고 교정해 주면서 문
장력과 발표력을 길러준다. 보통 저학년의 경우 읽기와 말하기에

주력하고 초등학교 4~5학년들은 쓰기까지 연습시킨다.

시간이 자유로워 집안 일에 부담 없이 월 30~40만 원 소득을 올리는데, 내 아이를 가르치면서 돈벌이도 된다는 것이 가장 큰 장점이라고 한다.

김씨는 "수료만 하면 무조건 수십만 원의 수입이 보장되는 줄 알고 뛰어들었다가 중도에 포기하는 사람이 의외로 많다."며, "이수 후 그룹을 짜는 것도 힘들었지만 현장에서 가르치는 일도 많은 노력이 필요하므로 쉬운 돈벌이로 생각하지 말라."고 강조한다.

능력에 따라 여러 그룹을 지도해 몇 백만 원씩 버는 사람도 있지만 그렇지 않은 사람도 있다는 얘기이다.

현재 김씨는 당시 함께 교육받았던 동료들과 스터디 그룹을 짜 매주 정보를 교환하고 수업 준비도 하는 등 도움을 받고 있다. 쓰고 듣고 말하는 모든 기관을 훈련시키는 일인 만큼 아이들의 마음을 잘 읽고 아이들의 수준에 맞게 진도를 준비하는 능력이 필수라고 조언한다.

☎ 한우리 독서문화운동본부 : (02)552-7481
　YWCA 독서지도사 과정　　• 연희 청소년 회관 : (02)338-4536
　　　　　　　　　　　　　　• 노원 일하는 여성의 집 : (02)951-0187
이대 평생교육원 : (02)360-3112
연대 평생교육원 : (02)361-3582

7. 주부 모니터

요즘 주부들에게 가장 인기 있는 직종의 하나로 모니터를 꼽을 수 있다. 모니터란 백화점과 방송국, 화장품회사, 식품회사, 가전회사, 유아용품회사, 신문사, 출판사, 건설회사 등의 각 기업이 고객만족 경영 전략의 하나로 실시하고 있는 제도이다. 시간과 공간의 제약을 받지 않는 데다 성별이나 연령·결혼 여부에 관계없이 일에 관심과 의욕이 있는 사람이라면 누구나 할 수 있는 부업이다.

보수는 건당 10~40만 원 수준으로 하는 일에 비해 높은 편이고 2~3군데에서 열심히 활동하면 용돈 차원을 넘어 큰 소득을 올릴 수도 있다.

이 때문에 응모자가 많아 몇몇 기업들은 대졸 여성을 우선으로 채용하기도 하고, 감시자로서의 능력을 발휘할 수 있는지 여부를 알아보기 위해 간단한 면접과 테스트를 실시하는 곳도 있다.

모니터의 채용은 대부분 광고 없이 각 모니터에게 소개를 받거나 연중무휴로 접수하므로 신문 광고를 비롯해 사내 추천이나 사보, 신문, 잡지 등의 단신란을 눈여겨 보고 회사에 문의해 미리 이력서를 넣어두는 지혜가 필요하다.

또 상품 광고의 이미지 조사나 새로운 아이디어 발굴에 주부 모니터를 활용하는 회사도 있다. 단, 주부 모니터를 고용하는 업체들의 대부분은 소비자의 입장에서 비판적이고 솔직한 의견을 듣기를 원하기 때문에 모니터가 회사에 지나친 일체감이나 소속감을 갖는 것을 꺼린다. 이에 따라 모니터의 임기도 6개월에서 길어야 1년인 경우가 많다. 이 경우 업체마다 돌아가며 모니터를 하면 경력도 인정되고 회사 입장에서도 경쟁사의 모니터였던 주부를 고용함으로써 경쟁사 제품에 대한 자세한 정보를 얻을 수 있다는 점에서 환영받는다.

이 업종은 큰 기술이나 지식이 없어도 되지만 소비 생활을 하는 주부로서, 생활에서의 경험을 바탕으로 해당 기업의 상품과 서비스에 대한 감시 및 창의적인 개선안을 제시하는 능력이 필요하다. 무엇보다 사회적인 호기심이 많은 사람으로서, 전문서적을 읽어 기본을 다지는 한편 여러 가지 경험을 쌓고 남들의 의견도 청취하는 등의 노력이 요구된다.

백화점 모니터

1주일에 2번 정도 출근하는데 따로 시간을 낼 필요 없이 외출이나 쇼핑할 일이 있을 때 매장 이곳저곳을 둘러 보면 된다.

월 2~3회 주부 모니터 전체회의가 있을 때는 그동안 모니터한 내용을 리포트로 제출하고 발표도 한다. 보통 한 달 활동비로는 25~40만 원 정도를 받는다. 신제품 품평회나 시장 조사, 소비자 설문조사에 참가할 기회가 많아 성취도가 높은 편이다.

백화점 주부 모니터는 매장의 디스플레이 상태나 직원의 친절도, 시설물을 이용할 때의 불편사항 등을 주로 모니터하는데, 백화점 측에서 특정 과제를 지목하는 경우도 있고 고객이나 매장 직원을 대상으로 하는 설문조사를 위탁받을 때도 있다.

❶ 롯데 백화점은 6월과 12월에 점내 공고를 통해 백화점 모니터 5명, 점별 모니터 20여 명을 모집한다. 임기는 6개월이고 보수는 백화점 모니터가 30만 원, 점별 모니터가 20만 원이다. 학력과 연령에 제한이 없지만 수도권에 거주하는 주부라야 하

며 월 8회 보고서를 제출해야 한다. (홍보실 : 02-771-2500)

❷ 미도파 백화점은 6월과 12월에 만 25세 이상 대졸 주부를 17명 정도 모집하는데, 월 4회 보고서를 제출해야 하며 보수는 월 30만 원이다. (인사과 : 02-939-2222)

❸ 현대 백화점은 본점과 무역센터점이 독자적으로 모니터제를 운영하는데, 본점은 3월과 9월에 6명을 채용하고 무역센터점은 2월과 8월에 8명 정도 모집한다. 전문대 졸업 이상 학력을 갖춰야 하고, 활동 기간은 3개월이다. 월 4회 보고서를 제출하며 보수는 월 25만 원이다. (본점 판매과 : 02-513-5833)

❹ 그랜드 백화점은 5월과 11월 인근 지역의 대졸 이상 20~40 대 주부를 6명 정도 모집하며 보수는 월 20만 원 선이다. (기획실 : 02-533-0101)

가전회사 주부 모니터

제품을 쓸 때 불편한 점 파악과 경쟁사 제품과의 장·단점 비교를 주로 맡게 된다. 월 2~3회 본사에 방문해 보고서를 제출하는데 활동비는 10만 원 선으로 별도 과제를 맡길 때는 활동비를 추가로 지급하기도 한다.

❶ 대우전자는 서울·경기지역의 20~40대 주부 20~30명을 임기 6개월로 모집한다. (모니터 담당 : 02-360-8181)

❷ 삼성전자는 매년 6월과 12월 신문을 통해 20~30명 정도 모집하는데 보수는 월 15~20만 원이다. (02-259-2077)

❸ 동양매직은 매년 3월과 10월에 여성지나 신문 생활 단신란을 통해 10명 정도 모집한다. 보수는 월 3회 모임에 15만 원이다. (02-566-7784)

식품회사 주부 모니터

신제품의 반응을 조사하고 가정 내 제품 응용방법을 제안하는 활동을 주로 한다.

❶ LG 식품사업부(맛그린)는 1월과 7월에 여성지와 '드봉'지 광고를 통해 20~30명 정도 모집한다. 보수는 월 5만 원과 자사 제품을 증정한다. (모니터 담당 : 02-787-0647)

❷ 제일제당은 백설 주부 모니터를 1년에 한 번씩 30명 정도 뽑는데 보수는 월 10만 원과 고정급을 지급한다. (모니터 담당 : 02-710-5693)

❸ 롯데제과는 매년 8월 중 여성지 광고를 통해 10명 정도 모집한다. 월 2회 모임을 갖는 데 임기는 10개월이며 보수는 월 10만 원이다. (02-670-6462)

❹ 풀무원은 매년 1월과 7월 서울 및 인천, 부천, 성남, 과천, 안양 거주자 중 모니터를 선발한다. 임기는 6개월이며 보수는 월 10만 원과 자사제품이다. (02-585-0085)

❺ 동원산업은 매년 2월 중 사보 '동원'에 광고를 낸다. 총 20명 정도 모집하며 보수는 월 10만 원이다. (02-589-3252)

❻ 한국냉장은 매년 2~3월 중에 여성지 광고를 통해 20~30명 정도 모집하는데, 임기는 10개월이며 한 달에 2번 출근하게 된다. (02-815-9331)

제과업체나 유아복 · 유아용품 업체의 모니터

어린 자녀가 있는 주부라야 한다는 조건이 붙는다. 이들 업체에서는 신제품에 대한 부모와 자녀의 반응 및 신상품의 디자인 품평 등의 과제를 맡긴다. 월 1~2회 본사에 방문, 보고서를 제출해야 하며 활동비는 월 20~25만 원 정도이다.

❶ 압소바의 경우 매년 6월과 12월 《압소바》지에 모집 광고를 낸다. 임기는 6개월이고 총 15명의 인원 중 수도권 거주자와 지방 거주자를 반반씩 뽑는다. (압소바 기획팀 : 02-754-3355)
❷ 해피랜드는 매년 5월 사보 《해피랜드》와 신문에 광고를 내는데 총 7명을 뽑고 대졸 이상의 경험자를 우대한다. 임기는 1년이고 보수는 월 20만 원이다. (홍보실 : 02-515-7811)
❸ 베비라는 공개 모집보다는 결원이 생길 때 추천을 받거나 모니터를 문의하는 사람 중에서 선발한다. 보수는 월 10만 원이다. (영업과 : 02-458-6565)

신문·방송 모니터

정기모임 이외에 일을 위해 특별히 외출할 필요가 없고 집에서 정해진 시간에 일만 하면 되므로 인기가 높다. 자신에게 할당된 프로그램 혹은 신문을 시청한 뒤에 팩스 등으로 의견서를 전송하면 된다. 의견서에 자신의 주관이 많이 들어가기 때문에 다른 분야의 모니터들보다 고학력자가 많고 보수도 높은 편이다.

❶ KBS는 매년 2월 중 서울과 각 지역의 방송 내용을 모니터할 감청요원 130명을 모집하는데 임기는 1년이고 보수는 월 28만 원 선이다. (02-781-3041)
❷ 서울방송은 매년 10월 중 TV 모니터 20명과 라디오 모니터 10명을 6개월 임기로 모집한다. 보수는 월 35만 원에 교통비를 추가로 지급한다.
❸ 교육방송은 1월 중 전국을 대상으로 40명 정도 공개 모집하

는데 1년 임기에 보수는 월 15만 원 선이다. (02-522-8020)

❹ 문화방송의 경우는 특별한 모집계획이 잡혀 있지 않은 상태지만 모니터 요원들의 임기가 있으므로 1년에 한번은 모집한다. 현재 TV 모니터 15명과 라디오 모니터 7명이 활동중이며 보수는 월 30만 원 정도이다.

❺ 동아일보는 6월에서 7월 중 50명 정도 모집하는데 보수는 기본급 7만 원과 주단위로 3~7만 원의 원고료가 차등 적용된다. 원고료는 통상 15~30만 원 선이다. (02-361-0357)

❺ 중앙일보는 3월과 9월에 40~50명 정도 모집하는데 임기는 6개월이며 보수는 30만 원 선이다. (02-755-1940)

❻ 삶과 꿈은 대졸 이상의 모니터 경험이 있는 30대를 우대하며 결원시 신청자 중에서 모집한다. 보수는 월 15만 원이다. (02-319-3791)

화장품 업체의 모니터

보수 이외에 화장품을 지급하기도 하고 미용 강좌나 문화 행사에 참여할 수 있다는 매력이 있지만 보수가 상당히 적은 것이 단점이다. 주로 제품에 대한 평과 소비자들의 반응, 신제품 제안, 광고평 등을 하게 된다.

❶ 태평양화학은 학력, 연령에 제한 없이 매년 12월 사보《향장》을 통해 10여 명 정도 선발한다. 활동 기간은 6개월이며 10만 원의 보수와 2~3만 원대의 화장품이 지급된다.

❷ 라미화장품은 매년 1월 사보《라피네》에 공고, 20여 명을 뽑는데 한 달에 1번 정기모임이 있으며 10만 원어치 상당의 화장품을 지급한다.

❸ 에바스 화장품은 사보 《에바스》에 6월과 12월에 광고를 내 6개월 임기의 모니터 7명을 선발한다. 보수는 교통비와 화장품이 지급된다.

조그만 잡지사에 근무하다가 결혼과 함께 전업 주부가 된 최영미 씨(29세)는 연로한 시부모님을 모시고 사는 탓에 출퇴근보다는 집에서 할 수 있는 일거리를 찾다가 SBS-TV 방송 모니터 요원 공고를 보고 응시했다.

요즘은 수목드라마 1편과 아침 프로 1편을 모니터링하는데, 시간을 맞추는 것이 어렵지 일은 그다지 힘든 것은 아니라고 생각한다. 매일 저녁 무렵 200자 원고지 10매 내외의 시청 소감을 팩스로 보내야 하는데, 아침에는 출근 준비 등으로 바쁜 탓에 녹화했다가 나중에 시청하는 편법(?)을 쓰기도 한다.

1주일에 1번 정도 전체회의가 열릴 때는 방송국에 나와야 하며, 임금은 월 40만 원 정도 되지만 여기서 세금 25%를 제해야 한다. 여러 곳의 모니터 등 아르바이트 정보를 다양하게 알고 있는 20여 명의 다른 모니터 요원들과의 교류에서 여러 가지 정보와 도움을 많이 받고 있다고 한다.

최근에는 다른 모니터 요원의 소개로 할인점의 모니터도 나가게 될 예정이어서 힘닿는 대로 2~3곳을 뛰면 월급 못지 않은 소득을 올릴 수 있을 것으로 기대하고 있다.

8. 리서치 면접조사 요원

대중의 기호가 사업성패의 중요한 요인으로 떠오르면서 '리서치'를 일종의 미래 보험으로 인식, 리서치 업체를 찾는 기업이 급격히 늘고 있다.

정치·사회단체가 중요한 이슈가 있을 때 국민여론을 수렴해 참고자료로 이용하고 있는 것은 이미 널리 알려진 사실이다. 각종 제조·유통업계가 판매하는 술·식품·주스류 등 대중적 제품 외에도 동네 사설학원이나 조그만 사업을 시작할 때도 지역별 시장성을 알아보기 위해 먼저 리서치 회사를 찾고 있는 실정이다.

이에 따라 10여년 전까지 한국 갤럽·한국 리서치·AC 닐슨 등 빅3사가 독주하던 리서치 업계는 90년 이후 호황을 구가하면서 급격히 늘어났다.

현재 소규모 업체까지 1백여 개사가 성업중으로, 웬만큼 이름이 알려진 곳은 1년 매출액이 5억 원 이상이고 규모가 큰 곳은 연매출이 30~40억 원에 달한다. 이에 따라 전문화 경향이 대두, 한국 갤럽이나 현대 리서치는 정치·사회 현안에 대한 여론조사를 전문으로 하고, 서울 리서치는 방송·오락 프로그램과 관련한 재미있는 기획 앙케트를 주로 맡는다. 또 AC 닐슨의 경우는 외국계 회사의 국내 시장 진출을 위한 마케팅 조사를 주로 대행한다.

이들 조사 기관이 주로 이용하는 조사 방법은 전화 조사와 1:1 면접 조사가 있다. 이 때문에 연중무휴로 리서치 요원을 채용하는데, 모집 시기나 인원, 임기의 제한이 전혀 없어 가사 일을 하는 주부라도 얼마든지 도전해 볼 수 있는 부업이다.

학력에 제한이 없는 데다 모든 조사작업에 반드시 동참해야 한

다는 강제성이 없으므로 집안의 대소사가 겹칠 때는 잠시 쉴 수
도 있다.

다만 모르는 사람에게도 친숙하게 접근해 대답을 받아내야 하
는 일이기 때문에 좋은 인상을 줄 수 있는 활발하고 외향적인 성
격을 가진 사람에게 적합하다.

또 응답자에게 질문의 취지를 올바르게 이해시켜야 하므로 말
솜씨도 있어야 하고 대답을 얻어내기 위한 인내심도 요구된다.

그러나 조사 작업에 나서기 전에 본사에서 철저하게 사전 교육
을 시켜 주므로 일하는 데 별다른 어려움은 없다.

각 조사 기관의 응시 자격과 보수를 알아보면 다음과 같다.

한국 갤럽

만 35세 이하 고졸 학력 이상자를 면접 조사원으로 뽑는다. 회
사의 인지도가 높아 일하기에 가장 편하다는 평을 듣고 있는데
전체 조사원 중 주부의 비중은 30%, 보수는 1부당 3,000원 선이
다. (02-736-8828)

코리아 리서치

면접 조사원의 학력과 연령에 제한이 없다. 조사 종류에 따라
100~500명의 조사원이 동원되는데, 이 가운데 30~40%가 주부
다. 일반적인 정치 조사와 마케팅 조사가 주류로, 보수는 1부당
3,500원 선이며, 교육비 5,000원이 지급된다. (02-521-8361)

미디어 리서치

고졸 이상 학력자로 20~40대 주부를 모집한다. 물가나 정치의
식 조사 같은 사회 조사와 신상품에 관한 마케팅 조사를 주로 실

시하며 주부를 대상으로 한 여론조사도 많은 편이다. 총 면접 조사원 2백여 명 중 50%가 주부로, 보수는 1부당 3,000~7,000원이 지급된다. (02-338-7652)

현대 리서치

20~30대 초반 고졸 학력 이상의 여성을 채용하는데, 전체 200여 명의 리서치 요원 가운데 주부의 비중이 1/3이다. 정기적으로 주부의 라이프 스타일을 조사하며, 보수는 1부당 3,500원 정도이다. (02-332-4340)

리서치 앤 리서치

20~30대 고졸 학력 이상의 사람을 채용하는데, 정치 의식과 정책에 관한 사회 조사와 의류, 도서, 약품 등의 마케팅 조사가 주류를 이룬다.

지원자는 아르바이트 뱅크를 이용하거나 전화로 접수한 뒤 방문, 등록하면 된다. 방문시 주민등록증과 도장, 한일은행 통장을 준비해야 한다.

보수는 한 사람과 만나 작성하는 보고서 1부당 2,500~7,800원이고, 교육비로 5,000원이 지급된다. (02-565-1611)

사 례

지난 93년 면접 조사원 일을 시작, 서울 리서치의 '왕고참'으로 통하는 김영희 씨(50세)는 가사 일에만 전념해온 데다 소아마비로 다리가 약간 불편해 마땅한 일을 찾지 못하던 중 주위의 권유로 이 일을 하게 되었다.

보통 집안 일을 끝내고 난 낮 12시에서 오후 2시 사이에 사무실로 나가 설문지 10장을 받는다. 이 설문지는 원할 경우 더 받거나 덜 받을 수도 있다. 조사 대상은 주로 회사 사무실 직원과 동네 주부이다.

김씨의 경우 이리저리 이동하기 위해 지하철을 많이 이용하는데, 때로 지하철에서 만난 승객을 활용하기도 한다. 이제 일에 이력이 붙은 덕인지 2~3시간이면 10장의 설문지를 모두 채워 다음 날 출근할 때 낸다.

정식 출근은 월~금요일이지만 사정이 생기거나 집안에 큰 일이 있으면 회사에 연락해 빠질 수 있어 좋다.

보수는 설문지 종류에 따라 다르지만 1장에 3,000~1만 원 선이다.

불특정 다수를 대상으로 하는 설문지는 비교적 쉬운 탓에 좀 싼 편이지만 '96년 이후 결혼한 새댁', '만 12개월된 아기를 가진 주부' 등 응답자가 특정 조건을 갖춰야 하는 경우는 1부당 1만 원까지 받는다. 통상 월~금요일간 일을 거르지 않고 10부씩만 해내도 월평균 70~80만 원의 소득을 올린다.

김씨는 "집집마다 방문해 조사해야 하는 여론 조사에서 주부 조사원은 상대방에게 거부감을 덜 주는 장점이 있다."며, "개인이 편한 시간에 활동하면 되므로 집안 일에 지장을 주지 않아 부업으로 그만"이라고 추천한다.

Part Ⅲ IMF 성공 유망 소점포 BEST

제1장

1～2천만 원 투자 유망 업종

1. 유명 · 보세 아동복 아울렛

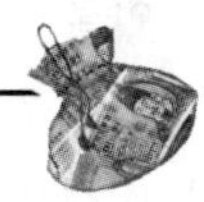

- 집기비품 및 인테리어 비용 (5평 기준) : 300만 원
- 초도 물품 구입비 : 1,500만 원
- 기타 창업비 : 200만 원
- 총 투자비용 (점포 임차료 제외) : 2,000만 원

"내 아이는 달라요, 특별하죠."

비싼 것이 특별한 것이라고 선전하는 이 광고 카피 한 마디에 모 이유식이 불티나게 팔린 적이 있다.

단적인 예지만 요즘 엄마들이 자식에게 기울이는 정성은 예전 같지 않다. 영재 교육을 비롯해 초등학생을 외국어 연수까지 보낼 정도로 대단한 교육열을 자랑한다. 교육문제 뿐만이 아니다. 아이들이 TV에 나온다는 뽀뽀뽀나 TV 유치원 등에는 자식을 입학시키려는 부모들의 치열한 로비전이 벌어진다. 등록하고 나서도 어쩌다 한 번 나오는 자식이 같은 옷을 입고 있으면 남보기 부끄럽다 하여 매일같이 새옷을 입힌다. 이처럼 내 자식이 남들과 달라 보이기를 바라는 욕망이 대부분 부모에게 잠재돼 있기 때문에, 어른 옷보다 비싼 아동복이 더 잘 팔린다.

그러나 사실 아이들 옷값만큼 부모에게 부담되는 것도 없다. 하루가 다르게 쑥쑥 자라는 아이들이라, 봄에 사 입힌 옷이 가을에 맞지 않는 경우가 허다하다. 게다가 이제는 IMF 구제 금융 신청 여파로 각 가정마다 의류비부터 줄이는 형편이다. 집안의 씀

씀이가 대폭 줄어드는 데 아이 옷만 비싼 유명 메이커를 주장할 수는 없는 일이기 때문이다.

이런 사회상을 반영하듯 요즘 유명·보세 아동복 아울렛이 실속파 주부들의 인기를 끌고 있다. 내 아이만은 최고로 키우고 싶고, 가격만 적당하다면 당연히 유명 메이커로 입히고 싶은 것이 부모 마음이기 때문이다. 호황일 때는 아이 옷도 백화점에서 구입하던 소비자들이지만 긴축재정을 하게 되면서 할인매장을 찾게 된다. 똑같은 옷을 정상 매장 가격에서 50% 이상 낮춘 가격에 판매, 알뜰 주부들이 몰리면서 비교적 호황을 누리고 있다.

유명·보세 아동복 아울렛 판매 사업은 아동복이 유행을 거의 타지 않으면서도 품질이 비교적 좋은 편이라 단골 형성이 쉽다는 장점이 있다. 이 때문에 초보자라도 자녀를 길러본 경험이 있다면 특별한 노하우 없이 창업이 가능하다. 특히 아동복 사입 유통 전문업자들이 따로 있어 주문만 하면 매장에 직접, 혹은 택배로 배달해 주므로 창업 후 새벽 장을 봐야 하는 부담도 덜 수 있다.

개점 시기는 계절이 바뀌기 한 달쯤 전이 가장 좋다. 어느 계절을 막론하고 이 때가 가장 매상이 높은 시기이기 때문이다. 입학철과 크리스마스 전후, 추석, 어린이 날, 소풍철 등이 가장 장사가 잘 되는 때이고 다소 높은 가격대의 옷이 잘 나간다. 그러나 개점 후 6개월 정도는 현상 유지에 만족하면서 그 지역 주부들의 소비 취향을 파악하는 데 주력하는 것이 좋다. 전문가들은 아동복의 경우 주부들이 충동구매하는 경향이 있으므로 매장 안으로 끌어들일 수 있는 흡인력이 무엇보다 중요하다고 조언한다.

창업비는 실평수 5평을 기준으로 점포 임차료를 제외하고 대략 1,500~2,000만 원 정도 든다. 집기 비품 및 인테리어 비용으로 300만 원, 초도 물품 구입비 1,000~1,500만 원, 기타 창업비로 200만 원 정도 든다.

옷에 따라 차이는 있지만 마진율은 50% 선으로 타 업종과 비교해도 높은 편에 속한다.

점포를 제외하고 2,000만 원 정도 투자할 경우, 장소에 따라 다르지만 대략 1일 20만 원 이상 매출이 오른다. 이중 마진 평균이 대략 50% 정도된다고 볼 때 1일 10만 원 정도 매출이익이 발생한다.

결국 한 달이면 300만 원 정도의 매출이익이 발생하는 데 이중 경상비로 100만 원 정도를 제하면 대략 월 200만 원 정도의 순수익을 올리는 곳이 많다.

입지 및 환경

이 사업을 계획할 때는 점포 입지에 가장 신경 써야 한다. 주부층의 유동인구가 많은 슈퍼마켓 낀 주택가와 아파트 단지, 재래시장, 버스 정류장을 낀 주택가 진입로 상가 등이 이 업종의 1급 입지이다. 2천가구 이상의 배후 인구가 있는 아파트 단지 내 상가나 주택가도 유망하다. 단, 이때 아파트는 아이들이 많은 20~30평대 아파트를 기준으로 해야 한다. 점포 위치는 주택가 진입로에서 모퉁이를 도는 코너에 자리하는 것이 디스플레이를 양방향으로 보여줄 수 있어 유리하다.

지난해 10월 서울 신정동에 '엄마손잡고'라는 유명·보세 아동복 아울렛 매장을 낸 고은아 씨(31세)의 매상은 하루 평균 30만 원 정도이다. 한 달이면 800~900만 원 정도 매출이 오르는 데 마진을 평균 30% 정도로 잡으면 매출이익은 300만 원 선이다.

고씨는 평소 아이들을 키우면서 아동복이 경기를 거의 타지 않고 정기적으로 구입하는 경향이 있다는 점을 느끼고 이 사업을 한 번 해 보고자 도전한 케이스이다.

7평 정도 규모 점포에 권리금 3,000만 원과 점포세 1,000만 원이 들었고, 인테리어비와 초도 물품 구입비, 기타 잡비를 합쳐 7,500만 원이 들었다.

소비자에게 싸다는 인식을 심어주기 위해 손해보는 셈치고 마진을 30% 대에 맞춘 탓에 점포 월세와 기타 비용을 제하고 나면 월 200만 원 정도가 순수익으로 떨어진다. 그러나 싸게 판다는 입소문이 돌면서 목동, 방화동 등 강서구 지역 주부들까지 원정을 오게 됐다.

재고관리 때문에 항상 부담스럽기는 하지만 될 수 있으면 손해보면서라도 구입 후 3개월 이내에 정리, 현금회전을 시키고 신상품을 제대로 갖추는 것이 매출 올리는 비결이라고 한다.

이 업종은 전문 사입자가 옷을 넣어주어 비교적 쉽게 장사할 수 있는 편이지만, 적어도 일주일에 한 번은 도매시장을 둘러보며 시장 상황과 유행 조류를 파악한다고 덧붙인다.

"아동복 판매업은 뭐니뭐니 해도 단골장사이므로 손님들을 최대한 편안하게 해 주는 것이 좋다."며, "고객 카드를 활용, 일정 매출액 이상의 손님에겐 할인 혜택을 준다거나 성탄절이나 어린이

날에는 간단한 사은품을 제공하는 것이 단골 만드는 비결"이라고
조언하는 그는 앞으로 아동복 뿐만 아니라 패션 액세서리 및 신
발 등을 갖춘, 어린이 토털 매장으로 꾸밀 계획을 갖고 있다.

 ## 전문가 경영전략

매출을 올리려면 매장 디스플레이에 주력해야 한다. 눈에 잘 띄는 곳
에 디스플레이 된 옷은 적어도 2~3일마다 한번씩 다른 옷으로 바꿔
걸어 주어야 하며 색깔 배치 및 소품까지 신경을 써야 많은 매출을 올
릴 수 있다. 손님들이 디스플레이를 자주 바꾸는 점포를 보면 물품의
회전이 잘 된다고 생각하고 좋은 인상을 갖게 되기 때문이다. 또 물건
공급 가격이 비교적 낮은 편이므로 상권과 주요 유동인구의 취향에 맞
게 물건을 구입하는 센스가 필요하다. 아이 옷의 선택권은 엄마에게
있지만 요즘은 어린이가 스스로 선택하거나 조르는 경향도 많다. 어린
이는 모방심리가 강해서 TV에서 또래 어린이가 입은 것을 보면 무조
건 입고 싶다고 생각한다. 이런 심리를 감안해 물건을 고르는 것도 점
포를 성장시키는 비결이다. 아동복 아울렛 매장의 가장 큰 약점은 재
고처리 문제로 초도 물품을 갖출 때나 차후에 상품을 사입할 때 상권
에 맞는 가격대 및 디자인을 위주로 구입해야 한다. 특히 일단 구입한
제품들은 가격이 싼 대신 반품이 안 되므로 적어도 구입 후 3개월 내
에 다 팔아야 자금회전이 되어 신상품을 계속 구비할 수 있다. 최초
한 달간은 마진율 70% 이상에 팔다가 다음달에 30~40%, 마지막까
지 팔리지 않은 것은 10% 마진 또는 원가 이하에라도 팔아야 한다.
이 방법을 쓴다면 초기에 팔린 상품이 마진을 보장하므로 뒤에 손해를
좀 보더라도 상품 재고를 남기지 않으면서 손실을 줄일 수 있다. 초도
물품을 많이 구입하는 것보다 종류를 다양하게, 또 될 수 있으면 한
디자인의 상품을 소량씩만 주문해 젊은 엄마들의 취향을 맞추는 게 좋

다. 또 항상 매장 앞에 매대를 마련해 면 티셔츠나 쫄바지 등의 질이 좋으면서도 가격이 싼 물품으로 고객을 유인한다면 매장 안으로의 유입 고객도 자연 많아져 매출 향상에 도움이 될 것이다.

☎ 구의동 홍당무 : (02)3424-1444
　　목동 엄마손잡고 : (02)646-3194

2. 중고 유아·아동용품점

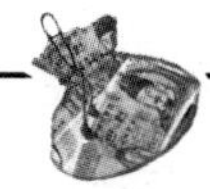

- 집기비품 및 인테리어 비용 (5평 기준) : 500만 원
- 초도 물품 구입비 : 500만 원
- 기타 창업비 : 100만 원
- 총 투자비용 (점포 임차료 제외) : 1,100만 원

아이 옷값이 어른 옷값보다 비싼 것이 많다. 그럼에도 불구하고 어른은 옷을 한 벌 사면 적어도 3년 이상 입는 반면 어린이는 금방 커서 반 년만 지나도 옷이 적어 못 입게 된다. 이렇게 아이의 자라는 속도가 곧 사업의 성장 속도인 틈새사업 아이템이 있다. 바로 중고 유아용품 판매점이다. 중고 유아용품점은 한 자녀만 두는 가정이 늘어나면서 아직 새 것인데도 아이가 크면서 못 입게 되는 옷들이 생겨난다.

남 주기에는 부담되고 계속 사입히자니 경제적으로 부담스러운 것이 사실이다.

사이클이 짧기는 옷뿐만 아니라 어린이가 쓰던 장난감, 책, 아동용품도 마찬가지이다. 심지어 비싼 맘먹고 사 온 자동차를 어린이가 맘에 들어하지 않아 계속 구석에 놓아두고 있는 경우도 많다. 미국과 일본 등지에서는 '아이들의 과수원', '모쿠바' 등 중고 유아용품 판매, 렌탈업이 굳건히 자리잡고 있어 알뜰하고 실리적인 부모들이 자주 이용한다.

이곳에는 생후 1~2개월만 입는 유아복, 배내옷을 비롯하여 어린 아이들의 신발, 유모차, 그림책을 비롯해 수영복, 스키복, 파티복, 정장 등 없는 것이 없고 물건값도 엄청나게 싸다.

중고용품 매장을 보다 효율적으로 운영하기 위해서는 우선 소비자들에게 잡동사니만 있다는 선입견을 불식시켜 주어야 한다. 특히 물품 구입시 중고용품이라도 질이 좋은 것 위주로 구비해야 한다. 때가 타거나 상한 물건은 받지 않고 물건들을 깔끔하게 다림질해 사이즈별로 진열해 놓는다. 분위기도 일반 아동용품 매장과 똑같이 만들어 주는 것이 중요하다.

중고 의류를 구매할 때는 취학 전의 아동용품으로 한정해야 한다. 이는 취학한 아이들의 경우 대부분 밖에서 놀기 때문에 쉽게 더럽혀져 상품으로 바람직하지 못하기 때문이다. 상품은 3년 이내의 질이 좋은 것으로 많이 낡거나 얼룩, 흠이 있는 것은 매입하지 않는 원칙을 세우는 것이 좋고 매년 여름과 겨울에는 바겐세일하면 좋다.

중고 유아용품 판매 및 렌탈업이 인기를 모으고 있는 것은 경제성이 높으면서도 집안에서 장난감을 차지하는 공간이 비교적 적어도 된다는 장점 때문이다. 장난감 및 아동용품들도 개월수에 따라 달라지고 또 싫증을 내는 아이들도 많은 편이라 비교적 렌탈에 대한 호응도가 높은 편이다. 렌탈 물품의 경우 고객이 상품을 빌리는 기간은 짧게는 2주, 길게는 1년 이상인 경우도 있는데 집안을 어지럽힐 필요도 없고 적정한 가격 선에서 빌려 원하는 기간동안 사용하다 돌려줄 수 있어 경제적이다.

투자비용 대비 수익성 분석

기존 유아복 매장과 같이 실평수 7평 이상 공간을 확보, 인테리어를 깔끔하게 해 놓는다. 7평 규모 시설시 인테리어 비용은 간판까지 대략 500만 원 정도 든다. 단 점포 위치는 일반 아동복 전문점과는 달리 대로변보다는 이면도로에 있는 것이 더 많은 고객을 흡수할 수 있으면서 점포 비용도 줄일 수 있으므로 찾기 쉬운 큰 건물 주변의 뒷쪽이 유리하다. 점포 보증금은 대략 500~1,000만 원 정도면 된다.

여기에다 회원들 옷이나 용품뿐만 아니라 초도 물품을 갖출 때 들어가는 비용을 더해도 총 2,000만 원 정도면 충분히 개업이 가능하다.

회원제로 운영할 때는 가입시 손질된 의류나 용품 3점을 받는 것을 조건으로 한다면 초기 비용을 대폭 줄일 수 있다.

수익은 당장 발생하기보다는 약 5~6개월 정도 홍보가 된 다음에는 지역 고객 뿐만 아니라 멀리서도 찾을 것이므로 중고 유아·아동용품점 운영시 평균 수익은 월 150만 원 정도는 충분히 나올 수 있을 것으로 예상된다.

입지 및 환경

점포는 홍보만 확실하다면 뒷골목의 약간 후미진 곳도 관계없는데 헌 옷이라는 마이너스 이미지가 사람들의 잠재의식 속에 남아 있기 때문에 대로변보다 뒷골목이 오히려 천천히 안심하고 물건을 고를 수 있기 때문이다. 입지는 상류층 밀집 지역보다는 중하류층 밀집 지역 중 변두리 지역으로 소형 APT 밀집 지역이 좋다.

현재 독립점으로 개인이 운영하는 곳은 없는 상태이다. YMCA 나 경실련 등을 중심으로 점차 생겨나고 있다.

전문가 경영전략

중고 유아·아동용품 판매점은 어린이 옷을 세탁해서 한 장 한 장 다 림질을 해야 하는 등 귀찮은 일도 있지만 최대한 상품의 가치를 높이 는 것이 관건이므로 이를 귀찮아해서는 성공할 수 없다. 영업시간은 주 4일로 1시에서 5시까지만 해도 되는데 집안 일을 하면서 경영할 수 있기 때문에 주부의 부업으로 더할 나위 없는 사업 중 하나이다. 특히 당분간은 지금같은 경기침체가 계속될 것으로 보이므로 체계적 으로 준비하여 깔끔하게 매장을 꾸며 놓는다면 알뜰 주부들이 많이 찾 을 것으로 예측할 수 있다.

☎ 은평구 녹색가구 : (02)388-6341

3. 어린이 생일파티 + 풍선 + 캔디 · 초콜릿 전문점

어린이 생일파티 대행업
- 집기비품 및 인테리어 비용 : 1,500만 원
- 초도 물품 구입비 : 500만 원
- 기타 창업비 : 100만 원
- 총 투자비용 (점포 임차료 제외) : 2,100만 원

풍선 장식업
- 집기비품 및 인테리어 비용 : 650만 원
- 초도 물품 구입비 : 1,100만 원
- 기타 창업비 : 100만 원
- 총 투자비용 (점포 임차료 제외) : 1,850만 원

캔디 · 초콜릿 전문점
- 집기비품 및 인테리어 비용 : 700만 원
- 초도 물품 구입비 : 1,200만 원
- 기타 창업비 : 100만 원

- 총 투자비용 (점포 임차료 제외) : 2,000만 원

한국 사회에서 어린이는 가히 가정의 왕으로 군림한다. 자녀의 수가 적을수록, 젊은 부모일수록 부모의 자식에 대한 관심은 더욱 커진다. 부모 세대가 겪은 어려움을 물려주지 않고, 어떻게 하면 구김 없이 잘 키워낼 것인가를 고민하는 부모의 마음을 겨냥한 어린이 관련 사업은 경기 불황과는 거의 무관하게 황금알을

낳는 거위로 부상하고 있다. 물론 IMF 구제 금융 신청 이전과는 조금은 상황이 달라졌지만 그래도 아직까지도 아이들에 대해서만큼은 비교적 너그러운 부모들이 많은 편이다.

부모는 허리띠를 졸라매도 아이에게 필요한 것, 아이가 원하는 것이라면 완구, 문구, 교재, 의류, 생활용품에 이르기까지 최고급으로 장만한다. 이에 따라 당연히 어린이가 주요 타깃인 각종 상품의 판매와 아이디어 업종이 속출하고 있다.

소자본으로 점포를 경영하고자 하는 예비 창업자, 또 기존 업종을 바꾸거나 영업을 활성화시키려는 점주들에게 어린이 관련 업종은 가장 관심을 끄는 부분이다.

어린이 관련 업종 중 향후 성장 가능성이 뚜렷한 생일 파티 대행업, 풍선 장식업, 캔디·초콜릿 전문점은 각각 따로 창업하거나 겸업하기에도 무리가 없는 업종들이다.

어린이 생일 파티 대행업은 생일 1주일 전에 파티 의뢰를 받아 파티 장소와 시간이 적힌 초대장을 친구들에게 발송해 주고 파티 장소를 꾸며 주는 사업이다.

특히 초등학교 어린이들은 1년중 가장 중요한 날로 자신의 생일을 꼽을 만큼 이 날의 행사에 대해 기대가 크다. 부모들도 고급 레스토랑이나 가족공원, 야외공간을 빌리는 등 다른 아이들과 다르면서도 기억에 남는 생일 파티를 해 주기 위해 분주해지기 마련이다.

생일 파티 대행업체는 주인공 어린이뿐만 아니라 초대받은 어린이들의 얼굴에 그 날 파티에 맞는 분장을 해 주고 파티의 흥을 돋우기 위한 음악도 제공한다. 때로 요청에 따라 레크리에이션과 행사를 마련해 주기도 하며 마술이나 마임을 보여주는 피에로를 파견하기도 한다.

이들 사업체중 '우리들의 생일날'의 경우 20여 가지의 파티 프로그램을 개발해 독특한 실내장식을 해 주는 등의 적극적인 사업으로 호황을 누리고 있다.

파티대행 비용은 참가인원 15명을 기준으로 9만 5,000원으로, 피에로 파견을 요청하면 따로 10만 원이 추가된다. '천사들의 미소', '유령의 집', '도깨비 방망이' 등의 맞춤 테마파티를 할 경우는 9만 5,000~12만 원 정도 비용을 받는 데 최근에는 IMF 구제금융 신청 후 경기 한파로 인한 부모의 부담을 덜기 위해 4만 3,000~7만 원대의 파티도 개발했다.

풍선 장식업은 어린이 파티 행사장 꾸미기 사업에서 풍선만을 특화시킨 아이디어 사업이다. 미국의 경우 연간 풍선 장식 시장 규모가 6,000억 원이 넘을 정도로 파티장에서 빠질 수 없는 소품으로 꼽힌다. 우리나라도 점포의 개업 행사를 비롯해 기업의 이벤트 행사, 어린이 파티에서도 많이 쓰이는 데 이 사업이 선보인 지 1~2년 이내인 점을 감안하면 앞으로 풍선 장식 시장은 급속도로 성장할 전망이다.

어린이들이 좋아하는 초콜릿과 캔디는 그간 수입업체와 판매상 사이에 창구가 없어 점주들이 물건 확보에 애를 먹어왔다. 그러나 이제 외제가 대량으로 수입되고 국산 초콜릿도 아이디어 상품으로 개발되면서 물건 구비가 어렵지 않을 전망이다.

누구나 알다시피 발렌타인·화이트 데이가 젊은층의 큰 이벤트가 되면서 앞으로도 판매 소비량이 점점 늘 것으로 보여진다.

투자비용 대비 수익성 분석

'우리들의 생일날'의 체인을 내려면 가맹비 500만 원, 보증금

1,000만 원, 파티장 꾸미기에 필요한 갖가지 초도 물품비로 500만 원 등 총 2,000만 원의 창업비용이 필요하다.

풍선 장식업은 장식물 제작법 등의 교육을 받아야 하며 5일 교육에 재료비를 포함, 200만 원을 먼저 내야 한다. 교육이 끝나면 바로 영업에 들어갈 수 있는데 체인점에 가맹해 본사의 상호를 이용하려면 300만 원의 반환 보증금과 150만 원의 간판비를 내야 한다.

결국 대리점을 개설하는 데 드는 비용은 초도 물품비 1,100만 원을 포함, 1,700여 만 원이 드는 셈이다. 이 사업은 점포 없이도 시작할 수 있으며, 점포가 있는 경우 본사가 간판을 달아 주고 풍선을 이용해 무료로 인테리어를 해 준다.

캔디·초콜릿 전문점은 7평 정도면 매장 구입비 외에 인테리어와 초도 물품 구입비로 2,000만 원 정도면 개업할 수 있다. 상품 자체의 인테리어 효과가 커서 상대적으로 인테리어 비용이 적게 드는 것이 장점이다.

기존 점포들의 1일 평균매출은 15만 원 내외로 이 중 마진이 60% 정도로 한 달이면 임차료, 인건비 등을 제외하고 운영전략에 따라 차이가 많지만 대략 150만 원 정도 수익을 올리고 있다.

입지 및 환경

어린이 생일 파티 대행업은 출장 서비스이므로 넓은 점포를 필요로 하지 않으며 입지도 가릴 것 없이 어디서든 창업이 가능하다. 기존 업장의 자투리 공간을 활용해도 되고 사무실 없이 가정에서 해도 되는 아이디어 사업이다.

풍선 장식업은 다소 입지가 좋지 않더라도 홍보만 잘 되면 찾아오는 고객이 많으므로 점포 입지보다 초기 홍보에 더 힘써야 한다. 상권이 좋은 지역에 입점하면 점포 비용이 많이 드는 만큼 홍보에 특별히 주력하지 않아도 널리 알려진다는 장점이 있다.

학원가나 역세권 등 유동인구가 많은 지역의 5평 정도 매장을 빌려 단순히 풍선과 파티용품을 판매하는 일반 판매만으로도 상당한 수익을 올릴 수 있을 것으로 전망된다.

캔디·초콜릿 전문점은 평소에도 어린이와 청소년층, 귀가 길의 직장인이 자녀 선물용 등으로 많이 찾으므로 유동인구를 기준으로 매장을 선택하면 무리가 없다.

사 례

어린이 생일 파티 대행업의 평균 마진율은 60% 선으로, 사업 시작 후 6개월을 기점으로 한 달 평균 약 300만 원의 순수익을 올릴 수 있다.

캔디·초콜릿 전문점의 객단가는 5,000원 정도로 하루 매출은 15~20만 원 선이다. 크리스마스나 각종 명절을 앞둔 시기에는 멀리서도 손님이 찾아올 정도로 성황을 이루고 특히 발렌타인·화이트 데이에는 하루 매출이 3,000만 원까지 치솟아 5~6명의 아르바이트를 써야 할 정도이다.

현재 벌룬투데이 일산 직영점을 운영하고 있는 이홍종 사장은 임차료를 제외하고 6,000만 원의 자금을 들여 개점, 첫 달 매출로 500만 원을 올렸다. 이중 인건비와 점포 임차료, 기타 비용을 제외한 순수익이 200만 원 선이었다고 하는데, 풍선 장식업은 소매업보다 순이익이 크므로 본인의 노력에 따라 월 300만 원 이상의 고소득도 가능하다고 한다.

대한항공에 근무하면서 외국의 풍선 소품점들이 활발한 영업 활동을 하는 것을 보고 풍선에 작품성을 부여하는 일을 구상하게 된 이사장은 4년간 각종 이벤트를 대행하며 풍선 장식의 묘기를 선보이고, 무료 강좌를 여는 등 홍보에 주력했다.

직접 풍선 장식에 관한 기술과 정보를 습득하면 적은 비용으로도 시작할 수 있다는 점과, 아직 경쟁점이 없고 새로운 기술과 디자인 개발을 필요로 하는 창의적인 사업이라는 점을 장점으로 꼽는다.

전문가 경영전략

어린이 생일 파티 대행업은 신종 사업이므로 사업 초기에 고객들에게 강한 인상을 심어 주는 것이 중요하다. 한 번 이용한 고객이 고정고객이 될 뿐만 아니라 입선전을 통해 수많은 잠재고객을 끌어올 수 있는 중요한 홍보원이 되기 때문이다. 파티가 끝나면 주인공 어린이와 부모들의 반응을 조사하고, 다음 행사의 보완자료로 활용하는 세심한 노력이 필요하다. 풍선 장식업은 장식 풍선 소매점과 겸업하는 것이 바람직하다. 주문을 많이 받아 일손이 딸릴 때는 일시적으로 아르바이트를 쓰면 되고, 제작이 어려운 대형 장식물은 본사에서 직원을 파견해 주므로 운영에 큰 어려움은 없다. 단, 소매점을 겸할 경우는 기계 구입비와 초도 물품비를 합쳐 1,500만 원 정도의 비용이 더 든다. 이 사업의 핵심은 풍선 장식에 관한 디자인과 기술을 사장이 직접 습득해야 한다는 점과 발빠른 영업 능력이다. 캔디·초콜릿 전문점은 성수기와 비수기의 매출 차이가 현저한 것이 특징이다. 발렌타인 데이를 전후한 시즌의 영업으로 1년을 버틴다고 해도 과언이 아닐 정도이다. 따라서 단독으로 운영하기보다는 점포의 개성을 살릴 수 있는 선에서 몇 가지 연계 상품을 함께 취급하는 것이 성·비수기의 매출 차이를 극복하고 연중 안정된 수익을 올릴 수 있는 운영 지혜가 될 것이다. 함께 취급하는 상품은 마음에 드는 캔디나 초콜릿이 없을 경우 대리 구매를 할 수 있는 상품으로 구성하는 것이 바람직하다. 또 캔디·초콜릿만 전문으로 공급하는 유통망이 불안정하므로 적시에 적절한 상품을 구비하기 위해서는 점주의 끊임없는 정보수집 능력이 요구된다.

☎ 어린이 생일 파티 대행 : 우리들의 생일날 (02)501-0862
풍선 장식 전문점 : 벌룬투데이 (02)3272-4554
캔디 전문점 : 발렌티노(스위트 월드) 015-966-0100
캔디 발렌타인 (02)5858-114
파랑월드 : (02)470-0280

4. 비디오 테이프 대여점

- 집기비품 및 인테리어 비용 (20평 기준) : 600만 원
- 초도 물품 구입비 : 700만 원
- 기타 창업비 : 400만 원 (체인 가맹비 300만 원 포함)
- 총 투자비용 (점포 임차료 제외) : 2,000만 원 내외

몇 년 사이에 부쩍 늘어난 비디오 대여점은 주택가는 물론 시내 중심가의 빌딩 지하상가에도 들어섰고, 유흥업소 근처와 지하철역 인근 등 교통이 좋고 유동인구가 많은 곳이라면 어디서든 쉽게 볼 수 있는 업종이 되었다.

여기저기서 앞을 다투어 개업을 하니 과잉 공급으로 인해 지금은 수익성이 많이 떨어진 상태이다.

그러나 이제 비디오 없는 가정을 찾아보기 힘들 정도로 비디오 감상이 여가 생활의 큰 부분을 차지하면서 세탁소와 슈퍼마켓, 약국과 같은 기본 업종으로까지 승격한 것이 비디오 대여점이다.

따라서 20~30평 규모로 비교적 큰 매장을 갖추고 시작할 수 있다면 동종 점포와의 경쟁력을 갖출 수 있다. 또 요즘같은 때는 폐업한 비디오 대여점에서 헐값에 테이프를 사 신프로 500원, 구프로 200원에 대여하는 가격파괴 비디오 대여점도 생각해 볼 수 있다. 통상 다른 점포들은 높은 점포 임차료와 비디오 구입비 때문에 신프로 가격을 1,000~1,500원 정도 받으므로 이같은 박리다매 전략을 쓰면 꽤 먼 곳의 수요자까지 끌어들일 수 있다.

비디오 대여점에도 체인점이 있다. 가맹비는 없지만 본사가 없는 비디오 대여점주들의 연합 모임인 '으뜸과 버금'과 '영화마을' 등이 대표적이다. 으뜸과 버금의 경우 신참 점주에게 수입과 점포 규모에 맞춰 비디오 구입 지침서를 제공하고 거래처도 주선해 준다.

체인점은 통상 가맹비 300만 원을 내면 비디오 프로덕션에 점포 홍보를 해 주는 것을 비롯, 인테리어와 테이프 구입 요령, 가격정보, 테이프 구성비율, 진열요령, 기타 노하우 등을 전수해 준다. 그러나 테이프를 사는 것은 기본적으로 점주의 몫이다.

따라서 비디오 선정이나 장사에 자신이 없다면 체인점에 가맹하는 것도 무방하다. 다만 체인점의 경우는 정해진 대여가격을 지켜야 한다는 점에 유의해야 한다.

비디오 대여점을 창업할 때는 구청에 신고해야 하며 구청 측이 실시하는 교육도 받아야 한다. 최근 비디오 대여점을 범죄 양성 업소로 보는 시각 때문에 구청 측이 수시로 관할 공무원을 파견, 단속을 철저히 하는 편이므로 무단 복사된 테이프나 지나친 에로물 등이 있는지 각별히 주의해야 한다.

투자비용 대비 수익성 분석

경쟁이 치열해지면서 최근 점포를 정리하는 비디오점이 늘어나는 추세라 이들 업소의 물품을 인수하면 가장 많은 투자 부분을 차지하는 비디오 테이프 구입비를 줄일 수 있다. 통상 가격은 절충하기에 따라 개당 500~1,000원 정도 하는 데 대략 5천 개에 500만 원 정도면 구입 가능하다.

독립점의 경우 신프로 구입은 청계4가와 청계8가에 모여 있는 전문 도매업체를 이용할 수 있고 체인점이라면 제작사와 직접 거래하면 된다. 이들 업체는 대부분 테이프 공급이 원활하고 주기적으로 찾아와 신품을 보여 주며 운영관련 정보도 제공하므로 유익한 면이 있다.

인테리어비 및 비품 구입비는 비디오를 꽂을 진열장과 책상, 의자, 전화, 고객관리용 컴퓨터 구입 등으로 600만 원 정도 든다. 이외에 TV와 비디오, 리와인더 3개 정도를 갖추는 것이 좋다. 빈 벽에 인기 배우의 포스터를 붙이거나 신문 등에 실린 영화평, 영화 포스터 등을 붙이면 손님들의 평가도 좋고 인테리어비도 절감된다. 출입구나 진열창 등을 이용해 신간 포스터나 비디오 목록을 붙여 놓아 지나가는 사람들의 이목을 끄는 것도 좋다.

입지 및 환경

장소 선택은 수입뿐만 아니라 임차 보증금과 월세, 영업 방식에도 큰 영향을 미치므로 여건을 잘 고려해 선택하도록 한다.

통상 부촌 보다는 중산층이 다수 거주하는 아파트 단지가 유망지로 꼽히지만 신흥 주택가나 지하상가 등에서도 지역 특성만 받쳐준다면 개업이 가능하다. 주로 주택가에서는 극장 개봉작 등의 외화나 어린이용 만화가 인기이고, 유흥가에서는 성인용 방화나 액션물을 많이 찾는다.

소형 점포에서 시작하는 것 보다는 20평형대 중형 규모로 하되, 주택가는 5천 세대, 아파트 단지 내 상가라면 최소한 1천 세대 이상이 배후지에 있어야 한다. 통상 사무실 밀집지역이나 재래시장 주변은 금물로 꼽힌다. 장소는 1층이 가장 좋지만 유입인구를 끌어들일 여러 장치를 갖추고 있다면 2층이나 지하도 무방하다.

　주변에 경쟁점포가 없어야 하는 것이 원칙이지만 현실적으로 그런 곳을 찾기는 거의 불가능한 게 현실이다. 따라서 대여점끼리 나눠먹기를 감안하고 가능한 배후지 세대가 많은 곳을 택하는 것이 좋다. 신프로를 제외한 테이프는 과감히 가격파괴를 하고, '이 집에 가면 없는 것이 없더라'라는 평판을 들을 수 있을 정도로 물건 구비에 신경쓴다면 아직도 사업성은 충분하다.

　지난 96년 9월, 서울 강남구 일원동에서 '영화마을'을 시작한 양점순 씨(33세), 이 업종을 택한 이유는 아이를 키우면서도 운영이 가능한데다 기존의 대여점보다 시스템이 제대로 된 체인 사업이라는 판단이 섰기 때문이다.

　점포는 공무원들이 많이 살고 있는 2천여 세대 규모 아파트 지하상가 1층 20평을 보증금 1,000만 원, 임차료 월 90만 원에 계약했다. 테이프는 처음 5천개(700만 원) 정도 들여서 지금은 2만 개에 달하는데 오래된 명작 비디오는 때로 손님에게 싼 값에 팔기도 한다. 이외에 체인 가맹비 300만 원, 인테리어비 600만 원, 기타 창업비 100만 원 등 총 2,700만 원이 개업에 들어갔다.

　현재 월 평균 매출액은 700만 원 선으로, 신프로 구입비 250만 원, 임차료와 관리비 110만 원을 빼고 나면 순이익으로 월 340만 원 정도가 된다.

　아침부터 오후까지는 주부와 어린이 취향의 비디오가 잘 나가고 퇴근 이후 시각부터는 직장인의 발길이 이어지면서 밤 12시까지 젊은 남녀들이 드나든다.

하루 비디오 대여수량은 약 1백여 개 정도로 요즘 실직자가 많아지면서 하루 2~3개씩 빌려 가는 사람들도 늘어났다.

가장 큰 애로점은 테이프의 고장과 분실, 이 때문에 저녁 무렵에는 회수를 전담하는 아르바이트를 쓰기도 한다.

양씨는 "어린이들이 빌려 가는 테이프는 특히 늘어나서 돌아오는 등의 고장이 많고, 4~5개의 테이프를 한꺼번에 빌려가 놓고 이사를 가버리거나 소식이 없는 경우도 왕왕 있다."며, "분실을 막기 위해서는 고객이 불쾌해 하더라도 양해를 구하고 연락처를 확실히 알아두는 것이 원칙"이라고 조언한다.

전문가 경영전략

친절과 서비스로 단골을 많이 확보하고 고객이 원하는 프로를 잘 안내할 수 있어야 한다. 요즘 보급되는 대여 프로그램은 고객이 빌려간 테이프의 이름만으로 고객의 취향과 테이프의 인기도, 대여 현황 등을 체계적으로 볼 수 있게 되어 있다. 이를 참고로 파악하면 된다. 또 신프로 구입에 인색해서는 사업이 성공할 수 없다. 이제 비디오 대여점도 신프로 장사라고 할만큼 웬만한 고객들은 많은 프로그램을 본 상태고 점주보다 신프로 정보에 빠를 정도이다. 그러나 신프로가 한 달에 1백개가 넘게 쏟아져 나오는데 고객이 원한다고 일일이 들여 놓을 수는 없는 일이다. 최근 직배사가 늘어나고 있는 데다 개당 비디오 가격이 최고 3만 원까지 올라가는 등 가격이 만만치 않기 때문이다. 따라서 평소에 영화계 동향을 유심히 살피고 비디오 관련 잡지를 한 개쯤 구독해 평판과 흐름을 잘 읽어두는 것이 좋다. 보통 고객은 장르에 관계없이 좋아하는 배우의 영화는 무조건 보는 경향이 있고 복잡한 것을 싫어하므로 액션이나 크게 히트한 영화를 선호한다. 신프로를 구입할 때는 회원들의 취향을 파악, 50명이 이 비디오를 볼 것인가를 염두에 두고 고른다면 실수가 없을 것이다. 테이프의 회전율을 높이는 방법을 강구하는 것도 중요하다. 요즘 대부분의 대여점이 채택하고 있는 연체료 제도는 많은 고객들의 반감을 사고 있다. 대여료 1,500원을 받는 신프로의 경우 1박2일 기한을 어기면 하루당 500원의 연체료를 받는데, 신프로가 거의 매일 나가는 것을 감안하면 연체료를 받는다 해도 1,000원이 손해다. 그러나 고객들은 생돈 나가는 것으로 여겨 꽤씸해하며, 심한 경우 발을 끊기도 한다. 따라서 연체료제를 부득이 도입하더라도 빌린 당일 돌려주면 500원, 제대로 돌려주면 150원이 추가되는 적립금제를 이용하면 빠른 회수에 도움이 된다. 이렇게 적립했다가 1,500원이 채워지면 테이프 한 개를 서비스 하는 식이다. 이 외에도 구프로는 거의 구색일 정도로 나가지 않는 경우가 많다. 우수고객의 경우 주말 같은 때 구프로 한 두 개를 서비스로 제공하는 것도 단골 만들기에 좋은 방법이다. 고객의 기호와 함께 중요한 것은 친절봉사. 비디오 대여점의 상술은 손님이 없는 테이프를 찾을 때 없다고 잘라 말하는 것이 아니라 유사한 것을 권하는 서비스 정신에 있다. 이를 위해서는 점주가 영화에 대해 많이 알고 또 공부하는 자세가 필요하다 할 수 있다.

☎ 영화마을 : (02)539-0311
　으뜸과 버금 : (02)737-0062
　푸른영상 : (02)866-1083

5. 만두 전문점

- 집기비품 및 인테리어 비용 (7평 기준) : 1,000만 원
- 초도 물품 구입비 : 100만 원
- 기타 창업비 : 100만 원
- 총 투자비용 (점포 임차료 제외) : 1,200만 원

만두는 온국민이 즐기는 간식거리로 분식점에서 빠질 수 없는 메뉴이다. 만두 하나로도 여러 가지 조리법이 있는데다 다른 메뉴들과 합쳤을 때도 기막힌 맛을 발휘한다. 분식집 3총사인 김밥, 떡볶이, 라면이 모두 전문점으로 독립해 나가는데 만두라고 예외일 수 없다.

만두 전문점은 만두 빚는 솜씨를 가진 점주라면 누구나 고려해 볼 만한 업종이다. 기계만두보다는 손만두가 단연 유리한데다 주방장을 두고 사업할 경우 사정이라도 생기면 난감한 일이 된다. 무엇보다 인건비가 부담이 되고 주방장이 자주 바뀔 경우 맛이 달라져 손님까지 떨어뜨리는 결과를 가져올 우려가 있다.

따라서 맛있는 만두를 만들 자신이 없다면 체인점을 내는 수밖에 없는데 본사선택에도 신중을 기하고 무엇보다 꼭 직접 만두를 먹어보고 메뉴 등을 살펴볼 것을 권한다.

만두 전문점을 개업하려면 점포 보증금외에 인테리어비로 평당 150만 원 정도 들고, 가스와 만두찜기 등 제반 집기를 사는데 500만 원 가량 필요하다. 7~8평 규모 점포에 손님들이 방문해 먹을 수 있도록 의자 및 탁자를 6벌 정도 갖추려면 1,700만 원 가량 드는 셈이다.

1일 20만 원 정도 매출이 발생하면 한 달이면 600만 원의 매출액이 생기고 여기서 마진 60%를 적용하면 월 360만 원의 매출이익이 생긴다. 이 중 인건비, 임차료를 제외하면 적어도 월 150만 원 이상 순수익을 올릴 수 있다.

입지 및 환경

만두 전문점의 주고객은 입지에 따라 달라지므로 특화하는 메뉴도 달라진다. 사무실 밀집지역에 입지할 때는 직접 먹으러 방문하는 샐러리맨들이 주고객이므로 물만두의 비중이 높고 주택가에 입지할 때는 간식용으로 포장해가는 수요가 많아 군만두나 찐만두가 대부분이다. 주택가에서는 와서 먹는 층과 포장해가는 층이 반반으로 이중 20% 정도는 배달 수요도 있다.

만두 전문점의 최상입지는 세대수 2,000가구 이상의 아파트 단지로 초·중등학생과 주부, 여대생들이 주로 찾을 만한 자리가 좋다.

이모 씨(46세)는 장안평 시영아파트 단지 내 상가에서 진공 바베큐 전문점을 하다가 만두 전문점으로 업종을 변경한 경우이다.

진공 바베큐가 수요는 좋았지만 늦게까지 술을 파는 관계로 체력에 한계를 느낀 이씨는 점심저녁 장사를 할 수 있는 만두집을 생각해 낸 것이다.

마침 조리사인 남편이 자신있게 하는 음식이 만두여서 충분히 사업성이 있다고 판단했다.

개점하는데는 돈이 얼마 들지 않았다. 진공 바베큐 당시 쓰던 인테리어를 그대로 살리고 7평 규모의 가게에 만두찜기 10개와 가스불을 들이는데 300만 원 들었다. 개업과 함께 전단을 신문에 끼워 주변 사무실과 아파트 단지에 배포했더니 처음부터 적잖은 손님이 찾아들었다.

만두맛을 잘 내고 가게를 청결히 하는데 각별히 신경을 쓴 덕분인지 한 번 온 손님은 단골이 됐고 6개월쯤 지나자 단골이 꽤 늘었다. 음식재료는 신선도를 유지하기 위해 매일 아침 새벽시장에서 직접 사오고 두부와 밀가루는 배달받아 쓴다.

맛을 잘 내려고 좀 비싸더라도 쇠고기, 돼지고기, 고춧가루, 참기름 등은 음식점 납품업체가 아니라 오래 전부터 거래하던 단골 가게를 이용한다. 청결을 유지하기 위해 일단 사용한 행주와 수저는 매일 끓여서 소독하고 반드시 흐르는 물에 설거지한다.

가게가 좁아 점심시간에는 손님을 모두 받지 못할 정도가 돼 궁여지책으로 얼린 만두를 주변 아파트에 배달하기 시작했는데 뜻밖에 반응이 좋았다. 만두를 매일아침 직접 빚기 때문에 오전 7시에 출근해 개점은 11시 반에 하고 저녁 9시까지 영업한다. 또

여름에는 매출이 약간 떨어질 것을 우려해 팥빙수와 냉면 등 간단한 분식류를 취급하는데 반응이 좋은 편이다.

만두가격은 1인분에 3,000~3,500원 선으로 책정했는데 마진이 60% 정도 떨어진다. 1일 평균 30~40만 원 정도 매상이 올라 한 달 매출이 1,200만 원에 달하는데 점포 임차료, 재료비외에 별다른 돈이 들지 않아 이를 빼고 나면 600만 원 이상이 순수익으로 남는다. 부부가 운영하면서 인건비 비중을 없앤 것이 주효한 셈이다. 이 사업에서 가장 힘든 부분은 만두에 재료가 무려 23가지가 들어가기 때문에 일일이 새벽시장에서 싱싱한 야채를 들여놓아야 하고 밤늦게까지 야채를 씻고 다듬는 일이라고 한다.

이씨는 "이 모든 힘든 일도 정말 맛있는 만두를 먹으러 왔다며 찾아주는 손님들이 있어 일의 보람을 느끼게 되며 힘든 줄 모르고 지나간다."며, "음식 만드는데 취미가 있거나 자격증을 가진 사람이라면 소액자본으로도 시작할 수 있는 유망한 사업"이라고 추천한다.

전문가 경영전략

만두 전문점을 경영하는데 있어서는 통상 다른 음식점과 마찬가지로 맛과 위생을 생각하고 항시 깔끔한 매장 및 주방을 만들도록 해야 한다. 음식의 부자재는 항상 좋은 것을 쓰도록 하고 고객위주로 점포운영을 해 나가는 것이 중요하다. 또 만두를 쪄서 담을 때는 야채를 골고루 썰어 초고추장에 비벼 먹을 수 있도록 접시 한 귀퉁이에 넣어준다면 만두의 느끼한 맛을 싹 없애주기 때문에 소비자들의 반응 또한 상당할 것이라 생각된다.

☎ 장안 시영 APT 궁중만두 : (02)242-5728
　을전식품 : (02)553-2321

제2장

2~4천만 원 투자 유망 업종

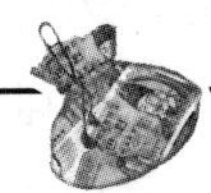

1. 생활한복 전문점

- 집기비품 및 인테리어 비용 (10평 기준) : 1,500만 원
- 초도 물품 구입비 : 2,000만 원
- 기타 창업비 : 1,500만 원 (가맹비 1,000만 원 포함)
- 총 투자비용 (점포 임차료 제외) : 5,000만 원

우리의 전통의상인 한복이 입고 벗기 불편하다는 점, 옷감이 예민해 세탁하기가 불편하다는 단점을 보완하며 등장한 것이 생활한복이다. 한복의 상징이랄 수 있는 흰 동정과 고름, 바지의 대님 등을 없앤 국적 불명의 옷이라는 부정적인 의견도 있지만 간편하고 값싸게 입을 수 있다는 점에서 대중적인 호응을 얻고 있다.

생활한복을 입는 수요층도 국악인이나 작가 등으로 국한돼 있던 것이 최근 '우리 것 찾기' 붐을 타고 전문직 종사자와 대학생, 직장인 등으로 점차 확대되는 추세에 있다. 또 개성을 중시하는 주부들도 나들이용으로 생활한복을 선호하고 있다. 재래한복이 특별한 날에만 입을 수 있고 비활동적인 예복 일색이어서 외면당해 온 것과 달리 생활한복은 집에서 편하게 입고 있다가 그대로 밖에 나가도 품위 유지도 되면서 멋스러워 한번 입어본 사람은 계속 입는 편이다.

97년 강남에 문을 연 생활한복 전문점 '질경이'는 월 평균 860만 원의 순수익을 올린다. 한벌 값이 10만 원대로 비싸지 않은데다 물색 고운 고상한 멋까지 풍기는 생활한복을 구입하려고 강남 역삼동 지역 주부들뿐만 아니라 멀리 분당에서도 알고 찾아온다.

생활한복의 수요 증가에 따라 시장 규모도 급속도로 커지고 있다. 97년에 1백억 원 대이던 시장 규모는 98년 3백억 원 대 이상으로 확대되고, 오는 2000년에는 전체 의류시장의 5~10%를 생활한복이 차지할 것으로 전망된다.

현재 생활한복을 전문적으로 취급하는 곳은 전국적으로 1백여 곳이 있으며 질경이 우리옷, 새내, 여럿이 함께, 꼬세르, 돌실나이, 한국옷, 박광희 우리옷 등이 대표적이다. 이들 업체의 주력상품은 생활한복으로 일상 옷에서부터 차림옷, 아이옷, 여자옷 등 온 가족이 입을 수 있는 의류와 이에 걸맞는 액세서리, 전통 찻잔 등 다양한 생활용품도 구비해 놓고 있다.

특히 '여럿이 함께'는 오랜 연륜을 바탕으로 생활한복 업체로는 유일하게 쁘렝땅 백화점에 입점, 일반 캐주얼 못지 않은 매출을 올리고 있다. 대리점 및 특약점은 전국에 걸쳐 40여 곳이 있는데, 이 회사가 만든 생활한복은 미국 한인회를 통해 워싱턴 등 교포 사회에까지 보급되었을 정도이다.

14년째 생활한복 사업을 하고 있는 '질경이 우리옷'도 매장이 97년 초 40여 개에서 98년 60여 개로 늘어나 더 이상의 체인점을 낼 수 없을 정도로 공급이 달리는 상황이다.

'새내'는 매분기 매출이 100% 신장을 거듭하면서 원주에 공장을 완공한 것을 비롯, 우리 전통 소재를 이용한 웨딩드레스 제작에 들어갔다.

신규 사업자도 점차 늘어나고 있는 상황이다. 최근 '우리들의 벗'이 신설되는 등 매달 2~3개 업체가 생활한복 시장에 가세하고 있으며, 삼성이나 이랜드 등에서도 생활한복 사업을 검토중인 것으로 알려지고 있다.

한복 가격은 소재에 따라 다르지만 대략 긴 저고리가 5만 원 선, 모직으로 된 긴 두루마기는 24~28만 원, 어린이 면 색동저고리와 조끼형 치마 한 세트는 7만 원쯤 한다. 크기는 대중소로 나뉘어져 치수를 맞춰야 하는 번거로움이 없고 단골고객들은 한 번에 2~3벌씩 사가는 것이 이 업종의 특징이다.

손재주가 있는 여성이라면 생활한복 전문점을 차려 스스로 제작하거나 판매대행업을 해보는 것이 어떨까? 요즘은 20~60세 여성들의 소자본 창업을 위해 구청 단위로 교육을 시켜주는 곳도 많다. 여성자원금고 '일하는 여성의 집 (02-3662-4271)'은 생활한복 디자인과 의류수선 강좌를 98년 4월부터 열고 있다. 교육은 4개월 코스로 매주 2회 실시하며, 수강료는 월 8만 원이지만 정부가 정하는 고용촉진훈련 해당자들에게는 무료이다.

투자비용 대비 수익성 분석

생활한복 체인점을 내려면 점포 비용을 제외하고 본사 보증금 1,000만 원, 초도 물품 구입비 2,000만 원, 인테리어 평당 100~150만 원, 간판 및 부대비용까지 합쳐 약 5,000만 원 정도 든다.

바느질 등에 손맵시가 있거나 염색에 조예가 있어 다른 곳과 차별화된 색상, 디자인을 선보이고 싶은 여성이라면 직영점에 도전해 보는 것도 바람직하다.

직영점을 개업할 때는 10평 미만의 점포를 기준으로 실내장식비 500만 원, 상품 구입비 500만 원, 창업 및 기타 비용 370만 원으로 총 1,500만 원 정도 든다. 따라서 점포 비용을 포함할 경우 장소에 따라 차이가 많지만 대략 최소 3,000만 원에서 5,000

만 원이면 이 사업을 시작할 수 있다.

점포 상황에 따라 차이가 많지만 1일 10명 정도 고객에게 판매하게 되면 마진 35% 정도로 볼 때 월평균 최하 200만 원 이상 소득을 올릴 수 있다.

생활한복 전문점은 전문직 종사자나 대학생이 많은 대학가, 백화점, 쇼핑센터 등에 입지하는 것이 유리한데, 꼭 중심 상권이 아니라도 교통이 편리해 쉽게 찾아올 수 있는 정도의 입지 여건만 갖추면 된다. 직영점의 경우 처음 홍보할 때는 어려움을 많이 느끼겠지만 질 좋은 옷감과 독특한 디자인, 바느질 솜씨가 뛰어나다는 소문이 돌면 거리에 구애받지 않고 찾아오게 된다. 점포 크기는 4~6평 정도면 충분하며 영업력이 있으면서 한복 기술을 갖고 있으면 소자본으로 충분히 시작할 수 있다.

지난 92년 서울 명륜동에 ‘여럿이 함께’라는 상호로 생활한복점을 연 김인자 씨(36세)는 "평소 우리 것에 관심을 가져온 것이 계기가 되어 생활한복점을 운영하게 되었다."며, "무엇보다 적성에 맞는 일을 찾아 일하는 것이 즐겁다."고 말한다.

초기 자본은 점포 임차비용 3,000만 원에 월 70만 원, 실내장식비 500만 원, 초도 물품비 700만 원을 더하여 총 4,500만 원이 들어갔다.

한복 가격은 단벌에 4~5만 원, 한 벌은 10~20만 원 정도 받는다. 마진은 대략 35% 정도로, 한복 외에 액세서리, 전통 찻잔 등 생활용품으로도 부가수익을 올린다.

하루 의류구입 고객만 10명, 기타 생활용품은 업체와 개인 등을 상대로 꾸준히 판매해 월 2,000만 원 정도의 매출을 올리고 있다.

매출 이익인 700만 원에서 임차료와 관리비 80만 원, 종업원 2명의 인건비 120만 원, 물품구입비 130만 원, 기타 경상비로 30만 원 정도를 제하고 김씨에게 떨어지는 순이익은 월 340만 원에 달한다.

전문가 경영전략

한복이 생활복으로 널리 확산되기 위해서는 선결 과제도 적지 않다. 우선 '한복은 불편하다'고 생각하는 일반 소비자는 '생활한복이라고 다르랴' 하는 고정관념을 기본적으로 갖고 있다. 따라서 교복이나 출근복 등 때와 장소, 용도를 불문하고 취향에 따라 입을 수 있도록 다양한 한복을 개발하는 일이 선결 과제이다. 우리 민족이 오랜 기간동안 입어 온 역사의 상징인 한복 복식문화가 현재 조선시대 말기의 것으로 획일화되어 있다는 점도 문제점으로 꼽힌다. 전문가들은 고구려나 신라, 백제의 복식 등 전통을 바탕으로 한 다양한 형태, 새로운 디자인을 실험할 필요가 있다고 지적한다. 점포에는 고객들이 한복을 입어볼 수 있는 공간을 확보하고 편안히 둘러볼 수 있도록 배려한다. 체인점의 경우는 생활한복도 유행을 타므로 색상 배치와 유행 색조 등에 관심을 기울여 물건을 들이는 것이 좋다. 스스로 옷을 제작할 수 있는 점주라면 단 한 벌도 정성스럽게 만드는 열의가 필수이며 인테리어는 밝고 고상한 이미지를 부각시켜 색상의 아름다움을 인식시키는 데 주력한다. 또 명색이 생활한복인데 드라이 클리닝을 해야 한다면 넌센스, 물빨래가 가능하며 잦은 세탁에도 견딜 수 있는 한복 옷감을 개발하는 것도 중요한 과제이다. 영업을 할 때는 한번 점포를 찾은 고객의 신상명세를 파악하고 가족 카드를 만들어 신상품 카탈로그와 우리옷 세탁법에 대한 자료를 수시로 우송해 주는 것도 단골 만들기에 도움이 된다. 생활한복은 기존 한복과 달리 봄·가을 환절기의 15일 정도와 장마철에만 매출이 다소 저조할 뿐, 비수기가 없이 매출이 꾸준하다. 이 사업을 하면서 겸업할 수 있는 아이템은 한복 대여점이다. 대부분의 사람들은 한복을 한 벌 정도 갖고 있지만 결혼과 명절 등 특별한 날에 입는 한복은 쓰임새가 다양하지 않아 장만할 때 부담감을 느끼게 된다. 작년에 압구정동에서 영업을 시작한 '동방아트'는 이같은 한복 장만의 고민을 덜어 주는 곳이다. 명절에 입는 일반 한복을 비롯해 각종 특수 한복을 고루 갖추고 있어 취향과 목적에 따라 부담 없이 한복을 빌려 입을 수 있다. 예복, 웨딩한복, 돌복, 폐백복, 관복, 활옷, 당의뿐만 아니라 옛날 왕과 왕비가 입었던 곤룡포, 구장복, 적의, 홍원삼까지 빌려주며, 기녀복과 선비복도 있다. 이는 20여 년 간 한복 디자이너로 활동해 온 박병욱 씨 부부가 제작한 한복들로 대여 기간은 명절 3박 4일, 평상시에는 1박 2일이다. 대여료는 일반 한복의 경우 5만 원부터 시작하며, 돌복은 3만 원, 혼례복은 10만 원 정도 든다. 생활한복점을 경영하려는 점주라면 이처럼 기발한 한복 종류를 대여하는 사업을 겸하는 것도 매출 올리는 데 도움이 될 것이다.

☎ 여럿이 함께 : (02)362-4468
  질경이 우리옷 : (02)744-5606
  돌실나이 : (02)745-7451

2. 즉석 플래카드 제작업

- 집기비품 및 인테리어 비용 (10평 기준) : 3,000만 원
- 초도 물품 구입비 : 200만 원
- 기타 창업비 : 400만 원 (가맹비 300만 원 포함)
- 총 투자비용 (점포 임차료 제외) : 3,600만 원

점포의 개업을 알리는 일에서 관공서 행사에 이르기까지 가장 빈번하게 쓰이는 홍보 수단은 플래카드를 주변 도로변에 거는 것이다.

그런데 이 현수막은 지독한 페인트 냄새에다 가격이 만만치 않고, 제작이 며칠씩 걸린다는 단점이 있다.

대부분의 주문방식이 소비자가 전화상으로 문구를 불러 주거나 팩스 등을 이용하기 때문에 완성 후 받아 보면 중요한 부분에 오자가 생긴 경우도 있다. 그러나 이를 고치려면 바탕색을 다시 바르고 페인트가 마르기를 기다려야 하기 때문에 바쁜 소비자로서는 종이 등으로 눈가림만 할 수밖에 없다. 새 것을 제작해 놓고도 헌 것처럼 보여 홍보효과를 오히려 저하시킬 수 있다.

현수막 제작업체 측에서도 이 물건의 특성상 열악한 환경이 될 수밖에 없다. 점포가 좁으니 길에 나가 인도에 천을 펴놓고 페인트를 바르거나 악취와 먼지 등을 감수해야 하는 탓이다. 또 일일이 붓으로 쓰는 작업이기 때문에 점주의 특별한 능력을 필요로 한다. 점주가 스스로 제작할 수 없을 때는 인력 수급과 관리에

애를 먹기도 한다.

즉석 플래카드 제작업은 기존 현수막업의 이같은 단점을 보완하고 새로 등장한 업종이다. 30분이면 한 장을 충분히 완성할 수 있어 많은 물량을 한꺼번에 처리할 수 있고, 전사지를 사용하기 때문에 붓질을 해보지 않은 사람도 충분히 현수막을 제작할 수 있다.

잉크가 아닌 전사지의 색깔을 눌러 찍는 형식이기 때문에 냄새가 전혀 없고, 컴퓨터에서 작업한 글씨가 그대로 출력되므로 글씨가 들쭉날쭉 튀어나온다거나 번지는 곳 없이 선명하다. 일일이 수작업으로 제작하는 것이 아니라 컴퓨터와 기계를 이용하므로, 본사가 가르쳐 주는 작동법만 익힌다면 특별한 기술이 없는 문외한도 얼마든지 창업할 수 있다.

현재 즉석 플래카드 제조업은 '미스터 플래카드'가 대표적이다. 아직 경쟁업체가 없는 초창기 사업이어서, 일반 사무실이나 인쇄업 등 관련 점포를 운영하는 점주라면 겸업이나 전업, 부업으로도 충분히 가능성 있는 업종이다. 최초에는 소규모로 플래카드만 제작하다가 추후 깃발이나 애드벌룬, 부직포, 브로마이드 등의 종합 광고업으로 응용할 수 있어 영업의 응용과 확대도 자유로운 편이다.

작업 과정을 알아보면, 먼저 플래카드에 쓸 문구를 컴퓨터에 입력하고 서체와 크기를 지정해 준다. 이를 컷팅 기계로 출력을 보내고 전사지를 끼워 주면 컴퓨터에서 작업한 그대로 글자 모양이 잘려 출력돼 나온다.

이를 흰 종이에 붙인 후 원단과 함께 롤 프레스기에 넣으면 플래카드가 완성돼 나오는 것이다. 최종적으로 나무판에 고정시킬 부분을 미싱으로 박기만 하면 된다.

점주가 신경 써야 할 부분은 흰 종이에 전사지를 붙이는 작업을 직접 해야 한다는 점이다. 여기에 익숙치 않다면 밑도안을 먼저 종이에 작업한 후 모양에 맞춰 붙여 주는 등의 방법을 써야 한다. 초심자의 경우 이 과정을 생략하면 글씨가 비뚤어지거나 찌그러져서 나올 때가 많으므로 충분한 연습과 눈썰미가 필요하다 할 수 있다.

또 플래카드는 10여 m가 넘는 대형이 있는 반면 30cm 정도의 작은 것도 있는데, 작은 현수막은 손가락 만한 글자를 떼었다 붙였다 하느라 제작 시간이 더 오래 걸린다는 점을 알아둬야 한다. 전사지를 다 붙인 종이와 원단을 롤 프레스에 넣는 과정도 세심하게 신경 써야 한다. 원단에 접힌 부분이 있으면 기계에 그대로 눌려 그 부분만 찌그러져 나오기 때문이다. 이 사업의 유일한 단점은 이같은 실수가 났을 때 전 공정을 다시 제작해야 한다는 점이다.

제작 과정이 일면 어려워 보이지만 충분한 연습이 선행된다면 누구나 할 수 있는 사업이다. 다만 작업의 특성상 꼼꼼하고 참을성 있는 성격을 가진 사람이 더 바람직하며, 기존의 간판·현수막 업체를 경영하던 점주가 이를 겸업·전업한다면 사용법이나 제작 과정에서의 시행착오를 줄일 수 있을 것이다.

투자비용 대비 수익성 분석

'미스터 플래카드'의 체인점을 내려면 가맹비로 300만 원, 매직롤 시스템 구입비로 2,660만 원, 초기 부자재 대금으로 200만 원, 간판 및 인테리어 비용으로 200만 원, 기타 미싱 및 전화기 등 비품비로 140만 원 정도 든다.

이에 따라 총 3,500만 원 선이면 창업 가능한데(점포 임차료 제외), 이중 부자재와 인테리어, 비품은 형편에 따라 마련할 수 있도록 협의 가능하다. 자금이 모자라는 점주에게는 본사가 최고 2,000만 원까지 대출을 알선해 준다.

수입은 점주의 영업력에 따라 차이가 많지만 원부자재값 대비 마진이 70% 이상은 되므로 매출액에 비해 수익률은 높은 편이다.

월평균 500만 원 정도 매출이 일어난다면 임차료, 인건비를 제외하고 최하 200만 원 정도 순수익은 된다.

입지 및 환경

주고객이 학원, 교회, 관공서, 학교 등의 단체이기 때문에 이들 주변의 점포를 얻는 것이 좋다. 점포 위치에 특별히 구애받는 것은 아니지만, 즉석 현수막 제작이라는 업종이 잘 알려지지 않은 상태이므로 점주의 영업력에 따라 매출이 좌우된다는 점에 유의한다. 따라서 본사 홍보 외에도 점주가 직접 인근 건물에 전단지를 배포하거나 각종 생활정보지에 지속적으로 홍보하는 것이 중요하다.

개업하기에 가장 적합한 입지는 대로변과 역 주변, 관공서 주변을 비롯한 상가 밀집지역에 위치한 건물의 1, 2층 10평 규모다. '미스터 플래카드'는 전국적으로 3백 개의 상권으로 나눠 주변 도시를 포함한 상주인구 20만 명 이상의 시단위 지역을 추천한다.

전국적으로 이미 50여 곳의 가맹점이 개설돼 있는데 서울만 해도 60여 곳 정도 추천지역이 남아 있으므로 아직 진출의 여지는 많다.

'미스터 플래카드' 서울 성북점을 운영하고 있는 박병서 씨(49세)는 플래카드를 필요로 하는 수요처가 무궁무진하게 많다는 점에 착안해 이 사업을 시작하게 됐다.

창업 자금은 총 4,600만 원, 13평 규모 점포 임차료로 보증금 1,000만 원에 월세 55만 원을 낸다. 총 자금중 2,400만 원이 매직롤과 플로터 등 설비비용, 컴퓨터·프린터·각종 프로그램의 구입비용이다. 나머지는 가맹비와 부자재·기타 비품비로 들어갔다. 자금이 모자라서 본사를 통해 1,500만 원을 빌려 실제 창업 비용은 3,000만 원 정도 들었다.

현재 사업 9개월째로 월평균 매출액은 700만 원이다. 여기서 임차료와 직원의 월급, 대출원리금 53만 원, 기타 잡비를 제하고 나면 순수익은 250만 원 정도 떨어진다.

박씨는 이 사업을 하려는 점주가 있다면 몸을 아끼지 말고 일하라는 조언을 한다. 일이 한참 많을 때는 철야 작업을 하기도 하고, 손님이 원할 때는 새벽에 거리로 나가 현수막을 달기도 하므로 무엇보다 건강한 육체가 바탕이 돼야 한다고 한다. 이 사업을 시작한 후에는 현수막에 관한 한 도사가 되어, 지나가다 예쁜 간판을 보면 그 자리에서 메모를 하기도 한다.

처음 사업을 시작할 때만 해도 서체나 광고 등에 무심한 편이었지만, 요즘에는 신문이나 잡지를 볼 때도 예사롭지 않게 주목한다고 말한다.

최근에는 주문이 밀려 직원 1명에 아르바이트를 두고도 새벽 2

~3시까지 작업할 때가 많다. 매달 수입이 완만한 상승세를 보이고 있어 사업이 본 궤도에 이르면 월매출 1,000만 원 이상이 될 것으로 기대하고 있다.

전문가 경영전략

이 사업의 성패를 좌우하는 것은 '신용'과 '실력'이다. 납기일을 준수하는 것은 반드시 지켜야 할 항목이며 고객이 의뢰한 문구에 맞는 디자인을 얼마나 잘 만들어 내는가도 중요하다. 따라서 초창기에는 고생할 것을 각오하고 하나씩 배운다는 자세로 시작하는 것이 바람직하다. 현수막 제작 의뢰시 직접 글씨체와 바탕 색깔 등을 지정해 주는 손님도 있지만 대부분의 손님은 알아서 해달라는 식으로 일임하는 것이 보통이다. 이 때문에 점주는 기본적인 미적·색채 감각과 함께 수요자가 하고자 하는 행사, 단체의 성격을 파악할 줄 알아야 한다. 이를 바탕으로 디자인과 색깔을 정하는 것이다. 음식점이라면 맛있어 보이고 눈에도 확 띄도록 노란 바탕에 재미있는 글씨체를 적용하고, 행사 등에 쓰는 현수막이라면 차분한 색상을 써서 신뢰감을 주는 등의 방법을 연구하는 것이다. 새롭고 독특한 서체가 있으면 스크랩하기도 하고, 들어올 주문에 대비해 미리 형식을 만들어 보기도 한다. 어떤 곳에 내걸어도 남부끄럽지 않은 작품을 만든다는 자세가 중요한 셈이다. 이러한 연구 자세를 갖춰야만 한번 거래한 고객을 고정 고객으로 만들 수 있다. 모든 사업이 다 그러하지만 즉석 플래카드 제작업도 점주의 영업 능력이 중요하다. 초창기에는 손님이 들지 않아 적자를 볼 가능성이 많다. 이를 타개하기 위해서는 주변의 업소를 모두 방문해 명함과 팜플렛 등을 나눠주며 홍보 활동을 해야 한다. 점포를 내더라도 처음부터 호황을 맞는 것은 아니고 입소문과 소개가 중요한 홍보원이 되어 차츰 사업 영역이 확장되기 때문에 조급하게 생각하지 말고 장기적으

로 내다보는 것이 중요하다. 특별히 불경기를 타지는 않지만, 여름 휴
가철 15일 정도는 일거리가 잘 들어오지 않기도 한다.

☎ 사위컴손 (미스터 플래카드) : (02)941-9470

3. 장난감 판매·대여점

- 집기비품 및 인테리어 비용 (20평 기준) : 1,200만 원
- 초도 물품 구입비 : 2,000만 원
- 기타 창업비 : 200만 원
- 총 투자비용 (점포 임차료 제외) : 3,400만 원

한번 사면 망가지지 않는 한 계속 쓰는 어른 물건과 달리, 어린이용품은 사이클이 짧은 것이 특징이다. 게다가 의류에서부터 소품, 하다못해 장난감류도 고가인 경우가 많아 요즘같은 경기 침체기엔 계속 사주기가 사실 부담스럽다.

예전처럼 자식을 많이 두는 경우라면 물려 입고 고쳐 쓰는 등의 방법이 있다지만 한 두 아이만 낳아 최고로 키우는 것을 가치로 여기는 요즘 시대엔 몇 달 정도밖에 쓰지 않은 물건을 처분하는 것도 골칫거리이다.

교육적이고 과학적이라는 완구도 매일같이 새로운 것이 쏟아져 나오고 있는데 모두 사줄 수도 없고, 안 사주자니 우리 아이만 시대에 뒤지는 것 같고, 큰 맘 먹고 사줘도 며칠 지나면 거들떠 보지도 않고……. 이러한 부모의 고민을 해결해 주는 것이 장난감을 비롯한 유아용품의 대여 산업이다.

최근 전반적인 불황으로 이같은 중고물품 대여업이 각광받고 있는 가운데 그 중 아이들에게 가장 필요한 장난감을 빌려주는 장난감 대여점이 부각되고 있다. 적은 회비로 한 달 내내 새로운 장난감을 가지고 놀 수 있다는 것이 인기의 비결이다.

장난감 대여점을 이용하면 새 것이나 다름없는 유아용품을 대여하거나 싼값에 구입할 수도 있다. 한번 회원에 가입하면 일정 기간 동안 계속 대여할 수 있으므로 연령에 맞게 체계적인 장난감을 접해 지능 발달에 도움이 될 뿐만 아니라, 대여한 것이라 소중히 사용, 어릴 때부터 물건을 아끼는 습관을 기르게 되는 장점도 있다.

장난감 대여점은 대부분 판매를 겸하고 있는데 대여 회원이 장난감을 구입할 경우 15~20%의 할인 서비스를 하고, 수입 완구 등은 비교적 고가인 경우가 많아 주문 판매를 한다. 대체로 저가품은 판매 비중이 높고, 10만 원 이상의 고가품이나 대형 완구는 대여가 많은 편이다.

장난감 대여점은 회원제로 운영되며 정규·단체·일반 회원으로 구분된다. 회비는 업체에 따라 차이가 있지만 대략 다음과 같다. 정규 회원은 한 가정을 단위로 입회비 1만 5,000원과 월회비 2만 원 정도를 받고 일주일이나 열흘 단위로 가정에 장난감을 가지고 가서 교환해 오는 방식이다. 단체 회원은 유치원, 탁아소, 놀이방 등으로 입회비 1만 5,000원 정도에 월회비 4만 원을 받는다. 일반 회원은 정규 회원으로 가입하지 않고 필요할 때만 대여하는 회원인데, 1회 대여료로 해당 장난감 판매 가격의 5~10%를 받고 일주일간 대여해 주는 형식을 취한다.

사업을 처음 시작하는 점주라면 아무래도 개업 후에 계속 상품 정보를 입수할 수 있는 곳과 거래를 하는 것이 좋다. '프레야 토이랜드', '토이 뉴스', '꾸러기 친구' 등은 값싸게 장난감을 판매하는 것 외에 대여정보도 얻을 수 있어 체인점 효과를 얻을 수 있다. 그에 반해 처음부터 독립점으로 운영할 때는 도매 상가에 나가 상품을 조사해야 하고 개점 후에도 수시로 새로 나온 품목과 인기 상품, 유행 품목을 점검하는 노력을 기울여야 하는 데 그것이 초보자로서는 쉽지 않다.

장난감 판매·대여점의 최대 성수기는 크리스마스 등 연말 시즌과 설날·어린이날로 연중 전체 매상의 40%가 이 때 집중적으로 팔린다. 가장 중요한 것은 상품 구색을 갖추는 것으로 사전에 물건 준비를 철저히 해야 한다. 당시 유행 상품을 어느 정도 갖추느냐에 따라 매출액에 큰 차이를 가져오게 된다.

되도록이면 주차장을 갖춘 대형 매장으로 구성해 부모와 아이들이 직접 쇼핑을 즐기면서 고를 수 있도록 해 주고 대형 장난감을 구입할 때는 배달 서비스를 해 준다. 특히 판매뿐만 아니라 회원제 대여까지 겸한다면 회비 등 고정수입이 발생, 보다 유리한 점포 운영을 할 수 있다.

투자비용 대비 수익성 분석

장난감 판매·대여점을 독립점으로 시작하려면 10~20평 점포에 채울 장난감 구입비로 1,500만 원 정도 들어가고 인테리어와 홍보비로 200~300만 원 정도 소요된다. 점포 위치에 따라 매출에 차이가 많은데 주택가에서 차로 10분 정도 거리에 있다 하더라도 주차가 가능한 곳이 유리하며, 대략 이 정도 입지에 있는 점포 임차 보증금은 1,000~3,000만 원 정도 든다. 따라서 점포를 합쳐 최소 2,700만 원에서 4,800만 원 정도 드는 셈이다.

체인점 개설 비용은 업체에 따라 어느 정도 차이가 있지만 대동소이하며, 프레야 토이랜드의 경우 20평형 점포를 기준으로 인테리어 비용 및 기타 냉난방비 1,000만 원, 초도 물품비 평당 100

만 원, 가맹비 200만 원, 기타 창업비 200만 원 등으로 점포비를 제외하고 3,400만 원 정도 든다.

대부분의 완구를 배달해 줘야 하고 돌려 받을 때도 직접 찾아와야 하므로 차량은 필수적으로 갖춰야 할 품목이다.

중고 아동용품 대여·판매점을 장난감 판매·대여업과 겸업한다면 점포는 기존 매장 내에 4평 정도 공간을 따로 내는 것만으로 충분하다. 찾아오는 손님을 대상으로 홍보하고 중고품을 사들일 수 있으니 일석이조이다. 중고 아동용품 대여·판매점은 초기 물건 확보가 관건으로, 신제품이나 이월상품을 싸게 구입·판매하면 되지만 상품성 있는 중고품을 구하는 것이 무엇보다 중요하다. 우선 회원제로 운영하되 회원 가입시 3가지 이상 물품을 기증해야 회원 가입을 받아주는 등 전략이 필요하다. 이같은 방법을 쓰고 어느 정도 기간이 지나면 많은 물량이 수거되어 상품을 갖추는 데는 별 문제가 없으리라 생각된다.

중고품은 손질을 깨끗이 한 상태의 것을 받아야 하며 회원이 된 사람에 한해 싼값에 매장 내 물건을 구입해 가도록 하면 된다. 이 때 수익은 위탁판매의 경우 맡긴 사람이 원하는 판매가의 일정액을 수수료로 받는 방법도 있고, 특별 회원(물품을 기증하지 않은 회원)에게 1년 동안 유효한 회원 카드를 1만 원 상당에 판매해 수입원으로 삼을 수도 있다.

장난감 판매·대여점은 회원 관리를 어떻게 하느냐에 따라 순이익은 많은 차이가 나겠지만 대략 200명 이상 회원을 확보, 체계적으로 운영해 나간다면 인건비, 임차료를 제외하고 대략 월 200만 원 이상의 순수익을 올릴 수 있다. 물론 중고 아동용품점까지 취급하여 자리를 잡는다면 순수익은 더욱 늘어날 것이다.

1~6세 정도 연령의 자녀를 둔 젊은 부부가 많이 사는 곳 중 적어도 1,500세대 이상의 아파트 단지나 연립주택 밀집단지와 가까운 곳이 최적의 장소이다. 중산층이 많이 사는 주택가나 시장 입구도 무난하다.

장소를 정할 때는 같은 업종이 중복되는 곳을 피하고 되도록 동네 소형 점포보다는 변두리라도 주차장을 갖춘 대형 점포로 창업하는 것이 바람직하다. 유치원이나 탁아소, 놀이방 등 어린이 대상 업종이 몰려 있는 곳에서 단체 영업을 하는 것도 손쉬운 손님 유치 방법 중 하나이다. 중형 아파트 단지나 고급 주택가에 입지할 경우에는 생활 수준이 비교적 높고 어린이들의 연령도 초등학생 이상이 많으므로 고급·고가의 상품을 구비하는 것이 좋으며 소형 아파트 단지라면 유아나 유치원생, 초등학교 저학년이 많으므로 지역 특성에 맞게 상품을 갖춰야 한다는 점에 유의한다.

장난감 판매·대여점은 점포의 위치나 규모보다는 창업 후 홍보가 더욱 중요하다. 자본에 여유가 없을 때는 점포 없이 집에서 대여 위주로 영업하다가 여유가 생긴 뒤 매장을 내고 차츰 판매를 겸하고 품목을 늘리는 방향으로 사업을 확장시킬 수도 있다.

서울 목동에서 창고를 끼고 있는 10평 짜리 가게를 얻어 장난감 대여점을 운영하고 있는 이은미 씨(32세)는 재작년 창업 당시 일단 체인점으로 출발은 하되, 가능한 초기 투자 비용을 줄인다는 계획을 세웠다.

본사에 가맹비 300만 원을 내고 세트로 된 대여용 장난감 구입 비용으로 600만 원, 초도 물품 구입에 900만 원이 들었다. 실내 장식도 장난감이 곧 인테리어라는 생각으로 진열장만 60만 원 정도에 맞췄다. 가게 보증금이 1,500만 원이므로 점포 비용을 합쳐도 총 3,500만 원이 채 안 들어간 셈이다.

가게를 연지 1년이 넘는 현재 대여 고객은 100여 명 선으로, 이들에게 입회비와 월회비로 각각 1만 5,000원씩 받고 있다.

한 달 매출액 약 700만 원 정도에서 200만 원 쯤의 순수익이 떨어진다는 이씨는 "본사에 전화만 하면 물건을 채워줘 편하다." 며, "꼭 배달을 해 줘야 하는 점이 조금 부담이 된다."고 지적한다.

이씨는 또 "이 사업의 관건은 물건의 구색"이라며, "주말에 가족 단위 손님이 집중되므로 조기 지능계발 용품을 비롯, 생일 잔치에 초대받은 어린이들이 선물용으로 자주 찾는 장난감 등도 골고루 갖추는 것이 매출 올리는 비결"이라고 조언한다.

전문가 경영전략

장난감 판매·대여점의 매출 구성은 판매와 대여의 비율이 2대 1 정도 되는 것이 보통이다. 그러나 판매의 마진율이 30%인데 반해 대여는 장난감 구입비를 제외한 전액이 수익이므로 마진율이 훨씬 높다. 장난감 대여는 청소 및 위생관리에 손이 많이 가기 때문에 배달 및 회원관리, 물품관리를 전담할 직원 한 명이 필요하다. 직원 한 명이면 월 2백명 정도 관리가 가능한데, 컴퓨터로 관리하면 월 4백명까지 가능하다. 이 사업의 최대 고객은 어린이들이므로 어린이들이 친근하게 접할 수 있는 분위기를 만들고 이들이 좋아하는 방송 프로그램 등을 눈여겨보는 지혜가 필요하다. 또 같은 장난감을 여러 아이가 돌려쓰게 되므로 위생관리와 A/S에 신중해야 한다. 연령별·특성별로 물품을 갖추는 것은 물론, 완구 대여 프로그램을 적극 개발, 나이와 성별, 성장 단계에 맞춰 체계적으로 장난감을 빌려 갈 수 있도록 조언할 수 있어야 한다. 물품을 돌려 받는 것과 배달이 동시에 이뤄지도록 유도하기 위해서는 장난감 카탈로그 등을 만들어 점포를 찾은 고객에게 서비스하는 것도 한 방법이다. 일반적으로 장난감 대여와 판매를 겸하는 업소의 월매출은 회원 2백명을 기준으로 할 때 판매 부분이 600~1,000만 원, 대여 부분이 400만 원 정도 된다. 이중 판매는 마진이 30%이므로 180~300만 원 선이고, 대여의 경우 장난감 구입비로 30만 원 정도를 제외한 370만 원이 마진이다. 여기서 운전기사 인건비와 점포 임차료, 관리 및 유지비, 차량유지비를 제외한 금액이 점주의 순수익으로, 대략 월 300만 원 이상의 고소득을 올릴 수 있는 업종이다.

☎ 프레야 토이랜드 : (02)260-8211

4. 주방용품 가격파괴점

> • 집기비품 및 인테리어 비용 (15평 기준) : 500만 원
> • 초도 물품 구입비 : 1,200만 원
> • 기타 창업비 : 100만 원
> • 총 투자비용 (점포 임차료 제외) : 1,500만 원

다른 점포와 비교해서 같은 물건이 단돈 100원이라도 싸면 대부분의 소비자들은 미련 없이 단골을 옮긴다. 경영난에 시달리는 백화점들이 그 동안 취급하지 않던 품목 중 하나인 자동차용품 매장까지 다투며 개설하는 요즘, 소규모 점포가 살아남을 수 있는 유일한 전략은 고품질의 제품을 싼값에 판매하는 것뿐이다.

이에 따라 최근 특정 품목의 다양한 상품을 한 매장에 전시해 놓고 저가로 판매하는 이른바 '카테고리 킬러' 매장이 눈에 띄게 성장하고 있는 추세이다.

E마트 등 대형 유통업체들은 값이 싸긴 하지만 주거지와 거리가 먼 곳에 자리한데다 패키지 형태로 상품을 판매한다는 단점이 있다. 이른바 동네형 소규모 할인점은 대형 유통업체들의 단점을 보완, 주거지에 깊숙이 들어서 제품의 가격을 파격적으로 낮춘 것이 특징이다. 주방용품 가격파괴점도 바로 이런 업종 중 하나로 중소기업의 주방용품을 현금 결제해 가격을 낮추고, 동네 단위의 소규모 매장으로 창업비를 절감, 싼 가격에 품질 좋은 상품을 집 근처에서 살 수 있도록 한다는 전략이다.

　10여 년 전부터 생활용품 할인매장을 운영해 온 판매 전문회사 (주)동양산업은 97년부터 '키친 나라'라는 상호로 체인점을 모집하고 있다. 가맹점이 되면 본사에서 주방용품, 팬시제품까지 일체 공급해 주기 때문에 일일이 물건을 구매하러 다녀야 하는 수고를 덜 수 있다. 이 물품들은 공급가격이 비교적 싸기 때문에 일반 소비자 외에 도매상으로 판매되는 경우도 더러 있을 정도라는 게 업계 관계자들의 얘기이다. 현재 전국에 20여 곳의 가맹점이 있는데 이 매장들은 백화점이나 쇼핑 센터에 비해 거의 절반값에 물건을 공급, 수요가 꾸준히 늘고 있다.

투자비용 대비 수익성 분석

　'키친 나라' 체인의 경우 가맹비나 보증금이 없고 특별한 인테리어비 없이 간판만 동일하게 달면 된다. 10평 이상의 점포를 기준으로 할 때 초도 물품비는 대략 1,200만 원 정도 든다. 따라서 점포 비용을 제외하고 간판·선반값 200만 원과 기타 창업비용 100만 원을 포함, 1,500만 원 정도면 창업이 가능하다.

　주요 취급 품목은 각종 주방용품과 가전제품, 일상 생활용품, 침장류 등 다양하며 마진은 공급가격의 30~40%이다. 대부분 체인점의 평균 1일 매출이 30만 원 선이어서 월 400만 원 이상의 순수익을 올릴 수 있다.

입지 및 환경

　점포의 입지는 주택가 밀집지역의 대로변 상가가 유리하며, 재래시장 안도 성공 가능성이 높다. 주방용품 판매는 주부들을 대상으로 하므로 주부층의 유동인구가 많은 곳이 바람직하다. 점포는 당연히 1층이 좋지만 점포 비용이 부담될 경우 지하나 2층 매장도 무방하다. 단, 단골 관리를 제대로 해야만 불리한 입지 여건을 극복하고 높은 매상을 올릴 수 있다.

서울 성내동에서 주방용품 가격파괴점인 'L마트'를 운영하는 박보라 씨(28세)는 주방용품 가격파괴점이 타 점포에 비해 값싸게 팔기 때문에 알뜰 주부들이 많이 찾는 편이라 경기를 덜 탄다고 한다.

작년 8월, 아는 사람이 경영하던 가게를 인수하면서 점포 임차료 1,500만 원, 물건값 700만 원, 권리금 500만 원 등 총 2,700만 원으로 창업을 했는데, 첫 달 매상으로만 750만 원을 올려 점포 임차료를 제하고 약 300만 원 정도 순이익이 떨어졌다.

다른 물건과 달리 필요해서 사러 오는 고객이 많기 때문에 다양한 물건을 구비해 놓아야 하는데, 물건은 본사에서 주문대로 배달해 주므로 운영에 별 어려움은 없다. 또 가끔씩 남편이 화곡동 생활용품 전문시장에서 일부 물건을 구매해 줘 큰 도움이 된다고 한다.

박씨는 "구매객인지, 구경하러 온 손님인지를 파악하고 그에 맞게 대응하는 눈치가 필수"라며, 창업 초기에 4백가지가 넘는 물건의 값을 외우는 것이 가장 힘들었지만 요즘은 본사에서 제품을 출고할 때 모든 물건에 바코드 처리를 해 줘 어려움을 덜었다고 말한다. 또 물건에 하자가 있을 때에는 다른 상품으로 교환이 가능하기 때문에 초보자들도 재고부담이 없이 장사할 수 있다는 점이 매력이라고 한다.

　박씨의 점포는 오전 10시 30분에 열어 저녁 9시에 문을 닫는데 한 달 평균 300만 원 정도 순이익이 된다며 만족해하고 있다.

전문가 경영전략

주방용품은 살림하는 주부라면 누구나 관심을 갖는 품목인 만큼 특별한 구매 의사 없이 구경만 오는 경우도 많다. 이것저것 물어 보고 만져 보는 귀찮은 고객일수록 주방용품에 관심이 많은 사람이므로 단골이 될 확률도 높다. 그냥 구경 온 손님이라도 충분히 둘러볼 시간을 주고 물건을 강매하려 한다는 인상을 주어서는 안 된다. 또 필요한 물건이 있어 찾아온 손님에게는 다양한 정보를 주어 마음의 결정을 유도하는 것이 좋다. 끝까지 친절하게 대하면서 불량품은 사과와 함께 즉시 바꿔주는 등의 애프터서비스가 단골 확보의 지름길이다. 주방용품의 경우 품목의 변화는 별로 없지만 디자인은 빠르게 바뀐다. 디자인이 예쁜 제품은 충동구매로도 많이 나가므로 구 모델을 빨리 반품하거나 노마진으로 처분하고 새로운 디자인의 제품으로 고객의 시선을 사로잡아야 한다. 또 단골 확보와 함께 앉아서 오는 손님만 상대할 것이 아니라 혼수 세트나 사무실 판촉물 등의 대량 판매로 판로를 개척하는 쪽이 좀 더 큰 매출을 올릴 수 있다. 대부분의 구매 고객이 여성층이기 때문에 좀 무겁다 싶은 물품은 흔쾌히 배달해 주는 서비스도 해줘야 한다. 인건비를 줄이면서 배달도 하려면 가족의 도움이 필요한데, 대부분의 점주가 남편 퇴근 후에 한꺼번에 모아서 배달해 주는 방식으로 인건비의 부담을 줄이고 있다.

☎ 동양산업 : (02)927-3245

5. 낙지 · 떡볶이 전문점

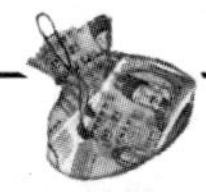

- 집기비품 및 인테리어 비용(20평 기준) : 3,500만 원
- 초도 물품 구입비 : 300만 원
- 기타 창업비 : 600만 원(가맹비 500만 원 포함)
- 총 투자비용 (점포 임차료 제외) : 4,500만 원

10대와 20대 젊은층에게 간식거리로 자주 먹는 음식을 꼽으라고 한다면 반드시 낄 음식이 떡볶이이다. 세월만큼 종류도 다양해진 떡볶이는 일반 떡볶이에서 즉석 떡볶이, 이제 전문화 흐름에 발맞춰 체인점 시대로 접어들었다.

높은 인기만큼이나 떡볶이 전문점은 포화상태이다. 단순한 떡볶이집도 아이디어와 참신한 브랜드가 필요한 세상이 된 것이다.

수많은 떡볶이집 중에서 '낙지대학 떡볶이꽈'가 소비자의 마인드를 읽어내는 데 성공하여 그야말로 문전성시를 이루고 있는 이유이다.

동종 요식업소의 경우 '낙지와 순대, 그리고 떡볶이 친구들', '낙지골 떡볶이', '낙지대학원 김밥과', '떡볶이가 김밥을 만났을 때', '호프 대학 골뱅이과' 등 상호와 메뉴 자체를 묶어 조합한 유사품이 속속 생겨나고 있을 정도로 이색 상호바람까지 일으키고 있다.

낙지대학 떡볶이꽈는 10~20대 초반을 주고객으로 설정, 일부러 노란색을 주조로 간판에 만화를 그려 눈에 확 띄게 한다든지 떡볶이를 먹은 3김씨의 재미있는 품평과 매장 내 광고를 이용했다.

이같은 시도는 20대 젊은층에서 "낙지, 떡볶이 메뉴와 매장 컨셉이 딱 들어맞는 데다 맛도 좋다."며 폭발적인 반응을 자아냈다.

또 낙지가 점심, 저녁 메뉴라면 떡볶이는 시간을 타지 않는 음식이라는 점에 주목, 이 둘을 합친 것이 결국 고객층의 다양화로 이끌어 매출을 올린다는 결론이 나온다.

주메뉴는 철판낙지볶음, 불낙지전골, 낙지 스테이크, 왕새우 철판구이 등 낙지요리와 떡볶이쫘의 자랑거리 중 가장 많이 찾는 것이 해물떡볶이와 야채떡볶이이다. 가격대는 4,000원부터 1만 원대까지인데 추가로 1,500원짜리 각종 사리를 준비해 놓고 판매한다. 가장 잘 나가는 메뉴는 4,500원짜리 철판낙지볶음으로 전체 매출의 50%를 차지한다.

통상 한 음식점의 주종목이 절반 이상의 매출을 차지하면 제대로 된 장사로 보듯, 단순한 메뉴와 낮은 단가로도 회전율만 높다면 얼마든지 잘 되는 사업임을 증명하는 사례이다.

동종업종과 비교할 때 메뉴 한 항목당 20% 정도 가격이 높지만 워낙 가격이 싼 음식이어서 깔끔한 매장과 분위기를 선호하는 신세대에게는 별 문제가 되지 않는다.

투자비용 대비 수익성 분석

투자비용은 실평수 15평 기준 가맹비 500만 원, 본사 보증금 300만 원, 실내장식비 1,500만 원, 주방기구설치비 2,000만 원, 식품구입비 300만 원 등 4,600만 원선이면 충분하다(점포 보증금 제외). 통상 점포 보증금은 A급지를 기준으로 5,000만 원 선이다.

이 업종은 특히 회전율이 좋아 하루 매출이 평균 40만 원에 달하는데 마진율 50%를 적용하면 월 600만 원 정도의 매출이익이 발생한다. 여기에 월고정지출 비용인 임차료 및 관리비, 인건비를 제외해도 순이익이 460여 만 원이 된다. 현재 낙지대학 40여 개 가맹점의 월평균 순이익은 700만 원대에 이른다.

입지 및 환경

대학가나 젊은층의 유동인구가 많은 지하철역 주변상권이 최고지만 소도시의 중심 상업지구도 무난하다. 주요고객은 인근 학교의 여고생이나 여자 손님들이 압도적인데 주류도 일부 취급해 직장인 단골도 많다.

대학가에 위치할 경우엔 방학 때 10~20%의 매출손실을 계산해야 하며 손님의 80% 이상이 여성이고 주로 10~20대를 겨냥한 식당이라는 점을 염두에 두고 입지선정을 해야 한다. 만화 캐릭터와 톡톡 튀는 색상, 디자인을 사용했기 때문에 30대 이상은 선뜻 들어서기가 어려워 가족단위를 겨냥한 주택가 개업은 무리가 있다.

사 례

경기도 포천에서 '낙지대학 떡볶이꽈'를 운영하는 이모 씨(26세)의 경우 원래 금융기관에 근무하다 퇴직금과 모아둔 돈을 합쳐 총 6,000만 원 정도를 투자해 97년 3월에 개업했다.

경기한파 이전에는 1일 60만 원 이상 매출이 오른 적도 있지만 요즘은 1일 매출이 30만 원 선이다.

　한 달 매출액이 900만 원에서 마진율을 50% 정도로 볼 때 400만 원의 매출이익이 발생하고 거기에서 임차료, 인건비를 제하고 나면 월 250만 원 정도 순수익을 올리고 있다.

　그동안 받았던 월급에 비하면 만족스럽다는 그는 매장 내 청결 상태 및 서비스에 만전을 기하며 매출 올리기에 전력투구하고 있다.

전문가 경영전략

낙지대학이 10～20대 초반이라는 틈새시장을 노린 업종이기 때문에 점포입지가 무엇보다 중요하다고 조언한다. 10대는 매출의 50%를 차지하는 낙지요리를 잘 먹지 않고 인근 분식집과의 가격경쟁력도 떨어지기 때문이다. 점포입지를 택할 때 외곽도 중심도 아닌, 중심상권의 틈새를 노려야 한다는 점이 가장 큰 어려움이다. 현재 낙지대학은 신촌, 대학로 등 젊은층 유동인구가 보장되는 곳에는 이미 점포가 들어가 있다. 따라서 현재 투자를 하려는 창업주는 이천, 광주, 용인 등 지방 중소도시의 중심상권 중 중복이 안 되는 곳을 택하는 것이 바람직하다.

☎ 낙지대학 떡볶이꽈 : (02)577-5817～8

6. 즉석 두부 제조업

- 집기비품 및 인테리어 비용 (5평 기준) : 6,600만 원
- 초도 물품 구입비 : 1,500만 원
- 기타 창업비 : 200만 원
- 총 투자비용 (점포 임차료 제외) : 8,200만 원

값싸고 영양만점인 두부는 콩나물과 더불어 밥상에 빠지지 않고 등장하는 단골 메뉴이다. 우리 식생활에 있어서 '약방의 감초'나 다름없는 음식으로 국이며 찌개, 부침, 조림 등 수많은 요리 방법이 있고 누구나 즐겨 먹는 보편적인 음식이다.

20년 전만 해도 시골에서는 두부 만드는 모습을 흔히 볼 수 있었다. 하룻밤만 잘못 보관해도 쉽게 상하는 두부의 특성상 먹을 때마다 조금씩 만들던 탓이다. 적당히 익은 콩물이 고소한 냄새를 풍길 때면 옹기종기 둘러 모여 양념장 쳐서 순두부 한 그릇씩 후루룩 마시는 것도 별미고, 갓 만든 두부는 숭덩숭덩 썰어 김치에 싸 먹어도 맛있다.

공장식 두부가 등장하면서 주부들의 손은 편해졌지만 그 고소한 두부의 맛은 잃어버렸다. 게다가 공장식 두부가 석회 두부니, 방부제 두부니 하여 종종 물의를 일으키자, 순수한 우리 콩을 사용하고 방부제를 넣지 않는다는 점을 선전하며 풀무원 등의 업체가 빠르게 자리잡기도 했다.

그러나 대량 생산되는 인스턴트 두부에서는 여전히 옛날 맛을 느낄 수 없다는 것이 소비자들의 중평이다.

　요즘 백화점 식품코너나 대형 할인매장 등에 가면 희한하게 생긴 기계를 놓고 김을 무럭무럭 피워가며 두부를 빚어내는 모습을 볼 수 있다. 바쁘게 쇼핑하던 주부들이 방금 나온 생두부와 묵을 맛보려고 시식대 주변에 장사진을 친다. 신선하고 고소한 그 맛을 본 사람은 아무리 식비를 줄이는 세상이라 해도 인스턴트 두부보다 100원 정도 비싼 가격을 문제삼지는 않는다. 이 두부를 사기 위해 일부러 매장에 들르는 상인과 주부도 있을 정도이다.

　점포에서 즉석으로 두부를 만들어 소비자의 손에 넘기는 것은 이런 장점이 있다. 제조업자에서 바로 소비자로 이어지니 중간 유통단계가 모두 생략돼 비교적 싼 값에 공급할 수 있는 것이다. 게다가 입맛 까다로운 주부들의 시선과 발길을 붙잡는 데는 즉석에서 만들어 파는 것만큼 효과적인 방법이 없다.

　즉석 두부 전문점의 주요 상품은 생두부, 순두부, 연두부, 비지, 콩물, 두유, 청포묵, 메밀묵, 도토리묵 등을 비롯해 자체 기획 상품격인 야채두부, 쑥두부, 키토산 두부 등이 있다. 가격은 일반 두부가 모당 1,000원, 기능성 두부는 1,500원으로 한 판에 15모 정도 나오므로 하루 평균 약 19판 정도 팔린다. 생두부 외에 이것저것 합치면 50kg들이 콩 2~3가마 정도가 소비되는 셈이다.

　즉석 두부 제조업을 하는 업체로는 최근 특허를 출원해 체인화된 ‘두부애비’와 ‘옛맷돌 즉석 두부촌’이 대표적이다. 초창기 사업으로서 아직 진출의 여지가 많으며, 자기 몸만 부지런하다면 충분한 매상고를 올릴 수 있는 사업이다.

'두부애비' 체인점은 사업가형과 지점장형으로 나눠 가맹주를 모집한다. 사업가형은 점포를 보유했거나 소유 가능한 점주가 본사에서 기계만 구입해 독자적으로 사업할 수 있는 형태이고, 지점장형은 본사가 제반 시설과 점포를 제공하고 점주는 보증금과 영업 운영을 총괄하는 형식이다.

사업가형은 두부 빚는 기계 값으로 3,600만 원(대형), 시설·설치비·인테리어 비용(약 3,000만 원 선), 초도 물품 비용 1,500만 원으로 점포 구입비를 제외하고 8,000여 만 원 정도 든다.

지점장형은 예상 일 매출금에 따라 A형부터 D형까지 있는데 일 50만 원의 수익을 올릴 수 있는 입지는 보증금으로 6,000만 원, 1일 150만 원의 매출 예상 지역은 1억 5,000만 원을 내야 한다. 따라서 이 사업을 고려중인 예비 창업자라면 두 가지 방식 중 유리한 쪽을 꼼꼼히 따져 보고 결정하는 것이 좋다.

신우 인터내셔널은 '옛맷돌 즉석 두부촌'이라는 상호로 가맹점을 모집하고 있으며, 사업장용 두부 제조기계를 2,300만 원에 판매한다. 가맹비는 350만 원이고, 두부 제조기술과 함께 영업지원 및 5,000만 원 선의 리스도 제공한다.

입지 및 환경

즉석 생두부 사업은 현재로서는 경쟁업체가 거의 없어 상권이 보장되며, 입지만 좋다면 수익성은 얼마든지 높아진다.

'두부애비' 체인에 가맹할 때는 입지 여건 등을 신경쓰며 점포를 보러 다닐 필요가 없다. 본사측이 확보한 점포가 여러 곳에 있어서, 점주와 협의해 지정해 주기 때문이다. 그러나 점주의 편의에 따라 특별히 개업하고 싶은 장소가 있다면 그 쪽을 택해도 무방하다.

일단 개업하기에 가장 좋은 장소는 주부의 유동인구가 많은 쇼핑 센터(정규매장), 백화점을 비롯한 대형 마트이다. 백화점이나 대형 마트는 평소 손님이 오전부터 폐점 시간까지 끊이지 않기 때문에 가장 좋은 입지로 꼽힌다.

그 다음으로 좋은 입지는 재래시장 입구나 상가가 형성되는 지역, 대규모 아파트 상가 등 인구 유입이 많은 곳을 들 수 있다. 직장인 자취생이 많은 지역이나 기존 식당이 다수 자리한 지역도 괜찮은 입지이다.

단, 재래시장은 목이 좋을 경우 권리금 부담이 크고 주변 상가가 손두부를 비롯해 두부를 파는 곳이 많기 때문에 그들과 경쟁해야 한다는 단점이 있다. 그러나 맛있다고 소문이 나면 대형 식당 등에서 매일 판으로 계약하는 경우도 생기는 등 오히려 백화점 수수료 매장보다 훨씬 높은 매출을 올리는 경우도 있다.

이 업종의 주고객은 단연 주부들이며, 그 외에 중소형 슈퍼마켓 주인이나 식당 업주, 학생층이 많이 찾는다. 평균 고객 수는 대략 하루 300명에서 1,000명 사이로 조사되고 있는데, 입지 여건이 내점객수를 좌우한다는 것이 점주들의 중평이다.

사 례

안산 세반백화점 지하 식품매장에서 '두부애비' 안산점을 운영하고 있는 이명구 씨(46세)는 두부 도매업에서 즉석 생두부 전문점으로 전업한 지 5개월을 갓 넘어선 신참 점주이다. 신문의 창업 가이드란을 보고 이 사업을 알게 된 이씨는 당시 하던 일을 정리하려던 참이라 신속하게 움직였다.

약 8,000여 만 원에 달하는 자금 마련과 매장 확보에 많은 신경을 쓰고 상·하수도 공사며 시설, 설비를 갖추는데 1주일이 걸려서 본격적인 창업은 3개월 정도 소요됐다.

재래시장이 아닌 백화점 수수료 매장이어서 점포 구입비나 권리금은 들지 않았지만 5평 규모에 설비, 인테리어비로 평당 500만 원, 기계 대금으로 3,600만 원이 지출됐고 광고, 홍보, 개점 이벤트를 비롯한 소소한 기타 비용으로 약 2,000만 원 정도가 들었다. 창업 자금이 모자랐지만 친척들과 본사인 '고려알앤디' 측에서 주선한 할부 금융의 리스로 채웠다.

개점 5개월이 경과한 현재 이씨의 순수익은 한 달 600~700만 원에 달한다. 세 사람에 대한 인건비 300만 원과 백화점 매장 수수료 300만 원(18%), 재료비 300만 원을 제외한 금액이다.

이씨는 "즉석 두부 제조업은 건강과 맛, 위생을 찾는 요즘 소비자의 마인드에 딱 맞아 떨어지는 유망한 사업"이라며 집 가까운 블루힐 백화점에도 입점, 점포 두 개를 운영할 구상에 부풀어 있다.

전문가 경영전략

이 사업은 무엇보다 두부 제조기술을 익히는 것이 운영상의 관건이다. 아무리 기계로 만든다지만 손에 익숙치 않으면 실패작이 나오기가 쉬우므로, 충분히 연습하고 숙달된 후에 본격적인 장사에 들어가는 것이 좋다. 사업을 시작한 후에는 즉석이라는 이점을 충분히 살려 홍보하는 것이 좋다. 매대 한쪽에 시식 코너를 차려 방금 나온 두부와 묵을 보기 좋게 썰어 맛볼 수 있도록 하는 것이다. 이 같은 장사는 시식 이상 좋은 홍보가 없다. 맛과 영양, 신선도의 차별화를 살린 '오감 마케팅' 전략이 한번 온 손님을 고정 고객으로 잡는 지름길이다. 이 사업도 다른 사업과 마찬가지로 몸을 아껴서는 성공할 수 없다. 뜨거운 기계와 씨름하다 보면 한여름에는 땀띠가 나기도 하고, 미끄러운 바닥을 무거운 물통을 들고 조심스럽게 다녀야 하는 등 육체적으로 편한 사업은 아니다. 그러나 점주가 몸을 사리지 않고 부지런히 일한다면 충분히 보상받을 수 있는 확실한 업종이다. 한편 두부는 누구나 일주일에 2~3번은 꼭 먹을 만큼 성·비수기가 없는 보편적인 음식이지만 한여름에는 두어 달 비수기가 생긴다. 이 때는 뜨거운 두부 대신 도토리묵이나 청포묵, 냉콩국물 등을 팔아 대체효과를 노릴 수 있다.

☎ 두부애비 : (02)554-1456
　 즉석 두부촌 : (02)243-1997

7. 이색 카페

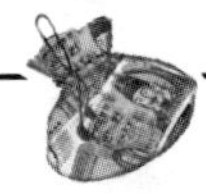

- 집기비품 및 인테리어 비용 (10평 기준) : 1,800만 원
- 초도 상품 구입비 : 500만 원
- 기타 창업비 : 200만 원
- 총 투자비용 (점포 임차료 제외) : 2,500만 원

차와 커피, 간단한 요기거리, 음악, 대화가 오가는 장소쯤으로 여기던 카페가 변신하고 있다.

테이블마다 전화기를 놓는다거나 팩시밀리를 설치하는 서비스는 이미 보통이고 하이테크 카페로 불리는 미래형 카페가 등장하면서 차를 마시며 문서도 만들고 컴퓨터로 회의도 진행할 수 있는 공간으로서 각광받고 있는 것이다.

이들 미래형 카페는 (주)호원 시스템이 보급하고 있는 멀티미디어 'PC 클럽'과 'BNC'가 대표적인데 PC 클럽은 주로 신세대 젊은이들을 겨냥, 컴퓨터 게임이나 만화, 영화, 음악, 각종 데이터 베이스 등을 통해 컴퓨터와 익숙한 이는 물론 문외한까지도 쉽게 사용할 수 있도록 매장을 꾸민 카페이다.

BNC는 오락용을 비롯한 업무용 PC가 주로 갖춰진 OA 카페로 서초동 본점을 비롯, 이태원, 광교, 홍릉 등지에서 성업중이다. 월회비 3만 5,000원을 내면 회원으로 등록되고 개인사물함이 지급돼 회원 앞으로 오는 팩시밀리나 우편물 등을 보관해 준다.

또 명함제작 및 컴퓨터, 주류 등을 30% 할인된 가격으로 제공하며 음성정보 시스템으로 전화녹음 또는 자동호출까지 가능한 전자통신 서비스도 해 준다. 매장에서는 본사에서 교육받은 매니저가 번역, 워드, 회원관리, 판촉물 제작 등의 업무를 보므로 점주는 영업만 하면 된다.

투자비용 대비 수익성 분석

체인점을 내면 본사에서는 해당지역 PC 통신 동호회에 안내문을 띄우는 데 이것은 카페를 홍보하는 가장 좋은 수단이다. PC 클럽은 가맹비 없이 15~30평 정도 매장을 확보하면 체인점이 될 수 있고 멀티미디어 PC 4~8대, PC 통신용 2~4대, 각 장르별 소프트 타이틀을 60~80개 갖춰야 하는데 장비값으로 약 3,000~6,000만 원, 인테리어비로 평당 130만 원 정도 소요된다.

BNC는 가입비 500만 원에 기본 15평의 매장이 필요한데 보통 30평 정도가 가장 적당하다. 20평을 기준으로 소요자본을 계산하면 인테리어비 평당 90만 원, PC 및 OA가 1,260만 원, 주방 340만 원, 음성사서함 설치비 200만 원, 기타 100만 원으로 임차료를 제외하고도 4,200만 원 정도 든다.

예상수익은 PC 클럽의 경우 한 테이블당 평균 2인이 이용했다고 가정했을 때 1시간 4,000원, 5시간 사용하면 2만 원이다. 여기에 멀티미디어 PC 4대를 설치했을 때 1일 매상은 30만 원, 한 달이면 최소한 900만 원의 매출액을 올릴 수 있다는 계산이 나온다.

젊은 신세대가 주고객층이므로 변두리든 중심상권이든 20대 전후 대학생들이 활동하는 대학근처면 되고, 굳이 목이 좋아야 할 필요는 없다. 사무실 밀집지역도 무방한데 강남이나 종로 등이 좋으며 주변에 무역 사무실이 많거나 사무 시스템을 이용할 만한 매장이 없는 경우면 더욱 좋다.

인천시 구월동 문화회관 앞 1층 15평 규모의 커피 갤러리 '마티스'는 단순히 커피, 음료만 파는 곳이 아니라 매장 내에서 열쇠고리 및 편지꽂이, 메모꽂이, 간단한 소품, 그림액자, 아트포스트 등을 곁들여 판매하는 이색카페 중 갤러리 카페이다.

점포 임차료 포함 총 4,000만 원이 투자된 이곳은 기존 커피숍을 하던 곳으로 간단한 인테리어 소품류를 갖추어 놓아 분위기가 좋을 뿐만 아니라 판매도 꽤 되어 수익이 더욱 많아지고 있다.

팥빙수, 생과일 주스 등이 많이 나가는 여름이면 1일 15만 원 정도 매출이 예상되지만 요새는 1일 평균 10만 원 이상 매출이 된다. 이 중 20% 정도는 소품판매 수익이다.

점주 혼자서 운영하여 따로 인건비 지출은 없다. 주로 문화회관 행사 때와 주위 공공건물에 근무하는 직원들이 찾는 곳으로 한 번 들렀던 고객은 차후 선물용품을 고르기 위해 들르기도 한다.

한 달이면 대략 임차료 제외하고 150만 원 정도 순수익이 오른다.

입지에 따라서는 인터넷 카페를 구상할 수도 있다. 커피를 마시면서 인터넷도 마음대로 사용할 수 있는 이곳은 사이버 카페라고도 불리는데 98년 초 우리나라에도 등장, 현재 10여 곳이 넘게 인터넷 카페가 성업 중이다. 인터넷 카페는 인터넷 전자오락실, CD 대여점, 스낵 편의점, 사무 편의점 개념을 도입한 것으로 고객은 일정 시간 이용료를 지불한 후 고속 전용선으로 인터넷에 연결된 PC를 24시간 아무 때나 이용할 수 있다는 점이 특징이다. 인터넷 카페를 꾸미려면 PC 10대 이상 구입과 네트워크 설치 비용으로 약 2,000~3,000만 원 정도가 투자되지만, 그 공간을 활용하여 스낵 편의점과 인터넷 카페를 연결시켜 하나의 문화 공간으로 만든다면 갈 만한 곳 못 찾아 헤매는 요즘 젊은이들의 이색 만남의 장소로 탈바꿈할 것이다. 인터넷 카페는 20대 후반~30대 초반의 신세대 직장인이 모여 있는 장소가 개업의 적지로 꼽힌다. 따라서 강남역 부근, 여의도 증권가, 마포 오피스타운, 신촌, 종로 등이 좋다. 단순히 커피점으로 커피와 음료만을 팔기보다는 간단한 인테리어 소품을 파는 커피 갤러리, CD를 파는 CD 카페, 커피와 꽃을 파는 플라워 카페, 창업 카페, 만화 카페 등을 구상하는 것도 분위기를 바꾸면서 손님들의 호기심을 끌기에 좋은 전략이 될 수 있다.

☎ PC 클럽 : (02)263-2581
　　BNC : (02)782-2614

8. 멀티미디어 공부방

- 집기비품 및 인테리어 비용 : 1,300만 원 정도
- 초도 물품 구입비 : 초기팩 값 400만 원
- 기타 창업비 : 100만 원
- 총 투자비용 (점포 임차료 제외) : 2,000만 원

컴퓨터 통신과 게임, 학습을 접목시킨 1대 1 개별학습 프로그램이다. 학생이 PC 통신을 통해 선생님과 만나 학습하는 형식을 취하는 점은 PC 통신 과외방과 비슷하나 한 단위가 끝나면 어린이가 좋아하는 게임이나 만화, 퍼즐 등이 나와 머리를 식혀 준다. 결국 다음 게임을 즐기고 싶은 욕구 때문에 학습 능률도 올릴 수 있다.

재미있는 게임 때문에라도 공부하고자 하는 동기를 유발시키며 소수 정예로 한 반에 5~7명씩만 모집하여 차별화를 꾀한다. 학교나 학원 등 정해진 장소에서 정해진 시간에만 할 수 있던 공부를 컴퓨터로 원하는 시간에 할 수 있도록 한 것이다. 기존의 학습지 방문 지도와 비슷하나 교사가 일일이 가정을 방문하는 대신 컴퓨터 통신을 이용한다는 점이 다르다. 학생은 컴퓨터라는 매체를 이용하여 학습함으로써 컴퓨터 기능도 함께 익힐 수 있고, 교사는 직접 가정을 방문하는 것이 아니므로 시간이 절약되고 한꺼번에 여러 명의 학생을 지도할 수 있다는 이점이 있다.

현재 이런 형태의 컴퓨터 서당을 운영하고 있는 곳은 몇 군데가 되지만 아직 교재 내용 등이 미흡하고 제대로 된 내용으로 수업을 하는 곳으로는 (주)통신나라 미래교육에서 운영하는 '미래서당 공부방'이 있다. 수강료는 일반학원의 두 과목 수강료 수준인 월 11만 원으로 7개 과목을 개별 학습할 수 있도록 꾸며져 있다.

초등학생의 경우 국어, 산수, 사회, 자연, 듣기영어, 한문, 컴퓨터 학습이 월 11만 원에 이루어지고, 중고등학생은 영어와 수학, 과학, 국어, 듣기영어, 한문, 컴퓨터 학습 등 7개 과목을 공부한다.

영어는 학생의 수준에 따라 17단계로 나뉘어져 있고 컴퓨터 학습은 초보과정부터 인터넷 체험학습까지 여러 단계를 골라 학습할 수 있다.

미래서당 가맹점에 가입하기 위해서는 본사가 요구하는 일정 요건을 갖추면 되는데, 가맹점에 가입하면 본사에서 전문가가 나와 시스템을 설치해 주고 초도 물품을 배송해 준다. 컴퓨터에 익숙치 않은 점주를 위해서는 약 1주일간 운용교육도 실시하므로 초보자도 쉽게 운영할 수 있다.

교육 내용에 대해서는 본사에서 다양한 프로그램을 지원하기 때문에 별도의 관리교사가 없이 점주가 직접 운영할 수 있지만 가능한 학생들의 질문에 대답할 수 있는 정도의 교육능력을 갖춘 사람이 유리하다.

투자비용 대비 수익성 분석

미래서당 공부방의 사무실 개설비용은 5평 정도의 사무실을 갖추면 컴퓨터 7대를 운영할 수 있고, 이 경우 30~35명의 학생을 지도할 수 있다. 사무실 개설 비용은 컴퓨터 7대를 운영할 때 초기팩 값 420만 원을 포함해 컴퓨터와 프린터 비품비로 총 1,650만 원이 든다. 사무실 임차비용은 별도로 추가된다.

단, 장비는 본사에서 제공하는 것을 사용하지 않고 점주가 직접 구입할 수도 있으므로 싸게 구입할 수 있다면 개설 비용을 줄일 수 있다.

한 달 예상수익은 공부방 운영으로 1인당 11만 원씩, 35명일 경우 385만 원과 통신학습 연결 수수료 90만 원을 합해 약 475만 원이 된다. 이 중 DB 사용료 40만 원, 임차료와 경상비를 합해 100만 원을 제외한 월 335만 원이 순수익이 된다.

입지 및 환경

미래서당 공부방은 공부방만을 운영할 경우 통신상으로 모든 것이 이루어지므로 사무실 입지는 어디라도 무방하지만 업종을 추가하여 즉석동화책방이나 주부교실을 겸업할 수 있으므로 이 경우 사무실 위치에도 신경을 써야 한다. 아파트 등 주거지역에 있는 가정집의 5평 정도 방을 빌리거나 사무실 공간에서도 충분히 운영이 가능하다.

사 례

도봉구 방학동 아파트에서 25명의 회원을 확보, 컴퓨터를 이용한 멀티미디어 공부방을 운영하는 김영숙 씨(34세)는 컴퓨터와 초기팩 값 등 장비구입비로 1,700만 원과 점포 임차료로 보증금 500만 원이 들어 창업비용으로 총 2,200만 원이 들었다.

현재 회원 25명으로 월 275만 원의 회비에다 통신학습 연결수
수료로 60만 원 정도 들어와 총 335만 원 순수익이 된다.

여기서 DB 사용료와 임차료와 관리비로 약 80만 원 정도가 지
출되어 월 250만 원 정도 순수익을 올리고 있다.

전문가 경영전략

가장 중요한 것은 프로그램의 내용을 정확히 파악해야 하고, 또 차후
교과과정이 개편되었을 때 본사의 대처방안을 들어본 후 타당성이 있
을 때 가맹을 결정해야 한다. 우선 가맹 후에는 회원의 진도관리를 철
저히 해서 학습능력이 배가 될 수 있도록 최선을 다하는 것이 중요하
다.

☎ 통신나라 미래교육 : (02)727-3908

9. 중고 유명상품 전문점

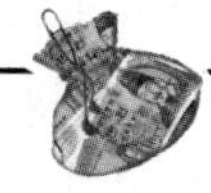

- 집기비품 및 인테리어 비용(10평 기준) : 2,000만 원 내외
- 초도 물품 구입비 : 2,000만 원 내외
- 기타 창업비 : 1,000만 원 내외
- 총 투자비용 (점포 임차료 제외) : 5,000만 원 내외

소비자의 구매 패턴이 단순한 필요성에서 기능과 디자인 중심으로 옮겨감에 따라 물건의 사용 기간도 점차 짧아지고 있다. 어느 가정에나 구석에서 잠자고 있는 물품이 한 두개씩은 꼭 있다. 예를 들어 헬스 기구라든가, 스포츠 용품, 자전거, CD, 보석, 가구 등이 그렇다. 얼마 쓰지 않고도 흥미를 잃거나 새로운 제품이 나오는 등의 이유로 아까운 물품이 제 기능을 하지 못하고 있는 것이다.

그렇다고 중고품이 어디서든 푸대접만 받는 것은 아니다. PC 통신 알뜰시장 난에 들어가면 꽤 쓸만한 물건을 무료 내지는 헐값에 준다는 광고를 많이 볼 수 있다. 남에게는 필요 없는 물건이 나에게는 요긴하게 쓰일 수 있다는 것을 증명이라도 하듯, 대부분 광고가 올라오는 당일로 소진된다.

요즘 용산 전자상가에 가보면 신품 PC는 파리를 날리는 반면, 중고 PC는 없어서 못 팔 지경이다. IMF 구제 금융 신청 이후 호주머니가 가벼워진 소비자들이 대거 중고 시장으로 몰리고 있는 것이다.

사실 외국에선 이미 중고 비즈니스의 하나로 자리잡은 이 사업이 우리나라에서 원활하지 못했던 것은 그간 구매자와 판매자를 연결할 통로가 없었기 때문이다. 몇 년 전부터 벼룩시장 등 생활정보지가 자리잡고 PC 통신 사용자가 많아지면서 1대 1 방식으로 꾸준히 거래가 되고 있는데 아직은 컴퓨터 및 일부 가전제품, 가구 등에 국한돼 있다. 그러나 정보지에 나온 물건을 취합한 후 다시 되팔아 이익을 남기는 점포까지 상당수 등장해 점차 다양한 중고품 분야로 사업 영역을 확대시키고 있을 정도이다.

이처럼 쓸 만한 중고품을 모아 컴퓨터를 업그레이드하듯 고쳐 파는 매장이 있다면 어떨까? 새 것이나 다름없는 물건들이 파격적인 가격에 주인을 기다리고 있다면 구매하기를 마다할 사람은 드물 것이다.

요즘 미국과 일본 등지에서 한창 주가를 올리고 있는 중고용품 사업을 알아보자.

스포츠·헬스용품의 중고 판매업은 각 점포마다 중고품 매입이 시스템화 돼 있어 브랜드명과 제조년월일 별로 매입 가격이 결정된다. 매장이 손님으로부터 사들인 중고품을 퍼스널 컴퓨터에 입력하기만 하면 본부가 알아서 재고 관리를 대행하기 때문에 독립해 개업하기 쉬운 업종 중 하나로 꼽힌다.

일본에서는 골프의 대중화와 함께 중고 골프채를 취급하는 점포가 신제품 판매점을 능가하는 수익을 올리고 있다. 골퍼의 실력 향상으로 골프채를 계속 바꾸면서 기존 골프채를 묵히기가 쉽다는 점에 착안한 사업이다. 중고라고 아무렇게나 파는 것이 아니라 신제품 판매점에 못지 않게 서비스를 다양화하고, 매장 내에 3평 규모의 시타룸을 설치해 사용자가 실제 쳐보고 구입을 결정케 했다.

겉치레보다 기능을 중시하는 구매 패턴은 주방기구와 자전거 등도 놓치지 않는다. 불황이 장기화되면서 투자 비용을 절감하려는 요식업 창업주가 중고 주방기구 취급점을 찾아 시세의 반액 또는 30% 선에 매입하는 현상이 보편화된 것이다. 또 주차금지 장소에 방치돼 있거나 압류된 자전거들도 중고 비즈니스의 어엿한 상품이다. 관청이 경매를 통해 자전거를 중고품 판매상에 넘기면 이들은 수리를 해서 신제품과 다름없이 탈바꿈시킨다. 가격은 신제품의 30% 선으로, 인기 있는 MTB같은 자전거는 진열되자마자 팔려나가는 호황을 누리고 있다.

우리나라도 아파트 단지마다 주인 없는 자전거들이 수두룩한데 수거해 수리한 후 중고품으로 판매하는 사업을 시도해 볼 만하다. 각 아파트마다 이들 자전거가 미관을 해치는 데다 처리가 쉽지 않아 골머리를 앓고 있다. 따라서 아파트 관리소나 아파트 주민회의 대표를 통해 협의를 한다면 어렵지 않게 확보 가능할 것이다. 특히 최근 환경문제가 대두되고 연료비 절감 등의 이유로 자전거로 출퇴근하는 직장인이 늘고 있는 추세여서 자전거의 판로 또한 넓어지고 있다. 이처럼 중고품 판매업은 조금만 세상을 읽는 지혜가 있다면 충분히 실현 가능성 있는 사업이라 할 수 있다.

투자비용 대비 수익성 분석

주요 취급 물품에 따라 다르기는 하지만 통상 실평수 30~40평 정도 크기에 진열과 수리, 접수를 겸하도록 꾸미고 재판매를 하면 된다.

취급 물품을 다채롭게 갖출 경우 점포 임차료와 초도 물품 구입비, 배달용 차량구입비, 사무집기류까지 합쳐 1억 원 정도면 창업이 가능하다.

단일품목을 취급한다면 3,000만 원 선의 소액으로도 사업할 수 있고 어느 정도 홍보가 된 시점에서는 월 400만 원 이상의 순수익을 올릴 수 있을 것으로 예측된다.

입지 및 환경

점포는 방문 판매가 쉬운 곳을 택하되 굳이 임차료가 비싼 1층 매장보다는 층수에 관계없이 개설, 비용을 줄여 주는 것이 바람직하다. 좋은 입지는 고정 비용의 부담이 크므로 2층 매장을 얻어 홍보전단과 광고를 통해 매장을 알리기에 주력하는 것이 보다 효율적이다.

중고 자전거 판매업의 경우 주고객은 대학생층이므로 수요가 보장될 만한 대학교 인근에 입지하는 것이 가장 좋다. 여기에 대여업까지 겸한다면 호주머니가 가벼운 수요층의 호응을 얻을 수 있을 것으로 전망된다.

사 례

아나바다(아껴쓰고 나눠쓰고 바꿔쓰고 다시쓰는) 운동이 본격화되면서 경실련을 비롯한 단체들에서 적극 펼쳐나가고 있는데 이 중 중고 아동복이나 용품, 헬스 및 골프 등의 운동기구 등은 개인적으로 요즘 같은 사회 분위기 하에서는 도전해 볼 만한 아이템 중 하나이다.

특히 일본의 경우 중고 식당기자재 중개업으로 많은 돈을 번 사례도 유명하다.

창업자가 많은 만큼 망하고 흥하는 업소가 특히나 더 많은 요즘 같은 때에 교통망이 좋은 곳에 창고부지를 마련, 중고 식당기자재 중개업을 해본다면 자연 홍보가 되면서 많은 사람들에게 실질적인 도움과 동시에 중개 차액도 짭짤하게 볼 수 있을 것이다.

전문가 경영전략

신제품과 중고품의 가격 차이가 클수록 중고 비즈니스가 성립한다는 점을 숙지, 고액 상품을 위주로 구비하도록 한다. 또 언제까지나 상품 가치가 있어야 한다는 것도 중고 상품의 중요한 조건이다. 고객은 상품으로서 가치가 높은 것을 선택하기 마련이므로 중고품이라도 유명 메이커나 일류품을 위주로 매입해야 한다. 판매 대상도 좀 더 다양화할 필요가 있다. 충동구매로 산 후 거의 착용하지 않아 새 것이나 다름없는 유명 브랜드의 구두나 고급 의류, 벨트, 모자, 핸드백, CD 등의 소품까지 취급하는 것이다. 물품을 위탁 판매해 수수료를 받는 형식으로 운영한다면 취합하는 데 특별히 힘이 들지는 않을 것이다. 중고품이라도 품질만 좋고 싸면 사는 것이 경기 침체기의 절약 소비 패턴인 만큼 상품 매입 방법만 제대로 알고 이 업종에 도전한다면 노력한 만큼 충분한 보상이 가능할 것으로 전망된다.

10. 주먹밥 전문점

- 집기비품 및 인테리어 비용 (5평 기준) : 1,000만 원
- 초도 물품 구입비 : 200만 원
- 기타 창업비 : 300만 원
- 총 투자비용 (점포 임차료 제외) : 1,500만 원

압구정 현대백화점 맞은편 골목에서 97년 3월 개업한 '기린비어페스타'는 일본 최대의 기린맥주 체인점이다.

주변의 비슷한 호프집은 하루 평균 150명 정도 손님이 드는 데 반해 기린은 260명이 평균일 정도로 차별화에 성공한 점포로 꼽힌다.

신세대들에게 이 집을 자주 찾는 이유를 물어보면 달콤 쌉싸름한 기린맥주의 맛도 좋지만 실은 '폭탄밥'이라는 안주가 특이해 자주 찾게 된다고 답변한다.

여기서 말하는 폭탄밥이란 사실 간단하다. 밥에 야채 등을 잘게 썰어 넣고 볶은 후 김을 둘러 폭탄 모양으로 만든 주먹밥이다.

예전에 반찬이 없고 도시락을 쌀 만한 용기도 없던 시절에 먹던 맛없고 보잘 것 없는 주먹밥이 새롭고 고급스러운 변신으로 '일식'의 꼬리표를 달고 현 시대에 나타난 것이다.

이는 그간 서양식에 익숙해 있던 젊은층이 체질적으로 우리 음식과 유사한 일식에 갖고 있는 호감도를 증명하는 예이다.

주먹밥이란 아이템 자체가 약간은 생소하다 보니 서울 내에서 음식으로서의 주먹밥을 취급하는 곳은 아직까지는 몇 곳 정도에 불과하다. 반찬 가짓수가 많아야 한 끼 잘 먹었다고 생각하는 구세대들과 달리 패스트푸드에 익숙하고 새롭고 독특한 모양과 맛을 추구하는 신세대들을 주고객으로 한다.

대학로나 신촌, 돈암동 등 대학가 주변이나 화양리, 명동 등 젊은이들이 모이는 거리 곳곳에는 이미 값싸고 간편한 김밥이나 카레라이스를 특화한 전문점을 흔히 볼 수 있다.

그러나 경쟁이 점차 치열해짐에 따라 모양과 맛이 엇비슷한 김밥집들이 손님을 나눠먹기 하면서 매상이 줄고 있는 실정이다. 이는 김밥을 좋아하는 고객들의 입맛이 갑자기 바뀐 것이 아니라, 새로운 맛·감각의 김밥을 기대하고 있다는 뜻이다.

이미 체인의 난립까지 불러올 정도로 보편화된 김밥이나 카레라이스보다 주먹밥을 전문으로 특화해 보는 것은 어떨까?

요즘 옷장 속의 20년 전 엄마 옷까지 꺼내 입는 젊은이들의 복고바람에 편승할 만한 좋은 아이템이 될 것이다.

주먹밥 전문점은 주먹밥에 여러 가지 다양한 재료를 각각 첨부함으로써 소비자에게 주먹밥 하나로 무궁무진한 메뉴를 제공할 수 있는 전문식당이다.

'소고기 주먹밥', '회 주먹밥', '야채 주먹밥', '카레 주먹밥', '베이컨 주먹밥', '김치 주먹밥', '김 주먹밥' 등 개발만 한다면 다양한 메뉴가 가능할 것이다.

점주 입장에서는 주물을 사용하기 때문에 만들기도 편리하고 위생적이다. 또한 가격이 저렴한데다 순수 국산 패스트푸드라는 점, 옛날 부모님들이 먹던 복고 음식이라는 점에서 소비자에게 어필할 수 있는 먹거리이다.

주먹밥을 뜨는 주물은 시중에서 쉽게 구할 수 있는데 일제의 경우 세모나 네모, 하트, 소나무, 꽃 모양 등 여러 가지 모양이 있다. 가격은 3가지 모양을 뜰 수 있는 주물이 1만 원에서 3만 원 선이다. 다양한 모양의 주물로 만든 예쁜 주먹밥은 신세대나 어린이들에게 호감을 살 수 있을 것이다.

점포 크기는 10평 정도에서 20~30평까지 점주의 형편에 따라 선택하면 된다. 10평 이내의 작은 점포라면 최소한의 인테리어만 하고 벽면에 고급스런 종이와 아크릴판 등을 붙여 10대들의 낙서판 혹은 연락판으로 제공하는 것도 괜찮은 아이디어이다.

통상 점포 비용을 제외하고 10평을 기준으로 집기 비품 및 인테리어비 1,000만 원과 초도 물품 구입비, 기타 창업비를 합쳐 500만 원 등 총 1,500만 원 선이면 넉넉하게 창업할 수 있을 것이다.

입지 및 환경

가장 좋은 입지는 20대 여성들의 유동인구가 많은 이대, 성신여대 등 여대 앞이다.

그러나 김밥 체인점이 입점할 수 있는 입지라면 주먹밥 전문점도 얼마든지 가능하다. 대학가는 물론이고 아파트 밀집촌이나 공단 주변, 주택가, 빌딩가, 시내 중심가 등 사람이 사는 곳이면 어디든 가능하다.

점포 인테리어는 일반 식당 분위기보다는 아기자기하고 깔끔한 메뉴가 부각되도록 모던하고 고급스럽게 신세대풍으로 꾸민다.

예를 들어 몇 년 전부터 인기를 끌고 있는 철판 볶음밥집의 인테리어와 유사하다고 보면 될 것이다.

　주변의 입지를 잘 살펴 주고객층이 어떤 층인지에 따라 결정하도록 하되, 2층에 입지할 경우 딱딱한 철제 집기로 분식점 분위기를 내는 것보다는 푹신한 소파를 놓고 편안한 카페처럼 꾸미는 것도 좋은 반응을 부를 수 있을 것이다. 또는 여건만 허락한다면 싼 값에 초밥 전문점같은 일본 식당의 분위기를 내는 것도 권할 만하다.

사 례

　양재 전철역 부근에서 주먹밥 전문점을 하는 김영철 씨(29세)는 친한 친구와 둘이서 주위 은광여고 학생 및 젊은 직장 여성들을 대상으로 3평 점포를 오픈했다.

　작은 공간을 최대한 활용코자 벽을 보고 앉을 수 있는 스탠드형으로 탁자를 배치, 한꺼번에 10명 정도는 앉을 수 있도록 꾸몄다. 점포 비용을 포함하여 총 7,000만 원을 넘게 투자하였는데 현재 하루 50만 원 이상 매출을 올리고 있다.

　매장 내에서 먹는 고객들이 대부분이지만 포장을 해가는 고객도 점차 늘어 요즘에는 30% 정도 차지한다. 흰색 벽을 만들어 자유롭게 낙서를 하게 만든 것도 이색 아이디어로 좋은 호응을 얻고 있다. 그래서 학생들이 연락 장소로, 만남의 장소로 많이 찾는다. 주먹밥 뿐만 아니라 요즘에는 깔끔한 국물맛을 내는 우동도 인기 메뉴 중 한 가지가 되었다.

　요즘은 경기가 나빠지면서 매출이 조금 줄긴 했지만 한 달에 둘이서 각각 250만 원 정도씩의 수입은 된다며 만족해 한다.

전문가 경영전략

주먹밥 전문점은 다양한 메뉴의 개발이 최우선적이다. 메뉴는 주먹밥에 넣는 재료에 따라 여러 가지 기발하고 새로운 맛을 낼 수 있도록 한다. 또 혼합재료의 색상에 따라 다양한 색채의 주먹밥을 만들 수 있는 장점도 최대한 살린다. 입지와 매장 분위기에 따라서는 특이하게 김쌈을 취급해 보는 것도 고려할 만하다. 김을 비롯한 수십 종류의 김쌈 재료들을 요리해 알맞은 크기로 자른 다음 손님이 직접 싸서 먹을 수 있도록 제공하는 것이다. 재료는 생선 및 육류, 갖가지 나물과 채소, 치즈와 어묵, 맛살과 그 밖의 제철 나물, 채소들로 한다. 여기에 계절에 따라 메밀 국수나 칼국수 등을 함께 취급한다면 먹고 나서 자칫 허전할 수 있는 주먹밥을 잘 보완할 수 있을 것이다. 전술한 '폭탄밥'의 경우처럼 같은 주먹밥이지만 신선한 느낌의 이름을 붙이는 것도 추천할 만하다. '낙지대학 떡볶이꽈'처럼 신세대의 구미를 당기는 점포 상호와 함께 기발한 이름을 붙인 요리 이름이 재미있다는 인식을 줄 수 있을 것이다. 매장 운영은 주먹밥이 패스트푸드라는 점을 감안, 셀프 서비스로 운영하는 것도 바람직하다. 셀프 서비스로 점포를 운영할 경우 주방장 1명 외에 종업원 1명 정도면 충분하므로, 부부가 함께 창업한다면 인건비를 절감할 수 있을 것이다. 김밥과 마찬가지로 주먹밥도 10대 후반에서 20대 후반까지의 여성이 주고객이다. 고객에게 제공하는 그릇은 이들에게 호감을 살 수 있는 아기자기하게 예쁜 것으로 하고 주먹밥에 곁들일 메뉴도 개발하는 것이 좋다. 천편일률적인 '국물'보다는 소스나 샐러드, 수프, 미역 냉국 등 계절에 알맞고 주먹밥에 어울리는 부메뉴를 준비하는 것이 바람직하다.

☎ 카도 : (02)572-0035

11. 신발 종합 할인매장

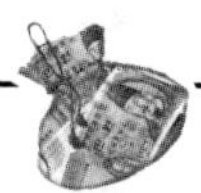

- 집기비품 및 인테리어 비용 (10평 기준) : 1,100만 원
- 초도 물품 구입비 : 2,000만 원
- 기타 창업비 : 400만 원
- 총 투자비용 : 3,500만 원

신발은 인간에게 있어 사회적 위상을 드러내는 최고의 양식이다. 롯데백화점 설문조사에 따르면 20대 여성의 경우 한 해에 구입하는 신발이 3~4켤레에 달해 거의 철마다 한 켤레씩 사는 셈이라고 한다. 여고생들도 가장 받고 싶은 선물로 신발을 든다. 성수기와 비수기가 따로 없는 알짜사업인 것이다.

현재 신발업계는 제화업체의 고급 제품과 재래시장에서 판매되는 저가품으로 양분돼 있는 형편이다. 제화업체는 성인용이고, 재래시장의 제품을 취급하는 곳은 저가 상품 위주로 질이 떨어진다는 고정관념이 있어 수요층도 양분되는 경향을 보였다.

그러나 최근 이 틈새를 공략, 질 좋은 제품을 저가에 파는 신발백화점과 고급 제품의 이월상품을 싼 값에 판매하는 유명 메이커 할인매장이 생겨나 호황을 누리고 있다.

신발 편의점은 이른바 신발 백화점이다. 앙증맞은 유아용 신발에서부터 할아버지 고무신까지, 정장용 구두부터 캐주얼화까지 한 매장에 모여있는 것이 특징이다.

특히 신발 가격의 거품을 뺀 것이 장점으로, 1~2만 원에서 비싸봐야 4만 원 정도의 가격을 제시한다. 유명 브랜드의 신발 한 켤레를 살 수 있는 돈으로 온 가족의 신발을 살 수 있는 셈이다. 신발을 패션 소품으로 생각하고 보다 싸고 질 좋은 것을 찾는 요즘 고객들의 마인드에 부합한다 할 수 있다.

대표적인 체인점인 '로비슈마트'의 경우 본사가 판매된 전 제품에 대해 수선 보장제를 실시하고 물품도 직접 배송해 줘 새벽 시장에 나가는 번거로움이 줄어든다. 물품대는 위탁판매 형식으로 1주일에 한 번씩 후불로 지불하면 된다.

한편 비슷한 사업으로 유명 메이커 신발 할인매장을 들 수 있다. 최근 경제한파로 유명 신발 메이커들이 현금 확보를 위해 이월 운동화 등을 도매상에 싸게 내고 있는데, 이를 떼어다 판매하는 사업이다. 일반 메이커 판매점과 다른 점은 이 할인매장의 경우 거의 전 메이커의 제품이 망라돼 있어 소비자가 비교·선택을 용이하게 할 수 있다는 점이다. 또 가격도 최고 50%까지 깎아 줘 메이커를 선호하면서도 비싼 가격 때문에 구입을 망설였던 청소년들에게 인기가 높다. 대표적인 유통업체로는 '슈즈이코노숍'이 있다.

독립점의 경우 점포 크기는 10평 이상이면 무난한데 초도 물품 구입비로 2,000만 원, 인테리어비 1,000만 원, 전화 및 비품비 100만 원, 임차료 1,000만 원 등 총 4,000여 만 원 정도 투자하면 개업이 가능하다.

로비슈마트의 체인점을 내려면 10평형의 점포 보증금을 제외하고 인테리어비 1,070만 원, 초도 물품비 1,300만 원, 체인 본사

가맹비 및 보증금이 1,300만 원으로 총 3,300여 만 원 정도 든다. 좋은 장소에서 운영하려면 점포 비용만으로 최소 2,000만 원 정도 들어가므로 투자액은 5,000만 원 선이 된다.

입지 및 환경

신발 편의점 사업에서 가장 중요하게 고려해야 할 것은 점포의 입지로, 위치가 좋은 곳일수록 경기의 영향을 훨씬 덜 받는다. 이는 신발이 계절을 타지 않는 대신 경기에 따라 판매량의 변동이 심한 품목이기 때문인데, 신발 편의점의 경우 모든 종류의 신발을 취급하므로 서로 보완이 될 수 있다는 장점이 있다.

입지는 신촌, 이대입구, 성신여대 등 대학교 주변이 무난하며 주택가 진입로나 2,000가구 이상 아파트 단지 내 상가도 유망하다. 요즘은 주택가나 아파트 단지에서 실속파 주부들을 겨냥, 잘 팔리는 몇 개의 아이템을 구비해 판매하는 2평 규모 미니 신발집도 성업 중에 있으니 눈여겨볼 만하다.

도와주는 일손 없이 스스로 운영할 경우는 매장이 세로보다는 가로로 긴 상점이 한 눈에 물건을 다 살필 수 있어 유리하다. 점포의 위치와 함께 중요한 것은 물건 고르는 센스로, 어느 옷에나 무난하게 잘 어울리는 디자인을 찾아내는 눈썰미가 필요하다.

대학가나 젊은층이 모이는 곳이라면 다소 화려하면서도 특이한 디자인을 다수 갖추고, 일반 주택가라면 운동화를 위주로 무난한 디자인의 슬리퍼나 아동용 신발, 학교를 끼고 있다면 학생용 실내화도 필수로 갖춰야 할 품목중 하나이다.

서울 반포에 신발 편의점을 개업한 홍성복 씨(48세)는 점포 보증금과 권리금으로 3,000만 원, 10평 규모 점포의 인테리어비로 900만 원, 초도 물품비 1,400만 원, 체인 본사 보증금 및 가맹비로 400만 원 등 총 6,000만 원으로 창업했다.

현재 하루 매출 80만 원, 월 매출 2,400만 원을 벌어들이고 있는데 전적으로 유동인구가 많은 강남 고속버스 터미널에 점포를 구한 덕이라고 생각한다.

평균 마진율 30%를 적용하고 직원의 인건비 80만 원, 임차료 150만 원, 관리비 30만 원 등을 제하면 순수익은 매달 460만 원 정도 된다.

처음 개점했을 당시 2개월 정도는 손님이 없어 고전했지만 강남 지하상가가 뜨내기 손님에게 불친절해 고객들의 원성을 사고 있다는 점을 감안, 최대한 친절하게 맞으려고 노력했다. 또 한 번 물건을 산 손님을 알아보고 여러 가지 신발에 대한 조언과 함께 A/S에 신경 쓰자 단골이 늘기 시작했다. 무엇보다 물건을 유명 브랜드 중심으로 들여놓은 것이 점포가 쉽게 자리잡는 데 일조했다고 생각한다.

홍씨는 체인 본사를 선택할 때 납품시기를 정확히 지키는지, 불량품이 발생하면 즉시 교환이나 무료 수선을 해줄 수 있는 신용 있는 업체인지 신중하게 따져본 후 택할 것을 권유하고 있다.

전문가 경영전략

전문가들은 신발 편의점을 경영할 때 무엇보다 믿을 수 있는 브랜드를 고르고 다양한 종류의 신발을 갖춰야 한다고 조언한다. 유행이 빨리 지나가므로 적절한 반품 시기를 맞추는 것도 노하우로 개업 시기는 계절 감각상 묵은 신발을 처분하는 봄, 여름이 유리하며 월별로는 3월이 가장 좋다. 우선 취급 품목을 다양화해 남녀 제화는 물론, 아동화, 스포츠화, 각종 특수화에 이르기까지 신발에 관한 한 원스톱 쇼핑이 가능하도록 매장을 꾸며 기존 매장과 차별화를 꾀한다. 특히 신발값의 거품을 제거, 가격을 낮추었다는데 주안점을 두고 홍보를 해야 한다. 상품 진열도 신발을 용도에 맞게 구분해 시선이 잘 가도록 통일성 있게 진열하는 센스가 필요하다. 아동용 대상 신발의 경우는 유난히 유행에 민감해 유행에 따라 신발을 구비해야만 매출이 증가한다. 매장 분위기를 화사하고 깔끔하게 꾸며 어둡고 칙칙한 인상을 주던 기존 신발 매장과 차별화되게끔 하는 것이 중요하다. 보통 물건 구입비는 한 번에 100만 원 선이라고 보는데, 10~20일 정도 진열해 손님의 반응을 살폈다가 인기가 없으면 재빨리 반품해야 재고 부담을 줄일 수 있다.

☎ 로비슈마트 : (02)248-1153
　 슈즈이코노숍 : (02)767-2211

12. 수납장·소호가구 전문점

- 집기비품 및 인테리어 비용 (20평 기준) : 1,000만 원
- 초도 물품 구입비 : 1억 원 정도
- 기타 창업비 : 1,000만 원 정도
- 총 투자비용 (점포 임차료 제외) : 1억 2,000만 원 정도

대부분 가정의 온갖 집기류들은 정리를 해도 며칠 지나면 흩어지고, 찾으려 하면 제자리에 없는 상황이 반복된다. 가장 쉬운 방법은 쓰임이 같은 물건끼리 모아놓고 정리를 할 수 있는 수납용 가구를 들여놓는 것인데, 정작 필요해서 사고자 하면 살 곳도 마땅치 않고 어디서 취급하는 지조차 모르는 것이 현실이다. 이런 가구를 사려고 돌아다니다 포기하거나 할 수 없이 다른 종류로 대체한 경험도 많을 것이다.

최근에는 정리해고와 명퇴 등으로 유휴인력이 대거 양산되면서 사무실 없이 재택근무로 할 수 있는 업종들이 각광을 받고 있다. 이와 맥락을 같이 해 재택근무자용 소형 가구의 필요성도 요청되고 있으나 아직 이를 전문적으로 취급하는 업체가 없는 실정이다.

가구의 종류는 다양하지만 좁은 공간을 효율적으로 활용하는 가구만을 다루는 사업이 없어, 목공소에서 나무판만 잘라다가 수요자 스스로 짜 맞추는 DIY 가구가 아쉬운 대로 인기를 끌기도 했다.

　이러한 환경을 볼 때 수납용 가구는 가정뿐만 아니라 사무실, 공장 등 어디서나 정리를 요하는 곳이라면 꼭 필요한 품목이다. 이런 수요를 겨냥해 수납장을 비롯한 온갖 수납 시스템들을 한 곳에 모아 파는 업종이 있다면 상당한 인기를 끌 것으로 예상된다.

　수납 전문점이 취급하는 주요 품목은 장롱과 벽의 뜬 공간이나 냉장고와 거실 벽 사이 등 틈새를 감쪽같이 메우면서 알뜰하게 수납할 수 있는 소형 가구들이다. 주로 집안에서 필요한 옷걸이나 신발장, 각종 수납 박스, 싱크대 밑에 넣을 수 있는 수납 용기류 등을 들 수 있다. 이들 품목은 일반 가구점에서는 한 가지씩 흩어져 있어 일괄 구입이 힘든 데다 설사 찾는다 해도 비교, 선택할 대상이 충분치 않아 판매로 이어지기가 힘들다.

　이러한 수납 가구들을 총체적으로 취급하는 점포를 낸다면 자연히 홍보도 되고 필요한 사람은 멀리서도 찾아올 만한 아이템이 될 수 있는 것이다. 물건이 아이디어 상품처럼 사방에 흩어져 있어 처음에는 취합하는 것도 힘이 들겠지만 인기 품목의 경우 직접 생산을 하거나 OEM 발주 등의 방법으로 물건을 모을 수 있을 것이다.

　특히 수납용 가구가 필요할 곳을 골라 직접 맞는 상품을 보여주고 디자인과 맞춤 가구를 제작할 수 있는 역량을 갖춘다면 전문 분야로서 자리를 굳히는 것은 시간문제일 것이다.

　또 점차 사업을 키우면서 가정용이나 업무용뿐만 아닌 물류용, 산업용까지도 취급하는 것도 고려해 볼 수 있다.

　이러한 수납 전문 가구점의 운영에 관심이 있는 수요자라면 미국 전역에 15개 체인점을 거느리고 있는 '컨테이너 하우스'를 눈여겨볼 것을 권한다. 매년 35%씩 성장하고 있는 이 회사는 가볍고 견고한 100여 종의 옷걸이, 35종의 다양한 신발장, 260가지의 박스, 싱크대 밑 수납용 가구만도 208종류를 갖추고 있어 굴지의 수납용 가구 전문업체로 자리잡았다.

요즘 경제한파로 기존 가구점들의 매출이 급격히 하락하고 부도도 속출하고 있는 형편에 비추어 볼 때, 이처럼 틈새 산업을 노려 취급 품목을 단일화한다면 꾸준한 판매가 보장되는 아이템이 될 것이다.

투자비용 대비 수익성 분석

우리나라에서도 재택근무자가 늘고 있는 추세에 발맞춰 이러한 수납용 가구와 3평 규모의 작은 사무실에 꾸밀 수 있는 사무용 가구의 필요성이 요청되고 있다. 그러나 아직 수납용 가구만 따로 모아 파는 전문적인 업장이 보고되지 않고 있는 형편이다.

투자 비용은 기존의 가구점 크기보다 약간 작은 30평 정도 매장에 초도 물품을 갖출 수 있는 비용 정도가 들어갈 것으로 보이는데 통상 1억 원 정도로 예상된다.

물품은 매장을 열 때 위탁판매 조건으로 계약할 수도 있다. 이 점을 염두에 두고 2억 원 이상 투자할 여력이 있다면 논현동이나 아현동 등 기존 가구 골목의 한 자리를 임차하여 도전해 볼 만하다.

입지 및 환경

주문형일 경우 특별히 점포 위치에 구애받지는 않지만 되도록이면 소비자들이 쉽게 접근할 수 있는 곳이면 좋다. 만일 본격적

으로 투자, 차별화된 소호 가구만 모아 대형 매장으로 꾸미고자
할 때는 기존 가구골목이 형성된 지역을 찾아가는 것이 좋다.

서울역 세브란스 빌딩 내 대우 주택 문화관에서 상담과 함께
무료 강좌를 열고 있는 '참공간연구소' 소장 이명희 씨는 요즘
시대가 하루가 다르게 바뀌고 있다는 것을 실감한다. 이 소장이
집에서 할 수 있는 작은 사업과 재택근무 공간 만드는 방법, 필
요한 가구를 구입하는 방법 등을 소개하자 엄청나게 많은 수요자
가 문의를 해 온 것이다.

행사장에서 재택근무 조건과 부업에 관한 서적과 취업 정보를
제공하는 팜플렛 등은 문을 열자마자 금방 동이 날 정도였다.

적지 않은 임차료를 지출해야 하는 놀이방의 경우 주택의 방
하나를 개조해서도 충분히 운영 가능하고, 작은 주방도 개조를
통해 요리 강습까지 가능한 공간으로 만들 수 있다. 아이의 공부
방은 과외 지도용 방으로 고치고, 식당에 칵테일 제조 강습 공간
을 만들 수도 있다.

사무공간 마련은 집안 크기에 상관없이 다양하게 꾸밀 수 있으
며 4평짜리 방의 경우 사무용 가구를 곁들인 사무실로 바꿀 때
드는 비용은 약 470만 원 선, 5평이 기준이면 700만 원 정도가
소요된다. 매주 수요일과 토요일에는 전화 예약을 한 사람에 한
해 인테리어 전반에 대한 상담과 실무진행 아이디어도 제공해 많
은 관심과 호응을 얻고 있다.

집은 이제 먹고 쉬기만 하는 단순한 휴식 공간에서 일도 하고 배움도 갖는 장소로 활용 수단이 바뀌고 있다. 집이 돈버는 곳이자 적극적인 문제 해결 장소로 용도가 변경되고 있는 것이다. IMF 구제 금융 신청 한파 속에서 직장을 잃고 재기의 공간을 필요로 하는 가장과 사무실 임차료가 부담스러운 자영업자들을 위해 집안을 사무실 공간으로 꾸며 활용한다는 아이디어이다. 불황기에도 돈은 돈다. 기존 인테리어 사무실은 일거리가 없어 해체일로에 있지만 주택의 방 한 칸을 사무실로 개조하는 등의 인테리어에는 많은 사람들이 관심을 보이고 있다. 진짜 사업가는 남들이 거들떠보지 않는 사업에서도 성공 가능성을 읽어내는 법이다.

☎ 참공간연구소 : (02)322-0669, 322-0018

14. 중고 PC 전문점

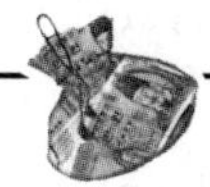

- 집기비품 및 인테리어 비용 (10평 기준) : 500만 원
- 초도 물품 구입비 : 1,500만 원
- 기타 창업비 : 1,000만 원 (가맹비·거래 보증금 포함)
- 총 투자비용 (점포 임차료 제외) : 3,000만 원

현재 PC 시장은 환율 급등과 불황의 장기화 조짐에 따라 신제품의 구매가 줄어드는 반면 중고품의 매출은 크게 오르고 있다. 값이 싼 것을 무기로 호황을 누려온 조립품 PC가 부품 값이 오르자 연쇄적으로 가격이 천정부지로 뛰어 오르는가 하면, 굴지의 다국적 기업인 컴팩, IBM 등의 유명 메이커 PC도 판매율이 뚝 떨어졌다.

그러나 'CC 마트'를 비롯한 중고 PC 업체의 경우 보통 한 달에 2,000대 정도 나가던 것이 IMF 구제 금융 신청 이후 소비자들이 대거 몰리면서 이제는 5,000~7,000대가 판매될 정도로 매출이 두 배나 올랐다.

이처럼 상대적으로 가격 급등의 영향을 덜 받는 중고 PC를 찾는 사람이 많아지면서 그간 중고 컴퓨터에 대해 갖고 있던 좋지 않은 인식도 많이 달라졌다.

무엇보다 달라진 사회 분위기는 물건 구매의 거품이 빠졌다는 점이다. 단순한 기능만을 이용하면서도 컴퓨터를 최고급 사양으로 갖추던 소비자들이 이제 자신에게 필요한 기능만을 갖춘 '맞춤

PC'를 찾기 시작한 것이다.

사실 PC는 관련 기술이 눈부시게 발전하면서 멀쩡한 컴퓨터도 하루아침에 중고 신세가 되는 등 불합리한 점이 많았다. 이렇게 해서 버려지는 PC도 연간 20만 대가 넘는 것으로 집계된다. 중고라고는 해도 기능에는 전혀 하자가 없는 멀쩡한 것들이 대부분으로, 업그레이드를 하거나 약간만 손을 보면 새 것이나 진배없는데도 외면을 당해 온 것이다.

이처럼 그간 중고 PC 시장이 활발하지 못했던 것은 PC 메이커마다 다른 체계와 부품을 사용해 서로간 호환이 안 되고 업그레이드가 힘들다는 데 있었다. 또 컴퓨터 구매자가 컴퓨터의 성능을 일일이 파악하기가 힘드니 속아 살지도 모른다는 우려와 함께 대부분 업체가 영세해 A/S가 어렵다는 점도 매출 부진에 한 몫했다.

따라서 소비자의 이러한 우려를 불식시켜 줄 수 있다면 중고 컴퓨터 판매업도 충분한 성공 가능성이 있다. 일례로, 미국의 TSS사는 어떤 메이커의 컴퓨터든 수리해 준다는 방침을 세워 95년 7억 달러에 이르는 매상고를 올렸다.

중고 PC의 경우 무상 서비스 기간이 지난 물건이 대부분이라 구매자가 구입을 꺼리게 된다. 이때 중고 PC를 판매한 회사가 1～2년 무료 서비스를 해준다고 광고한다면 신뢰감을 줄 수 있다. 사후 서비스를 확실히 보장하고 품질 인증서 등을 제공하면 업계에 알려져 홍보가 될 뿐만 아니라 판매에도 도움이 될 것이다.

중고 PC 판매업은 전국적인 유통망을 갖추고 사업을 하는 것이 물건 확보와 A/S면에서 보다 유리하다. 이를 위해서는 중고 PC의 기종별, 사양별 관리 프로그램을 짜는 것이 좋다. 그러나 소규모 사업자라도 같은 업종을 경영하는 타 점주들과 컨소시엄 형태를 취하는 등의 방법을 고안한다면 다양한 물건과 정보 교환으로 약점을 극복할 수 있을 것으로 보인다.

컴퓨터 시장은 신제품이 빠른 속도로 쏟아져 나오면서도 대기업 제품의 업그레이드가 쉽지 않다는 특징이 있다. 이 점에 착안한 틈새 사업이 중고 PC 판매업으로, 중고가 각광받는 시대의 흐름을 타고 정착해 가고 있다.

투자비용 대비 수익성 분석

'CC 마트' 체인의 경우 인테리어와 점포 선정은 점주가 알아서 하고, 본사는 대기업체의 중고품을 수집해 깨끗이 포장해 공급한다.

통상 개점비용은 인테리어 시설비 500만 원(20평 점포 기준), 초도 물품 구입비 1,500만 원, 가맹비와 보증금 1,000만 원 등 총 3,000만 원 선이다(점포 임차료 제외). 소형 트럭 구입비와 점포 임차료를 합쳐 4,000만 원 선이면 충분히 창업이 가능하다.

요즘은 물량이 모자랄 정도여서 본사와 관계없이 점주가 개별적으로 교환 판매를 알선, 부수익을 올릴 수도 있다.

맞춤 PC까지 등장, PC에 가격파괴가 되면서 중고 PC 매장에 약간 타격은 있지만 신제품 PC, 즉 맞춤까지 겸하는 곳은 월평균 400만 원 정도 수익을 올리는 곳들이 더러 있다.

입지 및 환경

중고 PC의 판매 방식은 매장에서 직접 판매하는 것과 출장 판매로 나눌 수 있다. 출장 판매 방식은 고객이 원하는 장소로 PC

를 배달해 주는 것인데 이 방식을 택할 경우 점포가 필요 없다는 장점이 있다. 다만 출장을 주 업무로 할 때는 소비자와의 신뢰감이 충분히 형성돼야 판매로 이어진다는 점을 숙지해야 한다.

점포는 중고 컴퓨터 판매에 있어서 고객에게 신뢰감을 주는 역할을 한다. 가장 좋은 입지는 기존 컴퓨터 매장들이 복합적으로 모여있는 쇼핑몰이다. 용산 전자랜드나 세운상가 등 대형 쇼핑몰은 즉시 배달해 주지 않는다는 치명적인 약점이 있지만, 소비자들이 천차만별인 PC 가격을 비교 분석하기 위해 일부러 찾아오기 때문이다.

신도시나 서울 강북 지역의 소형 아파트 단지 밀집지역도 컴퓨터 시장의 황금 판매 루트다. 아파트 단지의 컴퓨터 보유율은 80%를 상회하지만 대부분 486급 수준이기 때문에 업그레이드 잠재고객이 많다.

사 례

창업 1년째인 CC 마트 신촌점 이인범 씨의 경우 현재 직원 4명을 채용해 하루 평균 컴퓨터 6대를 판다. 월평균 매출은 6,500만 원, 여기서 임차료 및 각종 공과금과 고정비용을 제외한 평균 수익은 600만 원 선이다. 신촌지역에 자리하고 있지만 주요 고객은 대학생이 아니라 일반인과 직장인들이다.

"현란한 3차원 게임을 즐기려는 목적이 아니고 워드 프로세서나 자료 정리, PC 통신 등을 사용하려 한다면 중고 PC로도 충분합니다."

굴지의 삼보컴퓨터가 1차 부도를 내는 등 컴퓨터 업계의 전반적인 불황 속에서도 보기 드물게 호황을 구가하고 있는 중고·재고 컴퓨터 전문점 CC 마트 이병승 사장(36세)의 말이다.

94년 이 업계에 뛰어든 이래 한 해에 50%씩 매출이 급성장, 이제 전국에 30여개 체인점을 갖추고 150곳의 매장과 거래를 하고 있다.

매달 소화하는 물량도 3,000대를 넘어서 올 매출 예상액이 180억 원에 달할 정도이며, 최근에는 용산 전자랜드 신관 4층의 100여 평 규모 매장을 새로 열어 주변의 부러움을 한 몸에 받고 있다.

CC 마트에서는 현재 16메가 메모리와 1.2기가 하드 드라이브, 모뎀, CD롬 드라이브를 장착한 대기업 166MHz급 재고 컴퓨터를 모니터 합쳐 80~90만 원대에 팔고 있다. 이동이 간편한 노트북 PC는 일반 데스크탑보다 훨씬 비싸기 때문에 중고라도 금세 소진돼 버리는데, 삼성·삼보컴퓨터의 133MHz급 노트북 PC가 105만 원 선이다.

전문가 경영전략

중고 컴퓨터 유통업으로 성공하려면 첫째로 사후 서비스를 보장, 소비자에게 안심을 줄 수 있어야 한다. A/S 부서를 따로 운영할 때는 일정 기간 동안 서비스를 무상으로 제공하고 기간이 지난 뒤에는 실비로 고쳐 주는 등의 전략이 필요하다. 비록 중고지만 사후 서비스에 대한 품질 보증서 등을 준다면 소비자들도 믿고 구매할 수 있을 것이다. 둘째, 소프트웨어 및 하드웨어에 능통한 직원을 채용할 것, 셋째, 철저하게 신제품의 동향을 분석할 것, 넷째, 중고품이라도 새것을 판다는 마음으로 팔 것, 마지막으로 주차 가능하고 쉽게 찾아올 수 있는 점포를 구할 것 등이 점주가 염두에 두어야 할 창업원칙이다. 이 다섯가지

원칙을 지키며 하루 한 대씩만 팔아도 브레이크 포인트(투자회수분기점)를 유지할 수 있다. 저렴한 홍보비로 최대의 효과를 얻을 수 있는 PC 통신망을 적절히 이용하는 방법을 강구하는 것도 바람직하다. 통신망에 가격과 장점 등을 홍보하는 글을 정기적으로 올리면 이를 검토한 소비자들이 각 지역에서 찾아온다. 구매자들은 PC 통신 등을 통해 직·간접적으로 업체의 선전을 해 주기도 하고 정직하지 않게 사업하는 업자를 고발하기도 한다. 따라서 친절한 서비스와 가격 경쟁력으로 승부할 수 있다면 매상은 안정적인 편이라 할 수 있다.

☎ CC 마트 : (02)291-8000
　씨마트 21 : (02)703-8703
　디지컴 : (02)636-6490

14. 인쇄 사무편의점

- 집기비품 및 인테리어 비용 (10평 기준) : 3,000만 원 이내
- 초도 물품 구입비 : 200만 원
- 기타 창업비 : 200만 원
- 총 투자비용 (점포 임차료 제외) : 3,400만 원

　컴퓨터를 이용하여 명함이나 전단 등 간단한 인쇄물을 즉석에서 인쇄하고 복사, 제본 등 사무 지원을 하는 전문점으로, 한 마디로 기존의 문구점과 복사점, 인쇄소를 결합한 형태의 사업이다. 미국의 경우는 지난 60년대 후반부터 즉석 인쇄 서비스가 발달해 현재 4,000여 개의 체인점이 성업중인데, 90년대 이후 처음 도입된 우리나라에서도 급속도로 확산돼 가고 있다.

　시간을 다투는 현대인의 바쁜 생활은 17분 칼라, 패스트푸드, 서류배달, 즉석 사진점, 즉석 도장점 등 여러 분야에서 즉석 서비스를 원하고 있다. 현대인의 이러한 즉석 요구를 만족시키는 것이 인쇄 사무편의점이다. 또 기존의 인쇄소는 기본 사양이 있어 일정 물량 이상을 인쇄해야만 했으나 인쇄 사무편의점은 컴퓨터를 이용해 소량 인쇄가 가능하다는 점도 급속한 성장의 요인이 되었다.

　인쇄 사무편의점은 크게는 100~200평의 대형공간에 화상회의, 고속 컬러 복사기까지 갖춘 기업형에서부터 3~5평의 작은 공간에 컴퓨터와 스캐너, 레이저 프린트, 자동금박기와 재단기 등 간단한 설비만 갖추고 명함, 전단, 메뉴판, 초청장, 서식 등 소량 인쇄물을 취급하는 소점포까지 다양한 형태가 있어 창업을 하고자 하는 사람의 경제적, 기술적 능력에 맞추어 선택할 수 있다.

소형 인쇄 사무편의점을 하고자 할 경우 점포 임대료 외에 최소 1,000만 원 내외의 소액 투자로 시작할 수 있을 뿐 아니라 컴퓨터나 인쇄에 대한 특별한 사전지식 없이도 가능하다는 이점이 있다. 또한 급속한 매출액 증가를 기대하기는 어렵지만 개점 후 6개월 정도면 월 200~300만 원의 안정적인 순수익을 올릴 수 있어 소자본으로 창업하려는 사람들에게 권장할 만한 업종이다.

컴퓨터나 인쇄에 자신이 있는 사람이라면 독자적으로 개점할 수도 있으나 관련 분야의 기초지식이 없는 사람은 체인점에 가맹하는 것이 유리하다. 현재 국내에 소점포에 알맞는 인쇄 사무편의점 체인업체로는 스피드맨과 원아우어프린트(1 HP : 1 Hour Print)가 있다.

투자비용 대비 수익성 분석

스피드맨 체인점은 전국에 약 150여 개가 있는데 실평수 5~10평 규모의 점포에 2,000~3,000만 원이면 체인점 개설이 가능하다. 제판이나 마스터 인쇄 등 대형 기계설비가 필요한 경우에는 본사를 이용할 수 있다. 체인점에 가맹하면 본사에서 본인의 능력에 따라 3일~1주일 정도의 교육을 받는다. 스피드맨의 영업 마진율은 70%, 현재 영업 중인 가맹점들의 경우 평균 월 700~800만 원의 매출을 올리고 있으므로 점포 임차료와 인건비, 기타 자재비 등 모든 경비를 제외하고 순수익으로 월 200~300만 원을 올릴 수 있다.

회사측의 수익 분석 자료에 따르면 가맹점들의 하루 평균 매출액은 30만 원, 한 달 26일 영업을 할 경우 총 매출액이 780만 원이다. 여기서 재료비 30%(234만 원)를 제외한 이익금 중 인건비(1인 기준 70만 원), 임차료(40만 원), 전기료 및 잡비(50만 원), 로열티(10만 원)를 제외한 순수익은 월 376만 원이 된다고 한다.

원아우어프린트는 스피드맨보다 조금 늦은 94년 체인점 영업을 시작하여 현재 100여 개의 가맹점이 영업중이다. 3~4평의 점포 외에 1,990~2,600만 원의 기계구입비가 필요하다. 마스터나 제판 등은 외주로 제작하기 때문에 마진율은 50~60% 정도다. 역시 컴퓨터를 전혀 모르는 사람이라도 며칠간의 본사 교육만으로 충분히 다룰 수 있게 된다.

입지 및 환경

인쇄 사무편의점은 컴퓨터로 작업을 하기 때문에 우선 작업 환경이 깨끗하고 소자본으로 안정적인 수익을 올릴 수 있다는 매력이 있다. 문제는 점주의 영업 능력이 성패를 가름하는 데 무엇보다 입지가 중요한 역할을 한다.

사무편의점은 영업 반경이 좁다. 고객이 인쇄를 하기 위해 일부러 먼 곳을 찾지는 않기 때문이다. 사무편의점의 주고객이 사무실이므로 주변의 사무실 개수로 입지가 결정된다. 인쇄 수요가 높은 오피스가나 사무실 밀집지역, 대학가가 최적지이다.

사 례

96년 10월 동대문구 장안동에 문을 연 원아우어프린트 장안점의 경우 점포 보증금을 포함하여 총 5,500만 원을 투자했다. 개점 3개월째에 점포의 총매출은 월 400만 원, 그 중 원자재비(100만 원), 인건비와 관리비 등을 제외하고 점주의 순수익은 월 150여 만 원이었고, 9개월이 지난 현재 단골 고객이 늘어나 매출과 함께 순수익도 증대되어 월 350만 원의 순수익을 올리고 있다.

전문가 경영전략

무엇보다 영업 초기에는 전단지 등을 활용하여 광고를 하고 점주가 직접 발로 뛰며 인근 사무실 등에 점포를 알리는 적극적인 노력이 필요하다. 1년 내내 비교적 안정적인 실적을 올릴 수 있지만 휴가철에 약간 매출이 떨어지고 연하장과 카렌다 등의 주문이 많은 연말에 일감이 몰린다. 고객관리가 중요함은 물론이다. 일단 한 번 고객은 영원한 고객이 될 수 있도록 신속·정확하게 일처리를 해 주는 게 성패의 관건이다.

☎ 스피드맨 : (02)538-8200
　 퀵프린트 : (02)636-4132

4~6천만 원 투자 유망 업종

1. 컴퓨터 네트워크 게임 전문점

- 집기비품 및 인테리어 비용 (20평 기준) : 5,600만~7,300만 원
- 초도 물품 구입비 : 300만 원
- 기타 창업비 : 200만 원
- 총 투자비용 (점포 임차료 제외) : 6,000만 원

삼성경제연구소에 따르면 97년말 국내 멀티미디어 시장 규모는 약 2조 7,000억 원대에 달한다고 한다. 이중 게임 시장도 매년 30% 이상씩 성장을 거듭해 약 5,000억 원대 규모로 형성돼 있다. 각종 컴퓨터 게임 산업의 시장 규모가 이처럼 급격히 성장한 이유는 컴퓨터 사용이 사회 생활의 필수요건화 되면서 게임에 대한 거부반응이 희석된 데다 일상에서 받는 스트레스를 게임을 통해 해소하려는 경향이 강해졌기 때문으로 보여진다.

컴퓨터 게임 시장은 이른바 '오락실'로 불리는 코인 게임장이 초창기부터 30여 년 간 독주해 오다가 최근 게임 CD를 이용한 컴퓨터 네트워크 게임 전문점이 등장하면서 양분되는 현상을 보이고 있다. 여기에 작은 부분이지만 가정에서 청소년들이 주로 사용하는 조이스틱이나 통신 게임도 한 갈래를 형성하고 있다.

현행 코인 게임이나 CD 게임은 주로 단순한 액션이나 아케이드로 구성된 데다 1인용과 2인용으로 고정돼 있어 많은 사람이 한꺼번에 즐길 수 없다는 것이 단점으로 지적돼 왔다.

이러한 기존 일반 오락실 게임의 단순 반복성과 컴퓨터 기계와의 게임에서 느끼는 한계성을 뛰어 넘는 컴퓨터 네트워크 게임 전문점이 최근 등장해 주목받고 있다.

이 게임은 기계를 상대로 하는 기존의 게임과는 달리 네트워크를 이용, 다양한 시뮬레이션 하에서 1대 3 또는 4대 4 등 다양한 방식으로 참여자가 함께 게임을 즐길 수 있도록 구성돼 있다.

현재 가장 인기를 끌고 있는 '심시티', '문명' 등의 도시 건설 프로그램을 비롯, '디아볼릭', '워크래프트' 등의 게임은 여러 대의 컴퓨터를 네트워크로 연결해 기량을 겨룰 수 있다는 점에서 색다른 재미를 제공, 기존 게임에 식상한 게임 마니아들을 불러 모으고 있다.

많은 참여자가 한꺼번에 한 게임을 즐길 수 있다는 매력은 앞으로 게임의 다양화에도 많은 영향을 끼칠 것으로 전망된다. 통신상 외에는 퍼스널 컴퓨터끼리의 네트워크 연결이 상용화되지 않은 상태라 충분한 시장확보 가능성이 있다 할 수 있다.

현재 온라인상의 게임은 '쥬라기 공원', '바람의 나라' 등이 대표적인데, 원하는 사람은 누구나 접속하고 싶을 때 들어와 참여한다는 장점이 있다. 그러나 컴퓨터 자판으로 글자를 쳐넣어 주인공의 행동 양식을 지정하는 머드 게임 방식이라 화상과 사운드를 지원하는 네트워크 게임 쪽에 충분한 승산이 있다. 게임 전문가들은 앞으로 통신상의 머드 게임이 화상 게임으로도 가능토록 개발돼 네트워크 게임에 적용됨으로써 더 많은 참여자를 끌어들일 수 있을 것으로 전망하고 있다.

투자비용 대비 수익성 분석

컴퓨터 네트워크 게임 전문점 '네트로 CD'의 체인점을 내려면 가맹비로 200만 원, 계약이행 보증금 100만 원, 네트워크 장비 및 컴퓨터 시스템 구입비로 5,000만 원 정도 든다. 장비 구입비는 컴퓨터 1대당 250만 원씩 20대를 계산한 수치이다.

여기에 초도 물품대로 CD 20여 종을 1백여 개 갖추는 데 300만 원 정도, 선택 사양인 인테리어비는 평당 100만 원 선이다.

계약이행 보증금은 계약이 종료되면 반환된다. 따라서 실평수 15평 내외의 점포비와 인테리어비를 제외하고 총 5,600만 원 정도 드는 셈이다.

본사에서는 시스템과 관련한 A/S를 제공하고, 본사에서 제작하는 컴퓨터 잡지 내 광고 및 각종 이벤트 사업을 벌이는 등의 홍보로 인지도를 높이는 지원을 해 준다.

각 가맹점들의 평균 1일 매출은 20만 원 선, 한 달이면 600만 원의 매출액이 오르고 이중 임차료 및 아르바이트를 쓸 경우 인건비 약간을 제외하고 신규 CD 구입비인 재투자비용으로 약 30만 원 정도로 총 200만 원 정도를 지출하면 월 약 400만 원 정도 순수익이 발생한다.

입지 및 환경

본사에서 지역상권을 보장하며 주로 대학가나 젊은층 유동인구가 많은 번화가를 추천한다. 이외에 학원가나 아파트 단지 밀집지역도 손꼽히는 요지로, 층수는 1층이 좋으나 2, 3층이나 지하층도 가능하다. 체인점을 하려는 점주가 장소를 고르면 본사 측에서 상권 실사 및 입지분석을 해 준다. 98년 초 현재 네트로 CD의 체인점은 산업대점을 최초로 한양대, 중앙대, 건대, 분당, 산본점, 홍대점, 명지대 등 총 8개가 생겼다.

기아자동차 수출과장 자리를 박차고 나와 왕십리역 부근에 네트로 CD 한양대점을 차린 유용배(37세) 씨는 컴퓨터 네트워크 게임의 가능성을 믿고 과감히 뛰어든 케이스로 게임 자체가 새로운 형태인데다 신종 사업이므로 주변에 경쟁할 만한 점포가 없어 성공 가능성이 충분하다고 판단했다.

창업비용은 점포 임차료를 제외하고 8,000만 원 가량 들었다. 컴퓨터 20대를 들여놓는 데 대당 220만 원씩(과거 오르기 전) 4,400만 원을 투자했고, 실내 인테리어와 이런저런 관련 기기를 구입하는데 3,600만 원이 들었다.

왕십리 전철역 주변을 사업장으로 택한 까닭은 비록 주택가이긴 하지만 근처에 대학과 중학교가 있는 데다 역세권이라 유동인구도 웬만한 번화가만큼 많다는 점이 마음에 들었기 때문이다.

유씨는 자신이 컴퓨터에 대해 모른다는 점을 걱정했지만 본사가 필요한 교육을 시켜 주었고 창업 이후에도 기술적인 문제에 대해 어느 정도 도움을 받고 있어 점포 운영에 특별한 애로는 없다고 한다. 영업시간은 아침 10시에서 오후 10시까지이다.

창업한 지 얼마 되지 않았지만 벌써 입소문의 효과를 톡톡히 보고 있다. 하루 평균 이용객이 1백명을 넘어섰고 수입도 20만 원에 육박하고 있다. 한창 사람이 몰릴 때는 20~30분씩 기다려야 자리가 날 정도이다. 그러나 지출은 점포 임차료 월 80만 원과 전기세 정도가 전부이다.

네트워크를 연결하거나 CD를 틀어 주는 비교적 단순한 일만 하면 되므로 컴퓨터를 모르는 점주라도 운영이 가능하고 또 굳이 점주외 사람을 둘 필요가 없어 아르바이트 인건비가 따로 나가지 않는다는 점이 장점이라고 생각한다.

전문가 경영전략

이 사업에서 가장 중요한 것은 홍보전략이다. 새로운 스타일의 게임장인 만큼 이를 최대한 알릴 효과적인 방법이 필요하다. 본사 차원에서 지속적인 매체 홍보나 광고, 포스터, 전단 등이 제공되지만 지역적 특성이 있기 때문에 점주가 직접 발로 뛰어야 확실한 홍보효과를 보장받을 수 있다. 한양대점의 경우 광고 전단에 오픈 기념으로 30분 무료 이용권을 붙여 뿌렸고, 대학생 고객을 유치하기 위해 근처 학교신문과 응원단 팜플렛 등에 광고를 내기도 했다. 2만 원을 내면 누구든 회원증을 만들어 주고 30분당 1,500원인 이용료를 1,000원으로 깎아 주는 방식으로 운영, 초기에 많은 회원을 확보할 수 있었다. 또 하루 종일 게임장에서 사는 게임 마니아를 위해서는 50%를 할인해 주는 방법을 쓰기도 한다. 컴퓨터 네트워크 게임 전문점을 하면서 겸업할 수 있는 아이템도 있다. 인터넷이나 PC 통신, 워드프로세서 등의 기능을 이용, 대학생들이 리포트를 출력하거나 정보를 검색할 수 있도록 하는 컴퓨터 대여업을 겸하는 것이다. 학교에서 컴퓨터를 쓸 일이 있어도 빌려주는 곳이 없어 불편을 느끼던 학생들을 끌어들이는 좋은 아이디어가 될 것이다. 장소가 넓을 경우에는 고급스럽고 편안한 분위기를 연출하고 가벼운 음료를 취급하는 인터넷·비즈니스 카페와 접목시키는 방법도 모색할 수 있다. 여기에 컴퓨터 소모품, CD롬 판매 사업과 함께 낮시간에 유치원과 주부를 대상으로 멀티미디어 교육을 시키는 것도 고려해 볼 만하다.

☎ 네트로 CD (유레카 미디어) : (02)393-5586

2. 가격파괴 안경점

- 집기비품 및 인테리어 비용 (10평 기준) : 3,000만 원
- 초도 물품 구입비 : 1,000만 원
- 기타 창업비 : 100만 원
- 총 투자비용 (점포 임차료 제외) : 4,000만 원

　사무실과 가정에서 컴퓨터 등 정밀기기가 많이 이용되고 야간 활동 및 유해환경이 늘어나면서 안경을 쓰는 인구도 해마다 급속히 늘고 있다. 통계에 따르면 전 국민의 35%가 안경을 쓰고 있으며 매년 2~3%씩 증가하고 있는 추세이다. 초등학교 저학년생들 중에는 1년 사이에 안경을 착용하는 학생이 70~80%로 증가했다는 믿지 못할 보고도 있다.

　통상 안경 사용자의 경우 1년에 2번 정도 시력 검사를 하면서 싫증난 테와 알을 바꾼다. 안경을 패션소품의 하나로 인식하게 되면서 눈이 나쁘지 않아도 선글라스 하나 정도는 다들 갖추고 있다. 그만큼 수요가 보장되는 것이 안경업이다.

　이같은 안경 수요에 발맞춰 최근에는 '가격파괴 안경점'까지 생겨났다. 가격파괴 안경점은 시중 가격보다 30~40%의 낮은 소비자가로 단골 고객을 확보해 박리다매하는 점포를 말한다. '씨채널', '아이맥스', '에이스' 등이 대표적인 체인업체로 이들의 모토는 간단하다. '남대문 보다 싸다'. 통상 시중가보다 50% 이상 싼 남대문 안경상가보다 싸다는 말에 소비자들이 몰리고 있다.

사실 시중 가격으로 안경 하나를 맞추려면 10만 원 이상 들기 때문에 알뜰 소비자들에겐 부담이 되어 오던 터다. 심지어 어떤 곳은 안경알 값 1~1만 5,000천 원만 내면 안경테가 공짜라고 선전한다. 그다지 고급스러운 테는 아니라 해도 몇 년 쓰기에 무리가 없는 데다 이런 테조차도 시중에선 3~4만 원을 호가하는 물건들이다. 이 때문에 가격파괴 안경점은 다소 불리한 입지에 자리해도 소비자가 북적거릴 수밖에 없다.

안경점을 개업하려는 점주가 먼저 알아야 할 것은 반드시 안경사 자격증을 갖춰야 한다는 점이다. 그러나 현실적으로 안경사 자격증은 전문대 안경학과를 졸업하고 매년 2월초에 시행되는 국가고시에 합격해야만 주어진다. 따라서 자격증이 없이 안경점을 운영하려면 자격증이 있는 사람과 동업의 형식을 취해야 한다. 또 안경사 자격증을 취득한 기사를 한 명 이상 고용해야 한다는 관련 법조항도 있다. 일반 사업과는 달리 개업 조건이 일단 까다로운 셈이다.

상품은 각 메이커와 직거래를 하거나 도매상을 통해 구입하게 되는데 대부분 현찰로 거래가 이뤄지므로 다소의 자본금을 필요로 한다. 기존 가격파괴 안경점들의 평균 매출 내역을 보면 일반 안경이 50%, 여름용 선글라스가 30%, 콘택트렌즈가 20%를 차지하며 마진은 30~40% 정도이다.

투자비용 대비 수익성 분석

가격파괴 안경점은 개업시 자본금이 다소 많이 드는 편이지만 유지비가 적은 것이 장점으로 꼽힌다. 먼저 안경 제조기기와 안경 부품을 갖춰야 하는데, 제품의 질에 따라 가격이 천차만별이고 안경점의 위치와 주고객층에 따라 물품 구입비도 달라진다. 통상 안경테 구입비로 300만 원, 안경 렌즈 구입비로 300~500만 원 정도 드는데 콘택트렌즈와 선글라스를 취급할 경우 물품대만 1,000만 원 정도 잡아야 한다. 실내장식비는 6평을 기준으로 1,000만 원 정도 든다. 또 쇼케이스와 시력검안기, 검안세트, 자동굴절 검사기, 시력표, 렌즈 메다 등 제조기기 구입비로 2,000만 원 정도 소요된다. 따라서 점포 구입비를 제외하고 최소 4,000~8,500만 원 선이면 무리 없이 창업할 수 있다.

안경에 대한 가격파괴가 일어나면서 안경시장 자체에 대한 소비자들의 신뢰가 대폭 하락 소형 안경점들의 경우 문닫는 점포가 속출하고 있다.

인근 병원이나 학교 등과 연결, 대량 납품을 하거나 질이나 서비스의 차별화를 도입, 새로운 길을 모색한다면 대략 기존 점포들의 경우 월 200만 원 정도 수익을 올리고 있다.

입지 및 환경

가격파괴 안경점은 기본적으로 박리다매를 모토로 하기 때문에 점포 임차료가 높은 곳에서는 수익성이 떨어질 수밖에 없다. 일부 점주들은 중심가의 2~3층이나 지하 매장을 일부러 택함으로써 점포 비용을 줄이고 있다. 또 최근에 생겨나는 안경점은 아예 지역 밀착 업종으로서 근린상가에 입점하기도 한다.

안경을 가장 활발히 구매하는 층은 10대와 20대 층이다. 이들은 눈이 나쁘지 않아도 안경을 구매하고 싶어할 만큼 호감도가 높다. 또 전체 고객 중에서 가장 자주 안경을 바꾸는 층이기도 하다. 따라서 중·고등학교와 대학교를 배후에 둘 수 있다면 안정적이라 할 수 있다.

안경점의 입지는 주택가보다는 사무실 밀집지역이 좋고, 주택가라도 인구밀도가 높은 지역의 대로변이 좋다. 교통이 편리해 들르기 쉬운 곳이 적지로, 특히 직장인의 경우는 집 근처에서 안경을 맞추기 보다 근무시간을 이용해 사무실 인근에서 구매하는 경향이 있다는 것을 알아둔다.

대학가는 학생층이 주고객이므로 손님수에 비해 매출액이 높지 않은 편이지만 사무실 밀집지역은 고급스럽고 세련된 디자인이 인기여서 손님수가 적어도 매출이 높아진다. 이러한 곳에서는 서전 안경테나 외제 등을 취급하는 것도 매출을 높이는 한 방법이다.

사 례

'종로 에이스 안경' 점주 이재욱 씨(39세)는 14년째 안경점을 운영해 오는 베테랑이지만 몇 년 전부터 경기한파가 불어닥쳐 매상이 줄자 타점포와의 차별화를 위해 가격파괴 안경점으로 재창업한 경우이다.

통상 안경점이 자리하는 1층이 아닌 4층에 매장을 개설했지만 저렴한 가격과 친절한 서비스로 승부하며 월 순수익 340만 원을 올리고 있다.

투자비는 20평형 점포 보증금으로 2,000만 원, 시설비 1,000만 원, 초도 물품비 2,000만 원 등 총 5,000만 원이 들어갔다.

개점 초기에는 홍보 부족으로 어려움도 많았지만 요즘은 인근 병원과 학교, 대기업체를 대상으로 단체 계약을 맺어 대량으로 납품하고 있고, 직접 방문해 안경을 선택하는 손님도 하루에 20

여 명을 헤아린다.

월 매출은 1,800만 원 선이며 마진 40%를 적용하면 월 720만 원의 매출이익이 난다. 여기서 임차료 150만 원과 유지 관리비 50만 원, 직원 2명의 인건비 180만 원을 제외하고도 월 순수익 340만 원이 떨어지는 셈이다.

이씨는 "가격파괴 안경점은 경쟁이 치열하지만 운영 전략을 잘 짜 도전하면 노력한 만큼 수입을 보장받는 업종"이라고 추천하고 있다.

 **전문가 경영전략**

점주로서 유행을 판단하는 능력과 감각을 지녀야 한다. 안경은 필수품인 동시에 사람의 이미지를 좌우하기 때문에 전문성 못지 않게 감각이 중요하다. 아무리 제품이 견고하고 고급스러워도 고객의 취향에 맞지 않는다면 선택되지 않기 때문이다. 안경만큼 유행에 민감한 제품도 드물다. 안경을 낌으로서 평범한 얼굴도 빛이 나고 개성이 만들어지며 지적인 분위기를 연출할 수 있다. 안경으로 이미지 변신이 가능한 만큼 가장 적절한 안경을 권하기 위한 차원에서라도 다양한 제품의 구비는 필수적인 요건이다. 안경점의 고객은 단골을 두고 일부러 멀리서도 찾아오는 경향을 보인다. 따라서 고객의 불만과 요구를 잘 파악해서 알맞은 안경을 골라줄 수 있는 눈썰미가 필요하다. 이를 위해서는 자주 시장에 나가 가격동향과 디자인의 변화를 눈여겨 보고 전반적인 추세와 실정을 파악하는 것이 좋다. 안경점의 성패는 안경사의 능력과 친절함에 있다. 개업하기 몇 달 전에 다른 안경점에서 실습삼아 일을 배우는 것도 바람직하다. 가격파괴 안경점을 개업할 때 중요한 것은 수요자를 어떤 전략을 써서 단골고객으로 만들 것인가 하는 점이다. 또 마진이 박한 편이기 때문에 단체를 상대로 한 영업 활동을 벌여 로

스율을 줄여야 한다. 직장인과 단체, 병원을 상대로 단체계약을 맺으면서 1회용 콘택트렌즈를 무료로 선물하고 적극적인 사후관리 등의 서비스를 제공하면 큰 효과를 볼 것이다. 철저하게 시장 동향을 파악, 신상품에 대한 정보에 앞서가고 세심한 서비스를 기울여야만 고객의 취향에 부응할 수 있고 안정적인 수익이 보장되는 것이다.

☎ 씨채널 : (02)727-4800
　에이스 안경 : (02)738-2259
　서전 안경테 : (02)756-3678
　대한안경사협회 : (02)756-1001

3. 패션 소품 전문점

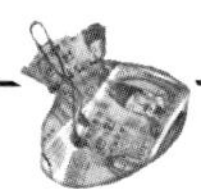

- 집기비품 및 인테리어 비용 (10평 기준) : 1,500만 원
- 초도 물품 구입비 : 2,500만 원
- 기타 창업비 : 500만 원
- 총 투자비용 (점포 임차료 제외) : 4,500만 원

핸드백, 란제리, 넥타이, 지갑, 향수 등 신변잡화를 판매하는 각종 토탈숍이 등장한 것은 불과 수년 전의 일이다.

패션 소품점은 여성만을 상대로 반지나 귀고리, 목걸이 등을 판매하던 기존의 액세서리점과는 큰 차이가 있다.

패션 소품점은 남성전문 액세서리점과 여성전문 등 두 가지로 나뉘는 데 취급상품은 패션 액세서리 소품일체(넥타이, 넥타이핀, 피혁조끼, 가방 등)로 남성이나 여성에게 필요한 소품 전체를 취급한다고 보면 된다.

해외 유명 브랜드와 라이센스 계약을 맺고 생산된 물건을 공급받아 판매하는 점포로 현재 '오페라, 가파치, 베네통, 루비나 틴' 등이 있다. 이곳에서는 구찌, 피에르가르댕 등 세계 유명 브랜드의 제품을 주로 취급하는데 화장품, 지갑, 벨트, 구두, 액세서리, 선글라스, 내의류, 스카프, 손수건, 양말, 우산 등의 패션잡화가 주종목이다.

패션 소품점은 소비 패턴이 고급화되는 추세와 함께 선물용 구입이 많아지는 데다 기념품, 사은품 등으로도 이용되므로 전망이 밝은 업종이다.

이 업종의 성수기는 어버이 날, 스승의 날 등 대목이 낀 5월과 추석, 졸업과 입학시즌 등이다. 이때의 매출은 평상시의 10배를 가뿐히 넘어선다. 봄에는 화사한 꽃무늬 계열의 액세서리가 유행을 주도하고, 졸업, 입학식 무렵엔 패션 시계, 여름에는 선글라스, 형형색색의 각종 액세서리와 소품들이 잘 나간다.

가을에는 소재 면에서 특징을 보이는 데 목각제품이나 액세서리, 스카프 등 패션 잡화 부분의 판매가 두드러지고 겨울에는 선물류가 압도적이므로 계절별로 상품의 구색을 잘 갖추는 것이 중요하다.

독립점을 운영하려면 청계천이나 남대문의 도매상가로부터 제품을 구입해야 하는데 기존 가방가게의 경우 학생용 가방은 스포츠용품점으로, 핸드백은 토털 패션용품점으로, 서류가방은 백화점으로 고객을 뺏기고 있는 형편이므로 가능한 토털 패션점을 내는 쪽이 유리하다.

인테리어 부분은 상품진열대를 의류점과 차별화, 상하폭을 넓게 하고 이동 가능한 키가 낮은 진열대를 놓아두어 수시로 위치를 변경한다. 또 코디네이션 진열장소와 각 종류별 진열장소를 달리 하도록 한다. 고가의 제품을 다루므로 매장의 분위기를 고급스럽게 하고 디스플레이에도 신경을 써야 한다. 또 상품의 수선은 항상 가능하게 하고 타사 제품이더라도 실비로 고쳐준다면 단골은 더욱 많아질 것은 당연한 일이다.

'레더데코'의 경우 평생보증제도를 실시하고 있는데 값이 비싼 편임에도 불구하고 디자인과 품질이 우수하고 애프터서비스를 해주고 있어 소비자의 반응이 좋은 편이다.

10평 기준 인테리어 비용 1,500만 원, 초도 물품비 2,500만 원으로 점포비용을 제외하고 기타 창업비까지 합쳐서 대략 4,000만 원이 소요된다.

단, 점포는 젊은층 유동인구들이 많은 곳으로 대략 보증금 5,000만 원에 별도의 권리금이 필요 총 투자금액은 1억 원이 넘는 경우가 많다.

대략 일매출 평균 80만 원 정도일 때 한 달이면 2,400만 원 정도의 매출이 올라오고 이 중 마진이 40% 정도 되므로 월 매출이익은 1,000만 원 선인데 경상비를 제하면 기존 체인점들의 경우 월 500만 원 정도의 순수익을 올리고 있다.

입지 및 환경

중심지 핵심상권에 있는 것이 가장 좋다. 특히 젊은이들이 많이 다니는 길목이면 더욱 유리하다.

매장이 안쪽으로 긴 곳보다는 드물긴 하겠지만 전면이 넓은 매장을 구하는 것이 디스플레이 효과를 더 낼 수 있어 매출이 많이 오른다.

사 례

여성에 맞는 넥타이와 면도기, 귀고리를 한 남자…….

이처럼 상품에 대한 고정관념이 바뀌면서 패션 소품 및 액세서리 시장이 개성 표현이 강한 신세대들을 중심으로 뜨겁게 달아오르고 있다.

신세대의 유니섹스 바람을 타고 젊음의 거리에 속속 자리를 잡고 있는 대형 패션숍 옆에 위치한 패션 소품점은 신세대 개성파들이 주고객이다. 이들은 패션 소품 하나에도 변덕스러우리 만치 유행과 변화를 추구한다. 의상과 분위기에 맞춰 그때그때 연출할 수 있는 톡톡 튀는 액세서리를 선호하기 때문에 1,000~100,000원까지 다양한 가격대의 상품을 취급한다.

"요즘은 귀고리를 하러 오는 남자 손님들이 부쩍 늘었다."며 10~20대의 유동인구가 많은 청량리 전철역 주변에서 1년째 패션 소품점을 운영해 오고 있는 배모 씨(36세)는 변한 세태를 얘기한다.

주로 신세대들이 많이 다니는 오후 5시경이 피크인데 손님들은 매장 입구에서 바구니를 하나씩 챙겨받아 직접 상품을 골라 담기 때문에 아르바이트 생만으로도 충분히 매장 운영이 가능하다는 배씨는 요즘은 주로 은제품이나 14K 제품, 간단한 소품백 등을 많이 찾는다고 한다.

점포는 점포 보증금 5,000만 원을 비롯 인테리어비 1,500만 원, 초도 물품비 2,500만 원을 합쳐 총 9,000만 원이 투자되었다.

투자한 비용이 많은 만큼 벌이도 만만찮다. 월매출 2,500만 원 선에서 마진율 40%를 적용한 매출이익은 1,000만 원 선인데, 임차료 120만 원, 2명 인건비 및 경상비로 280만 원 정도가 들어 이를 제외한 월 순수익이 600만 원 정도 된다.

주요 취급 품목은 신세대들의 입맛에 따라 달라지는데 주로 계절이 변화함에 따라 즐겨 찾는 소품에 변화가 온다고 한다. 봄에는 화사한 꽃무늬 계열의 액세서리가 유행을 주도하고 졸업, 입학선물은 단연 패션 시계류가 주를 이루며 여름에는 패션 선글라스와 형형색색의 각종 액세서리와 패션 소품들이 잘 나간다.

　가을에는 소재 면에서 특징을 보이는데 목각제품의 액세서리와 스카프 등 패션잡화 부분의 판매가 두드러지며 겨울에는 선물류가 압도적으로 나가므로 항상 미리 상품을 준비해 놓는 것이 중요하다고 한다.

전문가 경영전략

주로 젊은 남녀가 주요 고객이므로 점포 자리는 A급 상권에 위치하는 것이 좋고 적어도 상품 구입시 그 동네 상권에 맞춰 소비자들이 많이 찾는 인기 디자인 제품을 많이 갖추는 게 관건이다. 매장 내 제품은 항상 진열상태에 신경을 쓰고 적어도 2～3일에 한번은 디스플레이를 바꿔주어 소비자들의 시선을 끌 수 있도록 하는 것이 중요하다. 또한 한번 방문, 물품을 구입한 고객은 카드를 만들어 관리, 신상품 안내 뿐만 아니라 일정액 이상 구매시 합산하며 사은품을 주거나 가격할인 혜택을 주는 것도 단골 확보의 비결이다.

☎ 레더데코 : (02)422-0225～6

4. 두루치기 전문점

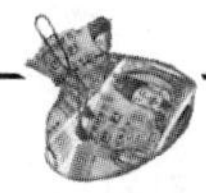

- 집기비품 및 인테리어 비용 (15평 기준) : 3,350만 원
- 초도 물품 구입비 : 250만 원
- 기타 창업비 : 100만 원
- 총 투자비용 (점포 임차료 제외) : 3,700만 원

먹는 장사가 경기를 타지 않는다는 것을 입증하듯 요즘 같은 불경기에도 먹거리 사업이 속속 생겨난다. 이는 요식업종이 특별한 관리요령 없이 맛만 가지고도 승부할 수 있고 큰 욕심만 내지 않는다면 개점비도 줄일 수 있어 투자액을 회수하기까지 걸리는 시간을 줄일 수 있기 때문이다.

이 때문에 창업 희망자 치고 요식업을 고려해 보지 않은 사람이 없고, 가장 많이 창업하는 업종 또한 이 사업이다.

그러나 막상 사업을 시작해보면 경쟁이 만만찮다. 조그만 분식집도 목좋은 곳은 골목 구석까지 경쟁자들이 진을 치고 있어 웬만한 전략으로는 살아 남기 힘들다. 목과 맛도 중요하지만 거기에 튀는 아이디어로 손님의 마음을 사로잡아야 살아남을 수 있다.

또 요식업도 짧게는 성·비수기라는 사이클이 있고 도입기·성장기·성숙기를 거친다는 점을 먼저 숙지해야 한다.

철판 위에 다양한 해물과 고기, 야채를 섞어 맛깔스러운 양념에 볶아 먹는 우리 고유의 음식인 두루치기 전문점은 업종 발전단계 중 초기 단계에 속해 투자가치가 높은 요식업으로 꼽힌다.

닭갈비집 등 기존의 시설을 활용, 전업 또는 겸업할 수 있고, 요식업에 대한 노하우가 없는 초보 창업자라도 본사 조리 교육을 3일 정도 받으면 쉽게 운영할 수 있다.

현재 체인점은 '뚝딱이네 집'으로 불리는 두루치기 전문점인 '밥나와라 뚝딱, 술나와라 뚝딱'의 (주)씨앤디 훼밀리가 대표적인데, 이 업체는 지난해 떡볶이 전문점 '낙지대학 떡볶이꽈'로 공전의 히트를 친 바 있다.

뚝딱이네 집 매장은 홀과 방으로 꾸며져 있는데 기존 닭갈비집 형태지만 분위기는 깔끔한 패스트푸트점이나 고급 레스토랑처럼 밝게 꾸며 놓았다. 또 홀에 낙서를 할 수 있는 벽을 만들어 젊은 이들이 싸고 푸짐한 식사 및 안주를 놓고 술을 마시며 스트레스를 풀고, 맛있는 음식을 먹는 즐거움을 줄 수 있는 공간으로 만든다는 전략이다.

음식 가격은 떡볶이 두루치기가 1인분에 2천원이고, 20년 전 맛을 재현한 3,500원짜리 돌솥밥도 인기 메뉴 중 하나이다. 그밖에도 부대찌개를 비롯, 낙지, 쭈꾸미, 돼지, 닭갈비, 골뱅이 두루치기 등이 4,400원이며, 대합 두루치기는 5,500원이다. 소스 및 해산물 등의 주재료는 본사에서 직접 공급해 주기 때문에 인건비의 절감 효과와 함께 점주가 새벽 장을 보는 수고를 덜어준다. 마진도 60%로 비교적 높은 편에 속한다.

또 점포의 유휴 시간을 최소화할 수 있도록 낮에는 식사를 판매하고 저녁 이후 시간에는 다양한 두루치기와 간단한 주류를 판매함으로써 매출 극대화를 꾀하고 있다.

무엇보다 주방에서 음식 재료를 내놓으면 손님들이 직접 조리를 해서 먹기 때문에 손님 측에선 기다리는 지루함이 없고 업주 입장에선 종업원 대신 시간제 아르바이트로 대치가 가능, 인건비를 줄일 수 있다는 장점이 있다.

두루치기 전문점은 창업 초기이기 때문에 손님을 유치하기 위해서는 홍보에 힘써야 한다. 오픈할 때 전단지를 돌리는 것은 물론, 할인권을 만들어 소지한 손님에게 음식값의 5~10%를 할인해 주거나 3~4명 이상 단체 손님에겐 사리를 무료로 제공하는 등의 방법을 쓰는 운영 전략을 구상해야 한다. 또 5명의 손님이 4인분만 시켜도 부담을 주지 않는 점포 이미지를 구축하는 것은 소비자 입장에서는 가격을 낮춘 효과를 주는 서비스이므로 불황에 손님을 끌 수 있는 적절한 전략이 된다.

투자비용 대비 수익성 분석

실평수 10~15평 이상 점포면 창업이 가능하다. '뚝딱이네 집' 체인점의 경우 가맹비 500만 원, 거래보증금 200만 원, 판촉·부착물 400만 원, 기자재 비용 900만 원, 간판 500만 원, 인테리어비로 평당 110만 원이 든다.

따라서 점포 임차료를 제외하고 3,600만 원 정도 소요된다.

40평 규모 창업시 장소에 따라 차이가 있지만 하루 30만 원 매출이 일어날 경우 월 900만 원 정도 매출액이 되고 이중 마진을 60% 정도로 보면 월 500만 원 정도 매출이익이 발생한다. 여기서 임차료, 인건비를 제하면 월 약 300만 원 정도 순수익이 발생한다.

젊은층의 유동인구가 많은 시내 중심가의 지하철역 주변이나 대학가 주변 먹자골목 등이 A급 상권이고, 사무실 밀집지역이나 중소도시의 중심 상업 지구도 유망 입지에 속한다. 특히 대학가가 안정적인데 항상 학생들로 붐비는 신촌, 돈암동 등 일부 지역을 제외하고는 방학 때 10~20%의 매출 손실을 감안해야 한다. 체인점 개설을 의뢰하면 본사 측에서 점주가 원하는 지역의 시장 조사를 해 주기도 하고, 사업성이 있다고 판단되는 지역을 추천받을 수도 있다.

사 례

평소 소점포 운영에 관심이 많던 신현필 씨는 오랜 고민 끝에 지난해 11월 분당에 두루치기 전문점 '뚝딱이네 집'을 오픈했다.

점포가 40평으로 신축 건물이라 권리금 없이 점포 임차료 6,000만 원, 인테리어 비용, 집기류, 가맹비, 간판 등의 시설투자비 5,500만 원, 난방비 및 에어컨 설치비로 1,000만 원 정도 투자돼 총 1억 3,000만 원 정도가 소요됐다. 점포의 경우 대형 평수인데다 올초 대형 극장이 완공될 예정이면서도 아직은 상가 형성이 안돼 권리금이 없다는 점이 신씨의 마음을 움직였다.

본사에서 야채를 제외한 주재료를 공급해 주어 비교적 쉽게 자리를 잡았다는 그는 본사에서 실시하는 주방 교육을 받으면 초보자라도 운영 가능하다고 말한다. 현재 신씨는 점포 규모가 40평에 달하고 테이블 수도 15개가 넘어 주방 아주머니와 바쁜 시간대에 쓰는 시간제 아르바이트생 1명과 함께 운영하지만 일이 익숙해지는 대로 주방 일을 직접 볼 계획이다.

개업 초기라 홍보가 덜 된 탓에 하루 매출액 45만 원 선으로 투자 비용에 비해서는 현상 유지를 하는 정도이다. 이제 문을 연 지 1년 정도 된 그는 한 번 찾은 고객은 반드시 단골이 된다며 주위 사옥들이 완공될 즈음이면 직장인들이 더 많이 찾아 매출이 늘어날 것으로 예측한다.

특히 상가가 완전히 형성되고 극장이 완공돼 유동인구가 많아지면 지금의 두 배 정도는 매상이 더 오를 것으로 기대하고 있다.

전문가 경영전략

두루치기 전문점은 남녀 구분 없이 20~30대 소비자들이 주고객층이지만, 가족단위의 손님도 많아 고객층이 넓은 편이다. 무엇보다 철판 가득 나오는 푸짐한 양과 저렴한 가격이 장점으로, 주머니가 가벼운 학생이나 직장인들도 부담 없이 즐길 수 있다. 뚝딱이네 집 체인은 적극적인 마케팅 전략으로 기획한 이벤트가 좋은 반응을 얻었다. 매장에 응모엽서를 비치해 붉은 악마 티셔츠, 축구공 등 매달 다양한 사은품을 추첨으로 증정해 창업 초기 젊은층 고객의 이목을 집중시켰다고 한다. 또 대중교통 이용과 음주운전 방지 캠페인의 일환으로 손님에게 지하철 표와 버스 토큰 주기 등의 이벤트를 벌인 것도 손님 유치에 도움이 되었다는 게 점주들의 얘기이다.

☎ 두루치기 전문점 뚝딱이네 : (02)577-5817

5. 가격파괴 신세대 주점

- 집기비품 및 인테리어 비용 (30평 기준) : 3,700만 원
- 초도 물품 구입비 : 800만 원
- 기타 창업비 : 1,500만 원 (가맹비·보증금 1,300만 원 포함)
- 총 투자비용 (점포 임차료 제외) : 6,000만 원

20대인 대학생들의 주머니 사정 변화와 더불어 대학가 및 유흥가 상권에도 급격한 변화가 일어났다. 70년대의 막걸리집이 80년대에 생맥주집으로 바뀌고 90년을 풍미하던 소주방은 최근 들어 가격파괴 주점들에게 자리를 내주고 있다. 주류의 인기는 시대여건과 무관치 않다. 주점의 영업시간 제한이 강화되면서 등장한 24시간 편의방의 인기 폭발은 20대로 대변되는 신세대가 원하는 술문화에 변화가 왔음을 엿보게 한다.

멀티미디어 시대에 걸맞게 멀티 문화가 자리잡으면서 무엇 하나만을 고집하는 사람은 낙오되기 십상이다. 신세대들은 오늘은 일본풍의 깔끔한 노바다야끼, 내일은 생음악을 곁들인 대형 호프를 찾아가지만 낙서가 어지럽게 벽에 장식된 초가 냄새나는 민속주점도 꾸준히 찾는다.

술과 함께 분위기를 마시는 신세대, 이 때문에 주점을 희망하는 창업자라면 고객이 어떤 술과 안주를 선호하는가를 읽어내는 지혜와 함께 술과 음식이 어우러진 독특한 분위기를 창출하는 것 또한 중요해졌다.

  최근 들어 일식 주점의 형태를 닮은 노바다야끼가 대거 등장했는데 가격이 비싸게 책정돼 아무리 가격에 구애받지 않는 신세대라 해도 부담 없이 접근하기에는 무리가 있었다. 이를 보완한 것이 노바다야끼를 한국적으로 접목시킨 새로운 형태의 신세대 주점이다.

  일본 유학생 출신인 설호수(35세) 씨가 서울 돈암동에 개업한 신세대 주점 '천하일품'이 대표적으로, 밝은 매장 분위기와 요리 수준에 가까운 안주가 신세대의 구미를 끌어 당겼다는 평이다.

  현재 하루 매출액 85만 원, 한 달이면 2,500여 만 원에 달하는데, 재료비와 인건비로 1,020만 원, 임차료로 80만 원, 세금 등 기타 관리비로 50만 원 등을 뺀 한 달 순수익이 1,400만 원에 육박한다.

  천하일품의 주력 무기는 기존 안주와의 차별화다. 새로 개발된 안주만 49종으로 각종 주점에서 인기 있는 메뉴는 총망라했다. 닭가슴살을 토마토 소스로 요리한 치킨 아미고, 홍합 칠리 소스, 베이컨 샐러드 등 신선한 이름의 안주감을 개발해 특이한 것을 좋아하는 신세대 취향에 철저히 맞췄다.

  직접 개발한 요리 중에는 멍게요리에 '쑥갓집 멍사장', 우렁 요리에 '쑥갓집 우대리' 등 참신한 이름을 붙여 호기심을 자극한 것도 있다. 술도 단순한 소주, 맥주 차원이 아니라 아이스티와 소주를 배합한 아리조나 소주, 비타민 C가 풍부하고 항암 효과가 있다는 라임원액을 소주와 섞은 라임 소주 등이 눈길을 끈다.

  또 한 가지 무기는 적정한 가격대와 양, 그리고 맛이다. 안주는 대부분 6,000~7,000원 선으로 대학가 상권답게 저렴하게 책정했다. 음식 맛과 아이템으로 성공한 좋은 사례라 하겠다.

  돈암동, 안암동 일대는 강북 지역에서 젊은층 유동인구가 많으

면서도 상대적으로 투자 비용이 높지 않은 곳으로 손꼽힌다. 돈
암동 쪽 상권의 주점들은 손님의 99%가 대학생을 비롯한 20대
손님이지만 천하일품은 일반인의 비중도 20%를 상회한다. 음식
의 가격대나 매장 분위기에서 젊음의 냄새가 물씬 나 자신도 모
르게 신세대임을 느낄 수 있기 때문이라는 분석이다.

투자비용 대비 수익성 분석

'천하일품'은 일본 프랜차이즈 형식으로, 돈암점의 경우 점포
구입비 9,500만 원에 인테리어 비용 3,300만 원(30평), 본사 가맹
비와 보증금으로 1,300만 원이 들었다. 여기에 초도 물품비 800
만 원, 시설비 400만 원이 추가된 총 투자금은 1억 5,300만 원으
로, 점포 비용을 제외하고 5,800만 원이 소요된 셈이다.

1일 평균 50만 원 매출이 오른다고 볼 때 마진 60% 정도라고
보면 한 달 1,500만 원의 매출액 중 900만 원 정도의 매출이익을
볼 수 있다. 이중 인건비, 임차료 등을 제하면 대략 월 500만 원
이상 순수익을 올리고 있다고 볼 수 있다.

입지 및 환경

대개 젊은층과 회사원이 주고객이므로 빌딩가 · 대학가 · 번화
가 · 공단지대 · 역세권이 최적의 입지로 꼽힌다. 이 업종은 동일
업종이 함께 모여 있을수록 잘 되는 것이 특징이므로 장소를 선
택할 때는 이 점을 고려한다.

　총 1억 3,000만 원을 들여 천하일품 신림점을 개업한 권현상 씨는 젊은 신세대를 겨냥, 특별히 인테리어에 신경을 많이 썼다.

　다리를 구부리지 않아도 되는 하공식 좌석과 카페식의 안락의자를 함께 준비해 선택의 폭을 넓혔고, 음식도 양보다는 질로 승부한다는 주의이다.

　본사에서 상권과 인테리어, 주방 시설 등에 관한 어드바이스를 해줘 창업과정은 어렵지 않았고, 정식직원 2명과 아르바이트생 2명을 채용해 오후 6시부터 밤 12시까지 운영한다.

　하루 평균 매출은 85만 원 선으로, 월평균 2,300만 원 정도 번다. 여기서 제반 비용을 제외한 월 순수익은 1,200만 원 선, 밤늦게까지 일에 매달려야 하므로 힘들다고 느낄 때도 있지만 수익성은 괜찮은 편이라고 생각한다.

　가장 잘 나가는 술은 라임향의 칵테일 소주와 홍차 맛의 아리조나 소주로, 안주의 경우 이미 45가지나 되지만 새로운 메뉴를 개발하기 위해 항상 손님들의 반응을 살핀다고 한다.

전문가 경영전략

신세대 주점은 안주류가 다양하므로 제대로 안주맛을 내는 것이 일단 중요하다. 가장 인기를 끄는 감자튀김과 골뱅이, 치킨류는 특별히 맛에 신경써 차별화를 꾀한다. 손님이 없는 점심 시간에는 커피와 샌드위치 등 간단한 식사메뉴를 준비하는 것도 매출 제고에 도움이 되며, 실내를 청결하게 하고 냄새 배출에 신경쓰는 것이 바람직하다. 개업 후 주의할 점으로는 술을 파는 업종이기 때문에 손님과 간혹 불협화음이 일어날 수 있으나 절대로 손님에게 화를 내서는 안 된다는 점이다. 학교 근처라면 형이나 누나처럼, 회사 근처라면 회사원들이 스트레스를 풀고 편히 쉴 수 있는 분위기를 만들어 주는 것이 중요하다. 또 술 취한 손님에게는 기분 나쁘지 않게 배려하면서 더 이상 술을 팔지 않는 것도 노하우에 속한다. 외상거래는 가급적 지양하는 것이 좋다. 학생들이 술을 마시다가 돈이 모자라는 경우 서비스한 셈 치고 그냥 가라고 하는 편이 낫다. 외상이 있으면 손님은 심리상 발을 끊게 되고 주인도 기분이 좋지 않지만, 아예 서비스를 해 버리면 당장은 손해를 보더라도 단골을 놓치지 않고 장사할 수 있게 된다.

☎ 천하일품 : (02)882-3080

6. 스파게티 전문점

- 집기비품 및 인테리어 비용 (10평 기준) : 3,000만 원
- 초도 물품 구입비 : 300만 원
- 기타 창업비 : 500만 원
- 총 투자비용 (점포 임차료 제외) : 4,000만 원

　피자점의 곁가지 음식이었던 스파게티는 색다른 맛과 분위기를 찾는 젊은 여성들과 해외 근무 경험이 있는 회사원들이 가세하여 수요가 급격히 늘어나는 데 힘입어 스파게티만을 전문으로 취급하는 체인점이 늘고 있다. 대체로 이탈리아 요리는 재료가 신선하고 어패류를 많이 사용하여 동양인의 입맛에도 잘 맞는다. 특히 맵고 짠 음식을 선호하는 한국인의 입맛에 스파게티는 부담없는 음식이다.

　스파게티가 대중적인 음식으로 자리잡기 시작한 것은 93년, 종로에 스파게티 전문점 '소렌토'가 문을 열면서부터라고 할 수 있다. 현재 스파게티 전문점은 선발업체인 '소렌토와 비스', 후발로 스파게티 시장에 뛰어들면서 본격적인 경쟁 시대를 연 '제시카 피짜리아, 스파게띠아', 그리고 95년 5월 진출한 일본 스파게티 업체인 '삐에뜨로' 등이 체인 영업을 하고 있고, 개성적인 개별 업소들도 성업을 이루고 있다.

　94년 10월 특급호텔 이탈리아 식당 주방장 출신이 독립하여 개점한 광화문의 스파게티 전문점 이탈리안 스파게티 인주점은 점심 시간이면 인근 회사원들이 줄을 설 정도로 일대의 명물로 등장했다.

혜화동 대학로 골목 안에 자리잡고 있는 라꼰떼아 역시 유명 호텔 주방장을 거쳐 이탈리아로 건너가 2년간 호텔에서 근무한 경력이 있는 정통 요리사가 개점한 스파게티 전문점으로 뛰어난 맛과 홍보전략이 맞물려 불리한 입지를 극복하고 높은 수익을 올리고 있다.

현재 이대점 등 3개점을 운영하고 있는 제시카 피짜리아는 올해 안에 가맹사업을 본격적으로 시작하여 10여 개로 늘린다는 구상이다. 타워호텔에서 설립한 외식업체인 (주)이오가 운영하는 스파게띠아는 96년 12월 명동에 1호점을 열었는데, 먼저 주요 상권 지역에 직영점을 확대한 다음 97년 상반기부터 가맹 사업을 시작했다.

국내 최초의 스파게티 브랜드인 소렌토는 유럽 목가풍의 인테리어가 강한 인상을 준다. 현재 명동점, 신촌점, 대구점의 3개 가맹점이 있는데 97년 말부터 본격적인 체인사업과 함께 해외 진출을 계획하고 있다. 스파게티를 동양인의 입맛에 맞게 변형한 60여 종의 메뉴로 일본 내에 30여 개의 체인점을 갖고 있는 삐에뜨로는 한국 시장의 성장 가능성이 크다고 판단, 최근 적극적으로 가맹점 모집에 나서고 있다.

투자비용 대비 수익성 분석

스파게티 전문점을 하기 위해서는 최소 20평 이상의 공간이 필요하다. 소렌토에서는 본격적인 체인화를 앞두고 점포의 인테리어와 시설비로 평당 250만 원 정도의 자금이 필요할 것으로 예상하고 있다.

10평 기준 인테리어 및 집기비품비로 3,000만 원 정도 드는 데 시설비는 점주의 역량에 따라 많은 차이가 난다.

압구정동 갤러리아 맞은 편에 위치한 스파게티 전문점 파스타의 경우 10평 공간에서 1일 평균 100만 원의 매출이 일어나고 있다. 마진 50%를 적용하고 임차료 및 인건비를 주고도 월 600만 원 이상 순수익을 올리고 있다.

입지 및 환경

스파게티 전문점은 입지가 무엇보다 중요하다. 젊은 여성들이 주로 선호하는 음식이기 때문에 쇼핑가와 대학가가 유리하고 해외 근무 경험자가 많은 사무실 주변도 괜찮다.

입지와 함께 메뉴 선정이 중요한 요소이다. 가격대에 따라 점포의 성격도 달라지므로 자신이 없는 메뉴는 제외하는 융통성을 가져야 한다. 스파게티는 비교적 잘 알려진 음식이지만 고객에게 요리를 설명해 줄 수 있는 지식을 갖추도록 종업원 교육에도 신경을 써야 한다.

사 례

광화문에 있는 이탈리안 스파게티 인주점의 경우 94년 개점 당시 점포 권리금과 보증금 외에 시설비 1,800만 원을 투자했는데 현재 하루 평균 100만 원의 매출을 올리고 있다. 6,500원~9,000원의 스파게티 메뉴 4종과 음료수, 와인, 마늘빵, 샐러드 등을 곁들여 1인당 객단가가 10,000원 수준이다.

　토요일은 오전 영업만 하고 일요일은 쉬는 이 점포의 한 달 총 매출액은 2,500만 원, 그 중 재료비 1,250만 원과 점포 임차료 100만 원, 보조요리사 1명과 재료준비와 서빙을 도와 주는 아르바이트 직원 5명 등 6명의 인건비로 월 250만 원, 전기료와 수도요금 30만 원을 합쳐 월 1,630만 원을 지출하고 월 870만 원의 순수익을 올리고 있다.

　인주점의 경우는 점주가 직접 요리를 하기 때문에 가장 고임금인 주방장 인건비가 나가지 않아 상대적으로 점주의 수입이 높지만 요리사를 채용할 경우라도 충분히 성공할 수 있는 사업이다. 앞으로 확산될 체인점에 가맹할 경우에는 독립점에 비해 마진율이 다소 떨어질 수 있겠지만 요리사와 음식맛 등에 대한 문제가 어느 정도 해결되는 장점이 있다.

전문가 경영전략

맛의 차별화와 서비스의 차별화가 스파게티 전문점 성패의 관건이다. 최상급의 재료를 사용, 항상 일정한 맛을 내고 신규 메뉴를 지속적으로 개발, 소비자들의 기호를 맞춘다면 주고객층인 젊은 신세대들은 거리에 관계없이 점포로 찾아들 것이다. 젊은층이 주고객이라 유동인구가 많은 A급 상권에 위치하여 점포 임차비용 등으로 소요되는 비용이 만만치 않겠지만 그만큼 접근이 쉽기 때문에 상대적으로 매출액은 늘어날 수도 있으므로 자금 여력이 되는 경우에는 A급지로 나가는 것도 좋다. 또한 인테리어 또한 독특한 것을 원할 것이므로 요즘 신세대들의 감각을 반영시키는 것도 성공요인 중 큰 몫을 차지할 것이다.

☎ 파스타 : (02)511-8633

7. 숙성손칼국수 전문점

- 집기비품 및 인테리어 비용 (25평 기준) : 5,000만 원
- 초도 물품 구입비 : 300만 원
- 기타 창업비 : 1,400만 원 (가맹비 1,200만 원 포함)
- 총 투자비용 (점포 임차료 제외) : 6,700만 원

동곡 숙성손칼국수는 지금은 대구시로 편입된 경북 달성군 하빈면 동곡리의 '할매집 손칼국수'의 할머니가 만들던 독특한 국수로 밀가루 반죽을 저온에서 24~48시간 숙성시켜 면발이 쫄깃하고 잘 퍼지지 않으며 다른 국수와 달리 뜨겁지 않은 것이 특징이다.

고기를 쓰지 않고 호박이나 표고버섯 등 야채와 김을 넣어 맛을 내기 때문에 느끼하지 않아 깔끔한 맛을 찾는 현대인들의 식성에 한층 적합하다. 한국 전통 문화보존회로부터 전통 문화보존 명인장을 수여받은 숙성손칼국수는 대구에 본사를 둔 주식회사 함성에서 동곡의 할머니에게 기술 전수를 받고 특허등록을 해 대구 지역을 중심으로 체인사업을 시작했다. 98년 초 현재 대구 지역에 5개의 가맹점이 영업중이고 98년 4월에는 서울 교대역 부근에도 개점을 했다.

손칼국수는 우리의 전통음식으로 남녀노소 누구나가 즐겨 찾는 음식이다. 더욱이 기름기나 지방질이 전혀 없어 현대인의 건강식으로 적합하고 손칼국수와 연계한 여러 식품을 함께 제공해 수익의 극대화를 기하고 있다. 함성에서는 동곡 숙성손칼국수와 함께 북어와 메밀묵을 이용한 원조 팔우정해장국과 원조 숙성수제비, 손칼국수와 연계식품으로 함께 먹을 때 더욱 맛이 좋은 원조 돼지암뽕을 함께 공급하고 있어 상품 구색을 갖추고 있다.

현재는 대구 지역을 중심으로 가맹점이 확산되고 있는데, 이미 음료 시장에서 나타난 바와 같이 우리 음식을 선호하는 신토불이 추세로 볼 때 머지 않아 전국적으로 퍼져 나갈 전망이다. 한국 전통 음식이라는 장점과 담백하고 깔끔한 맛, 기름기가 없는 저칼로리 음식임을 생각하면 전통 식품을 선호하는 중·장년층을 비롯하여 미용을 생각하는 여성들의 다이어트 식품으로도 적당해 다양한 연령층의 고객을 확보할 수 있는 유망 음식이라고 볼 수 있다.

동곡 숙성손칼국수 전문점을 열기 위해서는 대략 실평수 25평 정도의 점포가 필요하다. 가맹비가 1,200만 원이며 거래 보증금 300만 원으로 초도 물품 구입비를 대신한다. 그 외에 인테리어비용으로 평당 110만 원 정도, 설비비가 900만 원 정도 들어간다. 점포 비용을 제외하고 총 5,200만 원 정도의 자금이 필요하다. 96년 12월 대구시 신천동 영남일보 사옥 옆 골목에 문을 연 숙성손칼국수집은 점포 비용을 포함하여 7,400만 원 정도의 초기 투자를 하여 개점 3, 4개월만에 월 700~800만 원의 순수익을 올리고 있다.

　체인점에 가맹하면 본사에서 입지 선정에서부터 조언을 해 주며 손칼국수 명인장이 조리비법을 체계적으로 지도해 준다. 창업 자본이 부족할 경우 제1금융권 신용대출도 알선한다. 모든 재료는 물류센터에서 냉장 배달하므로 점포에서는 익혀서 내기만 하면 되는데 원자재비가 37% 정도로 매출 이익은 63%이다. 점포 입지로는 사무실 및 아파트 밀집지역, 버스정류장 주변이나 역세권, 학교, 병원 주변이 적지이다.

　서울 교대역 부근에서 명동칼국수를 하던 ○씨의 경우 올 4월에 숙성손칼국수로 바꾼 후 1일 평균 50만 원 정도 매출을 올리고 있다.

　기존 집기류를 그냥 사용, 투자비용이 가맹비 포함 2,000만 원 정도 더 들어갔는데 매출액은 전의 2배 이상이 오르고 있어 만족해 한다.

　한 달 1,500만 원 매출액 중 마진이 60%를 넘어 월 900만 원의 매출이익이 생기고 그 중에서 임차료, 인건비로 300만 원 정도를 제하고 월 600만 원 정도 순수익을 올리고 있다.

전문가 경영전략

먹거리 업종은 개점 첫 달부터 순이익을 낼 수 있는 업종이지만 개점

3개월이 지나도 손익분기에 이르지 못하면 이미 실패한 것으로 보아야 한다. 그러므로 무엇보다 입지 선정과 함께 개업 초기의 홍보와 서비스로 손님들의 입맛을 붙잡아야 한다. 친절과 청결은 모든 음식점의 기본이지만 전문점의 장점을 최대한 부각시키는 홍보 전략이 필요하다. 또한 점심 시간에 한꺼번에 많은 사람이 몰리고 해장국 등의 메뉴가 있으므로 아침부터 밤까지 일을 한다는 점을 인식하여 시간대별로 아르바이트 사원을 쓰는 등으로 대고객 서비스에 만전을 기해야 한다.

☎ 숙성손칼국수 함성 : (02)3486-0107~9

8. 농·축산물 전문점

농협 전문점

- 인테리어 비용 (10평 기준) : 1,000만 원
- 초도 물품 구입비 : 1,000만 원
- 냉동·냉장·오토바이 구입비 : 1,000만 원
- 기타 창업비 : 300만 원
- 총 투자비용 (점포 임차료 제외) : 3,300만 원

축협 전문점

- 인테리어 비용 (20평 기준) : 2,000만 원
- 초도 물품 구입비 : 1,000만 원
- 냉동·냉장 시설비 : 5,000만 원
- 기타 창업비 : 800만 원 (가맹비 500만 원 포함)
- 총 투자비용 (점포 임차료 제외) : 8,800만 원

유통시장 개방에 따라 이제 생활용품을 비롯한 먹거리에까지 수입품의 물결이 거세게 일고 있으며 농약의 과다 사용, 유통기한 변조, 수입품의 국산 둔갑 등 많은 사회 문제가 되고 있다.

한 여론조사 결과에 따르면 조사대상 주부의 70%가 비싸더라도 믿을 수 있는 국산 무공해 식품을 사 먹겠다고 응답했는데, 음식이 건강에 미치는 직접적인 영향을 고려하는 소비자의 구매 패턴을 읽을 수 있는 단면이다. 이 때문에 농협과 축협이 관리, 좋은 우리 농산물을 믿고 구입할 수 있는 농축산물 전문점의 인기가 날로 급증하고 있다.

같은 농축산물이라도 신선하고 질 좋은 것을 찾는 요즘 소비자들에게 산지구매를 원칙으로 하는 이곳이야말로 안성맞춤의 쇼핑 장소가 아닐 수 없다.

농축산물 전문점의 특징은 우선 산지의 우수한 농산물들을 직접 배송해 진열한다는 점이다. 일반 소매점은 농축산물에 필요한 냉동·냉장시설이 제대로 갖춰져 있지 않거나 부분적인 것만 설치되어 있어 몇 가지 품종만 진열할 수밖에 없는데, 이들 전문점은 시설면에서 월등히 앞서는 데다 다양한 물품을 갖출 수 있다는 장점이 있다.

농협이나 축협이 따로 체인 사업을 하므로 먼저 한 군데를 정하고 점포를 넉넉히 잡아 다른 한 점포를 임대 주거나 두 업종 모두 개업할 수도 있고 자금이 달린다면 다른 점주와 협의, 동업하거나 한 개 체인만 낼 수도 있다.

농협 전문점의 주요 판매 품목은 야채와 과일, 농협의 가공 식품류, 김치류, 장류, 양념류 등 4백여 가지 품목이다. 이중 매출의 가장 많은 부분을 차지하는 것은 쌀 배달이다. 따라서 배달원을 두지 않고 여자 혼자 하기에는 벅찰 것으로 보여 부부가 창업하는 쪽을 권한다. 또 1차 식품이므로 밤늦게까지 영업하는 것이 유리하다.

축협에서 신토불이 사업의 하나로 추진 중인 목우촌 체인점은 설비비가 비교적 많이 드는 것이 단점이다. 그러나 서울 지역의 경우 2개동 단위 1개소, 수도권은 지역 단위별 구당 1개소를 원칙으로 체인을 내주기 때문에 상권이 보장된다는 특징이 있다. 또 수입 쇠고기가 한우로 둔갑해 팔리고 있는 현실에서 축협의 사회적인 공신력과 신뢰도를 바탕으로 사업을 시작할 수 있어 전망이 밝다고 볼 수 있다.

주로 취급하는 상품은 한우, 돼지고기, 닭고기 및 이들의 부산품인 햄이나 소시지 등의 육가공품, 수산물, 건어물, 꿀 등이다. 대리점 자격 요건은 '법인 또는 개인으로 점포 실면적 5평 이상(냉동시설 포함)을 소유하거나 임대하고 있는 자로서 식육도매 경험이 풍부하고 관련 법령에 의해 식품 취급에 하자가 없는 자'여야 한다. 기본 시설로는 냉장고, 냉장육 진열장, 냉장육 절단기, 소형 진공 포장기 등이 있다.

가격이 시중의 일반 제품보다 다소 비싸고 손이 적게 가는 가공식품 위주이므로 중산층 이상 가정과 가사 시간의 여유가 없는 맞벌이 가정을 공략해 볼 만하다.

이들 업종은 동네밀착형 사업이기 때문에 장사를 하는 지역에서 인심을 잃어서는 안 된다. 처음 개설했을 때 전단을 돌리거나 판촉물을 증정하면서 홍보하면 주부들을 통한 입선전이 의외로 빨리 되는 장점이 있다.

투자비용 대비 수익성 분석

농협 전문점은 10평을 기준으로 인테리어비 1,000만 원, 냉동·냉장고·오토바이 구입비 등 시설비 1,000만 원, 초도 물품비 1,000만 원, 기타 창업비 300만 원 등 총 3,300만 원 선의 자금이 소요된다(점포 임차료 제외).

축협 목우촌 체인을 내려면 가맹비 500만 원, 20평형 점포 기준 인테리어비 평당 100만 원, 냉장·냉동고 등의 시설비 5,000만 원, 초도 상품비 1,000만 원 등 총 8,800만 원 정도 든다(점포 임차료 제외).

이 중 시설비 부분에 대해서는 축협이 연리 5%의 자금을 지원하기도 한다.

주로 단골장사로 점포 위치를 잘 잡아 하루 100만 원 정도 매출이 오르는 곳에 입점할 경우 한 달 400만 원 정도 순수익을 올릴 수 있다.

입지 및 환경

농협 전문점과 축협 전문점의 좋은 입지는 대개 비슷하지만 상이한 점이 있다.

농협 전문점은 아파트 밀집지역으로 배후에 2천세대 정도 자리한 곳이 유망하며 일반 주택가라면 배후 3천세대 이상, 버스 정류장과 1백미터 이내인 곳이 좋다. 시장 주변의 1층으로 15평 규모 이상 점포를 구하면 되는데, 신선도 유지와 위생 면에서 볼 때 지하상가는 피하는 것이 바람직하다.

또 취급 상품이 유사한 대형 슈퍼마켓이나 재래 시장과는 가급적 멀리 떨어져 있는 곳을 고른다.

축협 전문점의 입지는 아파트 단지일 경우 배후 세대수가 3천세대 이상인 곳으로 종합상가의 지하 1층 점포가 적당하고 일반 주택가는 5천세대 이상인 곳에 버스정류장을 기준으로 1백미터 이내인 곳을 권한다.

공통적으로 사무실 밀집지역은 좋지 않으며, 생활 필수품을 취급하는 곳이기 때문에 수요자인 주부들이 자주 드나 들기 편한 곳에 위치하는 것이 중요하다. 많은 세대수와 통행인구, 주차장이 보장된다면 꼭 번화가나 대로변이 아니라도 무방하다.

상가의 중심지보다는 동네의 중심지나 동네 어귀가 바람직하고 주택가라면 가까운 곳에 편의점이 있는 것이 좋다. 이는 편의점의 물품과 농축산물 전문점의 물품이 서로 보완관계에 있기 때문이다.

경기도 시흥에서 1년째 농협식품 전문점을 운영하고 있는 김오제 씨(40세)는 이 업종의 장점으로 장사 경험이 없는 사람도 쉽게 시작할 수 있다는 점을 꼽는다.

점포는 1층 12평으로, 점포 보증금 3,500만 원, 인테리어비 1,000만 원, 초도 물품 구입비 1,000만 원, 기타비용 500만 원 등 총 6,000만 원을 들여 창업했다. 취급하는 상품은 김치류와 장류, 식용류 등 농협의 가공 식제품 2백여 종과 도시락류, 떡류, 반찬류 40여 종, 소포장 양념류, 소포장 쌀 및 식육, 기타 저공해 농산물 등이다.

주요 고객은 인근 아파트와 주택가의 30~40대 주부들로, 하루 평균 100만 원대의 매상을 올린다.

한달 매출액 3,000만 원에서 마진율 20%를 적용한 매출 이익은 600만 원, 여기에 임차료와 관리비 200만 원을 제외하면 순이익은 월 400만 원 선이다.

김씨는 "이 업종은 일상 생활에 꼭 필요한 식품을 취급하므로 사시사철 불황이 없는 것이 특징"이라며, "뜨내기 손님이 아니라 지역 거주민들을 상대하기 때문에 위치만 잘 잡으면 안정적인 수익이 보장된다."고 조언하고 있다.

농협 전문점의 상품은 4백여 가지가 넘으므로 잘 정돈해야 상품의 신뢰도가 높아질 수 있다는 점에 유의한다. 중앙에 많은 물건을 높이 쌓아 두면 양쪽 면이 분리되면서 고객의 눈길을 잘 끌 수 있다. 가장 많이 찾는 상품을 매장 안쪽에 두면 다른 물건도 볼 수 있게 돼 매출이 높아진다. 또 식품의 신선도를 꾸준히 유지하려면 매일 조금씩 물건을 들이는 것이 좋다. 신선도와 위생은 이 업종의 절대적인 생명이다. 공산품과 달리 그때 그때 소화해야 하는 물품들이 대부분이므로 일정 기간 경과한 후에는 덤으로 얹어 주거나 할인해서 파는 요령이 필요하다. 간혹 매장 안에서 농축산물을 이용한 요리를 개발, 시범을 보이는 식의 이벤트도 좋은 아이디어가 될 수 있다. 축협 전문점은 판매계획을 잘 짜 고기 사입을 융통성있게 하는 것이 요령이며, 여유분을 잘 파악하고 있다가 1주일 단위로 채워넣는 노하우가 중요하다. 잘 나간다고 무조건 재주문 하기보다는 고객이 찾는 물품이 없을 때 대체 부위를 권할 수 있어야 한다. 축협 전문점은 식육을 처리할 기사가 필요한데 힘든 일인 탓에 기사들의 이직률이 높다. 이 때문에 점주가 기술이 없다면 새 기사를 구할 때까지 문을 닫아야 하는 등 점포 운영에 애로가 생긴다. 이를 방지하기 위해서는 축협에서 매년 2월말경 여는 식육처리 과정을 창업 전에 수강하는 것이 좋다. 또 체인점을 내기 전 1달 동안 아침 9시부터 5시반까지 축협 시범매장에서 고기 다루고 판매하는 법 등 이론과 실제를 배울 수 있다.

☎ 농협식품 전문점 : (02)3409-4901
　 축협 목우촌 : (02)224-8837

9. 실사출력 전문점

- 집기비품 및 인테리어 비용 (10평 기준) : 4,500만 원
- 초도 물품 구입비 : 200만 원
- 기타 창업비 : 100만 원
- 총 투자비용 (점포 임차료 제외) : 5,000만 원 정도

광고업을 운영하고 있는 분들을 제외하면 '실사출력'이라는 개념이 낯선 분이 많을 것이다. 실사출력은 쉽게 말해 컴퓨터로 광고용 사진이나 글을 인쇄, 설치하는 업종이다.

개념은 낯설지만 이미 여러 분야에 이용되고 있는 신종 사업으로, 조금만 주의를 가지고 둘러보면 실사출력으로 만들어진 물품을 얼마든지 찾아 볼 수 있다.

의류나 제화업체의 간판에 마치 사진을 찍어 붙인 것처럼 선명한 현수막이 붙어 있는 것을 비롯, 기업체나 관공서의 현황판이나 극장 광고도 요즘은 종종 실사출력이 이용된다. 옥외 광고 뿐만 아니라 실내공간에서도 유명한 영화배우의 사진이 들어간 버티컬이나 블라인드, 포스터, 메뉴판, 기념 사진 등에 이용되고 지하철 내 광고나 조감도, 놀이공간의 안내도, 차량 광고 등 무궁무진한 분야에 적용된다.

이처럼 많이 이용되는 까닭은 물품 한 개당 제작 시간이 20~30분으로 빠른 데다 제작 비용도 싸 그림이나 전광판 등 타 광고 방법에 비해 가격 경쟁력이 있기 때문이다. 옥외 광고물의 경우 수명도 3년 정도로 긴 편이고 천이나 시트, 필름, 종이 등 다양한 소재에 프린트할 수 있다.

또 광고주들이 단순한 문자 위주의 사인물보다 예술적으로 표현된 이미지의 사인물을 요구하는 수요가 옥내외 광고시장에 정착해 가는 것도 한 이유로 들 수 있다.

따라서 기존 인쇄 광고업을 운영중인 점주라면 이처럼 실사출력업으로 전업 또는 겸업하는 것도 고려할 만하다.

경험이나 기술이 전혀 없는 초보자가 하기에는 무리가 따르지만, 광고 디자인 학원 등에서 4개월 정도 수강하면 충분히 가능하다(수강료 월 15만 원 선).

여기에 한 걸음 더 나아가 광고도장사 2급 자격증을 따두면 여러모로 유리하다. 자격시험 과목은 광고일반, 공예도법, 색채, 칠공사, 컬러시트, 광고법 등 이론 과목과 실크스크린 인쇄, 네온사인, 라이팅라인, 광고도안 등 실기시험 6과목이다.

최근 IMF 구제 금융 신청 시대를 맞아 서울 지역에서 전광판의 사용을 억제하고 있는 현실과 창업자는 늘고 매상은 줄고 있는 상황을 감안할 때 이처럼 값싸고 광고 효과가 큰 인쇄 광고업의 부상을 기대할 수 있다.

이 업종은 굳이 점포 임차료가 비싼 큰 길가를 선택하지 않아도 되므로 자본 투자비가 상대적으로 적게 든다는 이점이 있다. 본사가 영업 노하우와 초기 정착을 위한 영업지원 등을 해 주며, 간판명도 굳이 통일하지 않고 점주 임의대로 지어도 된다.

제작 과정은 사진이나 그림, 잡지, 필름, 파일 등의 일반적인 원고를 스캐너를 이용, 읽어들인 후 컴퓨터로 수정, 합성, 편집한다. 완성된 상품은 다양한 크기로 출력해 코팅한 후 설치 장소에 시공하면 된다. 통상 가로×세로가 1m인 광고물을 제작했을 때

원가는 8,000~1만 5,000원 선인데 납품가는 6~10만 원이므로 80% 이상 마진이 남는다.

실사출력업과 같은 공정으로 제작되는 비슷한 아이템도 있다. 사진이나 필름, 그림, 인쇄물 등 모든 이미지 원고를 컴퓨터상에서 수정 또는 복원하고 합성 및 편집하여 다양한 소재로 출력하는 '이미지 포토업'이 그것이다. 예를 들어 두꺼운 앨범 한 권을 가벼운 CD롬 한 장에 빠짐없이 집어 넣는 포토 CD나 웨딩, 유아, 가족사진 등의 아트 사진첩을 제작하는 것이다.

편집기술의 발달로 가족 사진을 찍을 때 부득이하게 빠진 사람을 감쪽같이 합성해 넣을 수도 있으며 결혼 사진이 없는 노부부에게 젊을 적의 사진으로 웨딩 사진을 만들어 드릴 수도 있다. 여기에 이미지 청첩장이나 달력, 메뉴판, 스티커 등 경인쇄물을 즉석에서 촬영, 출력할 수도 있는 등 적용 범위가 비교적 넓은 편이다.

이 사업은 기본적인 컴퓨터, 프린터, 스캐너, 디지털 카메라와 CD 레코더 등만 있으면 겸업할 수 있어 실사출력점을 운영하는 데 쓰이는 장비에 몇 가지만 추가하면 충분히 겸업이 가능하다. 체인본사로는 (주)디지스와 (주)한 엔터프라이즈가 대표적이다.

투자비용 대비 수익성 분석

실사출력업의 핵심 기기는 체인 본사가 공급하는 프린터기 '마에스트로 1500'과 전용 소프트웨어 구입 비용이 3,950만 원이다. 여기에 컴퓨터 1대 200만 원, 스캐너 100만 원, 라미네이터 250만 원 등 시스템 구입비만 총 4,500만 원 선이다(점포 임차료 제외).

　주문식 제작이므로 상품을 제작할 수 있는 10평 정도의 점포만 확보되면 입지 여건에는 별로 구애받지 않는다. 체인점 중에는 심지어 점포 없이 집에서 운영하는 경우도 있는데, 이 경우는 오로지 점주의 영업력에 사업 성패가 달려 있는 셈이다.

　또 이 업종의 특징은 혼자 있는 것보다 동종 업종이 함께 모여 있는 곳에 입지하는 것이 유리하다는 점이다. 따라서 여건이 허락된다면 을지로나 충무로 등 인쇄·출력업소가 많이 모인 곳과 광고 기획사가 많은 강남 쪽을 추천할 만하다.

사　례

　전국적으로 60여 개의 체인점이 있는 (주)한 엔터프라이즈와 협약, 송파 사거리에 '에드넷'을 낸 김명호 씨(35세)는 카페를 운영하다가 정리하고 마땅한 사업을 찾던 중 실사출력 사업을 알게 되었다. 처음에는 컴퓨터와 출력업에 관해 거의 백지상태였지만 본사로부터 교육을 받고 스스로 공부하면서 조금씩 익혀 나갔다.

　총 투자 비용은 점포 임차료를 제외하고 장비값과 초도 물품 비용, 인테리어·간판 비용 등으로 총 5,000 만 원이 들었다.

　개업 초기에는 소규모 일거리만 알음알음으로 들어 왔지만 활발한 성격과 친화력을 가진 탓에 점차 고정 고객이 늘어났다.

　월 매출액은 평균 1,000만 원에서 1,500만 원 선으로 여기에 마진율 70%를 적용하고 오퍼레이터(기술자) 월급 150만 원, 기타 비용을 제외한 월 순수익은 500~800만 원 정도 떨어진다.

　김씨는 "이 사업은 점주의 영업력이 성패를 좌우한다."며, "처

음부터 큰 돈을 버는 사업이 아니라 장기적으로 운영하면서 차츰
안정되는 사업"이라고 말하고 있다.

전문가 경영전략

기존에 광고나 인테리어, 출력업에 종사한 경험이 있는 사람이 창업한
다면 조금 더 유리하다. 본사에서 3일 정도 교육을 시켜주고 꾸준히
노하우와 기술을 전수시켜 주지만, 기본적으로 점주에게 미적 감각과
디자인 능력이 요구되기 때문이다. 경험이나 기술이 전혀 없는 초심자
가 개업할 때는 기술 습득을 위해 광고 디자인 학원이나 타 간판업소
등에서 몇 개월 근무해 기술을 배우고 감을 기르는 것이 좋다. 운영을
활성화시키기 위해서는 개업시 인근 중개업소 등을 통해 건당 몇 퍼센
트의 사례금을 주는 식의 약정을 통해서도 새로 개업하는 점포를 소개
받을 수 있다. 이 업종은 모든 점포가 고객이므로 꾸준히 기존 점포를
상대로 망가진 곳을 보수해준다든지 새로운 디자인을 소개한다든지 하
는 영업전략이 필요하다.

☎ (주)한 엔터프라이즈 : (02)446-9232
　　(주)디지스 : (02)3442-4949

10. 사이버 카페

- 집기비품 및 인테리어 비용 (20평 기준) : 4,500만 원
- 초도 물품 구입비 : 200만 원
- 기타 창업비 : 300만 원
- 총 투자비용 (점포 임차료 제외) : 5,000만 원 내외

향긋한 커피향에 음악이 흐르는 카페, 그러나 왁자한 말소리는 들려오지 않는다. 간혹 컴퓨터 자판을 두드리거나 마우스 작동 소리만 음악에 섞여 들려온다. 은은한 조명 아래 컴퓨터가 작동 중임을 알리는 모래시계가 컴퓨터 화면에서 돌아간다.

카페에 앉아 전 세계 네티즌들과 대화를 나누며 정보사냥을 할 수 있는 '사이버 카페'가 신세대들의 새로운 문화공간으로 자리 잡고 있다.

94년 영국에서 처음 시작된 사이버 카페는 현재 전세계적으로 1천여 곳이 성업 중인 신종 첨단 사업이다. 우리나라에도 95년 '사이버 플래닛 코리아'가 홍대 앞에 연 '넷스케이프'를 필두로 속속 등장, 편리함과 실용성을 무기로 각광받고 있다.

최근 대학가에서 리포트도 전자우편으로 접수해야 하고, 각종 통신망에서 개인에게 전자우편이 오면 삐삐로 호출해 알려 주는 서비스도 시작할 정도로 컴퓨터 통신은 신세대라면 당연히 참여하는 문화 기호의 하나가 되었다.

인터넷의 경우 몇 년새 폭발적인 관심과 함께 '넷맹'이라는 신조어까지 만들어질 정도로 보편화 되었지만 개인이 배우기가 어렵고 장비를 갖추기 힘들다는 특징이 있다. 전화선을 이용한 인터넷 접속은 속도가 현저히 느리고, 한 달 2만 원 가량의 회비도 내야 한다.

그러나 사이버 카페에 오면 저렴한 이용료로 인터넷도 배우고 네트워크 게임도 즐길 수 있다. 갈 곳이 없다고 푸념하는 신세대들에게 이만한 휴식 공간이 없는 셈이다.

지금까지의 사이버 카페는 '인터넷이 좋아서' 창업한 점주가 대부분이다. 서울 시내에만 10여 곳이 넘는 사이버 카페는 이와 같은 점주의 친화력 때문에 마치 동호회나 써클룸처럼 운영되는데, 이것이 일반 카페와 다른 점이기도 하다.

그러나 기술적인 면은 다소 부족하더라도 통신 환경의 이해와 정보 마인드만 있으면 창업에는 지장이 없다. 다만 일반 컴퓨터 지식, 즉 하드웨어 조립이나 고장 해결, 서버 관리, 정보 검색 등에 앞선 능력이 있다면 고객 서비스를 한층 더 강화할 수 있으며 인건비 등 고정비를 줄일 수 있어서 영업에 유리한 것은 분명한 사실이다.

컴퓨터 통신이나 인터넷, 기타 컴퓨터 환경에 익숙지 않은 점주라면 체인을 내는 것도 무방하다. 전문가들이 싼 값에 대행하기 때문에 독립점과 투자비의 차이가 거의 나지 않는 곳도 있다.

그러나 체인점을 고를 때는 직영점이 있는 본사를 택해 각종 영업 노하우를 전수받을 수 있어야 하며 상권 보호를 해 주는지도 알아봐야 한다. 또 컴퓨터 하드웨어나 시스템에 문제가 생겼을 때 신속한 지원을 해 주는 곳을 택하기 위해서는 A/S팀이 몇 명인지도 꼼꼼하게 챙겨야 한다.

한편 98년 4월 현재 전국적으로 26여 군데의 가맹점을 확보하고 있는 '인터넷 매직 플라자'의 경우 '카페'의 기능보다는 인터넷을 통한 통신과 오락 사업에 중점을 두고 있다. 여기에 스낵 편의방과 CD 대여, 사무 편의점을 복합적으로 운영하는 복합점의 성격이 강하다. 이 회사의 체인을 낼 경우는 음료 자판기를 무료로 대여해 주고 네트워크 설치 공사와 인테리어, 개설 등을 모두 대행해 준다. 총 개설 비용은 20평을 기준으로 5,500만 원 선이 소요된다(점포 임차료 제외).

투자비용 대비 수익성 분석

사이버 카페를 '카페와 인터넷의 복합점'이라고 볼 때, 인터넷 시스템 구축비용은 우선 서버 구축비 840만 원(윈도우 NT+S/W)과 네트워크 환경 구축비 600만 원(라우터 외 4종), 전용선 140만 원(256K 기준)과 PC 구입비 1,000만 원(5대 기준) 등 총 2,500만 원이 든다.

따라서 5,000~6,000만 원의 준비 자금을 잘 활용한다면 15평 규모의 사이버 카페를 무난히 개업할 수 있다.

독립점인 경우는 한국통신이나 아이네트 등과 협의해 시스템 구축에 필요한 지원을 받으면 되고, 체인점인 경우는 '사이버 플래닛 코리아'나 '인터넷 매직 플라자' 등의 가맹 사업자와 협의하면 된다.

참고로 체인점 개설 비용을 보면, 업체에 따라 상이하지만 서버와 주변 장치 구축비로 1,300만원, PC 20대 구입비로 5,000여만 원(조정 가능), 인테리어를 포함한 로열티로 3,000~7,000만 원 정도 든다.

다만 여기서 알아둬야 할 것은 서울의 경우 인터넷 전용선 사용료로 월 66~87만 원 정도 내야 한다는 점이다. 지방의 경우는 더 비싸다. 일반 카페보다 고정 비용 비중이 높은 편이므로 하루 매출이 15만 원 이상은 돼야 고정 비용을 감수하면서 운영할 수 있다.

입지 및 환경

사이버 카페는 대학가와 함께 20대 후반~30대 초반의 신세대 직장인이 다수 모여 있는 지역이 개업의 적지로 꼽힌다.

대학생들은 인터넷을 통한 정보수집에 대한 열망이 직장 초년 병만 못하고, 학교에서 무료로 사용할 수 있으므로 특별한 경우를 제외하고는 직장인들의 사용실적이 더 높다고 한다.

따라서 서소문이나 여의도 증권가, 마포의 오피스 타운, 신촌, 종로, 강남역 인근 등이 입지에 유리할 것이다.

그러나 인터넷 매직 플라자 등의 게임 오락실 성격이 강한 사이버 카페를 낼 때는 중·고교생을 비롯한 대학생을 위주로 입지 선정을 해야 한다. 통상 대학가 주변이나 역세권, 학원 밀집 지역, 패스트푸드점 밀집 지역이 추천된다.

인테리어는 공사 비용을 기존 커피숍의 70%선으로 낮추는 것이 핵심이며 컴퓨터와 OA 기기의 효율적인 배치와 가구 선택, 전선의 처리 등이 합리적이고 효율적으로 이뤄져야 한다.

사 례

네티즌들에게 가장 많이 알려진 사이버 카페는 광화문 피맛골 안에 자리한 '네트'(02-733-7973), 지난 95년 10월 개업해 하루 평균 손님이 70~80명 정도 들고, 주말에는 더 많이 찾아온다. 컴퓨터 8대를 갖추고 있는데, 평소에도 20~30분 정도 기다려야 자리가 날 정도이다.

네트의 특징은 이용객 10명 중 9명이 외국인이라는 점으로, 학원의 영어강사로 일하는 외국인들이 고국으로 전자우편 등을 보내기 위해 많이 찾는다. 점주 윤상건 씨(30세)는 월 2만 원을 내고 회원이 되면 하루 2시간의 이용권과 인터넷 전자우편 주소를 준다. 비회원의 경우 30분당 1,000원의 요금을 받으며(음료값 별도) 사용법 강의는 1시간에 1만 원을 받는다. 월 매출이 얼마냐는 질문에는 웃음과 함께 "1천만 원 정도"라는 답변을 해 준다.

연세대 독수리 다방 뒤편에서 지난 96년 4월 창업한 '인터게이트'(02-393-0500)는 120인치 대형 화면으로 라이브 콘서트 장면을 보여 준다. 펜티엄 컴퓨터 10대가 갖춰져 있으며 전용선 속도는 2백56Kbps, 인터넷 이용료는 30분에 2,000원으로, 처음 30분은 무료다. 점주 한승훈 씨(33세)는 넓은 점포를 이용, 단체 교육장으로 활용 가능토록 하고 있다고 한다.

공공 데이터 개발업체인 DNT가 운영하는 '웹스페이스'(02-313-7671)는 카페라기 보다는 인터넷 전용룸의 성격이 강하다. 16대의 펜티엄 컴퓨터를 갖추고 있는데 이용 요금은 2시간에 5,000원이고 음료가 무료로 제공된다. 5백12Kbps의 빠른 전용선 속도를 자랑하며 리얼 오디오나 속 웨이브 등 멀티미디어 검색에 필요한 프로그램이 모두 설치돼 있다.

이외에 종각 뒤에 자리한 '컴통세상'은 컴퓨터 16대를 갖추고 있는데 입장료 3,000원만 내면 음료 및 사용이 무료다.

압구정에 있는 '나우 사랑방'은 나우누리 가입자는 2,000원, 일반인은 3,000원의 입장료를 받으며, 대학로의 '오투누리'는 스캐

너와 프린터, 팩스, 복사기, 디지털 카메라, CD 레코더 등을 갖
추고 있다. 이 모든 것을 이용하는데 기본 30분에 3,000원을 받
으며 30분당 1,000원씩 추가되고 음료는 따로 주문해야 한다.

전문가 경영전략

먼저 회원제 운영 여부, 정보 검색료 수준, 음료 가격이 결정돼야 한
다. 영업 중인 다른 점포의 운영 방식을 검토해 보면 어느 정도의 적
정 가격이 나올 것이다. 보통 회원을 모집해 일정 혜택을 부여하는 것
과 비회원도 부담없이 이용할 수 있는 시스템을 구성하는 것이 손님
확보에 도움이 된다. 회원에게는 입회비로 2~3만 원을 받고 인터넷
무료 교육과 음료 제공의 혜택을 부여하는 것이다. 개업 초기에는 1시
간 인터넷 무료이용권 등을 배포해 직접 와서 시연해 보도록 하고 일
정액 이상 사용자는 무료 사용이 가능케 하는 등 보너스를 준다. 또
10대 후반에서 20대 초반까지의 눈높이에 맞는 이벤트를 자주 실시
해 단골을 만드는 것이 좋다. 단순히 통신이나 오락만이 가능한 공간
이 아니라 스낵바나 사무 편의점, 국제전화도 가능하도록 꾸미는 것이
바람직하며, 정보 검색을 할 수 있는 시스템을 갖추고 있으므로 점주
의 능력이 된다면 부대사업으로 정보검색업을 하는 것도 권할 만하다.
참고로 일부 사이버 카페는 고객에게 음료를 무료로 제공한다 해서 질
이 떨어지는 음료를 제공하는 경우가 있다. 고객은 점포에서 소홀히
하는 이런 부분에 민감하므로 이용자의 입장에서 세심하게 신경쓰도
록 한다.

☎ 인터넷 매직 플라자 : (02)875-7744

맨손창업 · 맞춤창업 BEST 74

1998년 7월 20일 제1판 1쇄 발행
1998년 9월 5일 제1판 2쇄 발행

지은이/양혜숙
펴낸이/강선희
펴낸곳/가림출판사
편집/이선희

등록/1992. 10. 6. 제4-191호
주소/서울 광진구 구의동 57-71 부원빌딩 4층
전화/458-6451~2
팩스/458-6450

값 12,000원

ⓒ 양혜숙, 1998

저자와의 협의에 의해 인지는 생략합니다.
잘못된 책은 구입하신 서점이나 본사에서 교환해 드립니다.

ISBN 89-7895-069-8 03320

프로 경영자·프로 간부가 될 수 있는

직장인의 101가지 경영 전략 노트

김승룡 편저 / 신국판 / 5,500원

업무수행상 필요한 체크리스트 및 보고서 형식들이 수록되어 있습니다.

- 목표를 달성하기 위한 관리표
- 단기 업무용 스케줄표
- 정보 수집을 위한 체크리스트
- 업무 개선을 위한 검토노트
- 판매력을 높이기 위한 대책
- 일주일 단위의 업무 리포트
- 알아두어야 할 결산서
- 창조력을 기르기 위한 체크리스트
- 마케팅의 검토노트

빠르고 싸고 간편한 미디어의 100% 활용술

FAX! 잘만 사용하면 돈벌고 성공할 수 있다

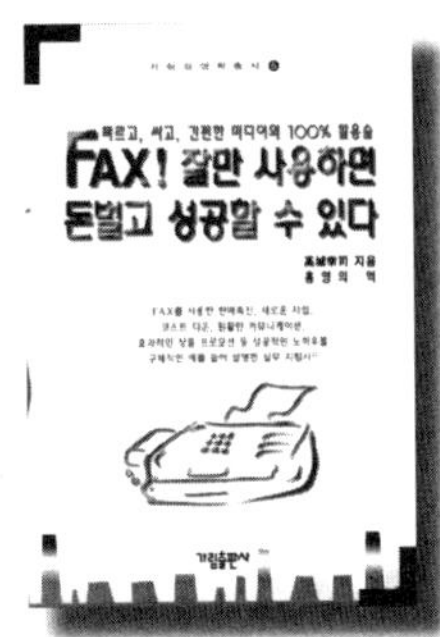

高城幸司 지음 / 홍영의 역 / 신국판 / 7,500원

생존경쟁의 시대에서 성공할 수 있는 실무 지침서!!

- FAX를 사용하여 판매를 배로 올릴 수 있는 방법
- 명퇴·조퇴에 불안한 직장인들의 FAX를 사용한 소자본 창업 전략
- FAX를 사용하여 코스트를 낮추고 인건비를 줄일 수 있는 방법
- 한 장의 FAX로 성공적인 비즈니스를 할 수 있다
- FAX로 영업전략의 특별화를 이룰 수 있는 방법
- 효과적인 광고+FAX 기획의 제안
- FAX를 사용하여 개인 사업을 성공할 수 있는 사람, 실패하는 사람
- 개인 사업가의 성공적인 FAX 활용술
- FAX를 이용한 원활한 커뮤니케이션, 효과적인 상품 프로모션

서울시 광진구 구의동 57-71 부원빌딩 4층
전화 : (02)458-6451~2, 팩스 : (02)458-6450